Spanisch einfach & schnell lernen
Ein Intensiv-Sprachkurs

Spanisch

einfach & schnell lernen

Spanisch einfach & schnell lernen
Ein Intensiv-Sprachkurs
© by Tigris Verlag, ein Unternehmen der VEMAG Verlags- und
Medien Aktiengesellschaft Köln
Erarbeitet von Antony J. Peck
unter Mitwirkung von Josefina del Carmen Boyd (Unidad 1–33)
und Rolf Althof unter Mitwirkung
von Maria Jesus Garcia (Unidad 34–50)
Redaktion: Antonie Schweitzer
Schutzumschlag: Rincón Partners, Köln
Schutzumschlagmotive: Rincón Partners, Köln und Bavaria,
Gauting bei München
Gesamtherstellung: Tigris Verlag
Gestaltung und Inhalt geschützt.
Alle Rechte vorbehalten.
Vervielfältigung und öffentliche Aufführung
der Tonträger nicht gestattet.
ISBN 3-632-98953-2

Vorwort

„Spanisch einfach & schnell lernen" richtet sich an alle, die erste Spanischkenntnisse erwerben wollen oder ihre längst vergessenen Sprachkenntnisse wieder auffrischen möchten. Der Kurs kann gleichermaßen der Vorbereitung einer Urlaubs- wie einer Geschäftsreise nach Spanien dienen, denn die zu bewältigenden sprachlichen Grundsituationen entsprechen einander.

Eine Kommission des Europarates hat in ihren Empfehlungen für den Fremdsprachenunterricht alle Situationen aufgelistet, die man in der Fremdsprache bewältigen können muß, um im fremden Land zu „überleben". Hierzu wurden alle Sprachmittel (Vokabeln, Redewendungen und Strukturen) zusammengetragen, die man benötigt, um sich in diesen Situationen behaupten zu können. Auf der Grundlage dieser Listen wurden vom Deutschen Volkshochschulverband die Richtlinien für die Zertifikatsprüfung „Grundbaustein zum VHS-Zertifikat" entwickelt. Sowohl die Empfehlungen des Europarates als auch die Richtlinien des Deutschen Volkshochschulverbandes wurden bei der Entwicklung von „Spanisch einfach & schnell lernen" zugrunde gelegt.

Auch die Richtlinien für den Spanischunterricht an den allgemeinbildenden Schulen folgen in den ersten Lernjahren weitgehend den Empfehlungen des Europarates. Daher eignet sich dieser Kurs gut zur unterrichtsbegleitenden Förderung der Fähigkeit des Hörverstehens und Sprechens in der spanischen Sprache für Schüler der allgemeinbildenden Schulen und für Teilnehmer von Volkshochschulkursen.

In „Spanisch einfach & schnell lernen" steht das gesprochene Wort im Vordergrund. Sie sollen sehr schnell in die Lage versetzt werden, die wichtigsten Grundsituationen im Dienstleistungsbereich (Einkaufen, Reisen, Restaurant, Hotelreservierung usw.) sprachlich zu bewältigen. Zum anderen aber sollen Sie auch in der Lage sein, mit Bekannten oder Geschäftskollegen gesellschaftlichen Kontakt zu pflegen, also über Familie, Wohnverhältnisse, Interessen usw. zu reden.

Lebendige, authentische Dialoge führen mitten hinein in die spanische Sprachwelt, ohne Sie zu überfordern. Alles, was Sie lesen, hören und sprechen, verstehen Sie sofort, denn es ist stets auch ins Deutsche übersetzt.

Der Aufbau des Kurses

In den 50 Kapiteln (Unidades) finden Sie die folgenden Abschnitte:

1. **Diálogos · Dialoge**
2. **¿Cómo se dice? · Wie man's sagt** (Unidad 1–33)
3. **Ejercicios · Übungen**
4. **Escuche esto · Hören Sie zu** (Unidad 15–33)

1. Diálogos · Dialoge

Die Dialoge enthalten Beispiele der authentischen Umgangssprache in Form eines kleinen Gesprächs. Jeder Dialog ist ein Muster, wie man Spanisch verwendet, um eine bestimmte Situation sprachlich zu bewältigen. So lernen Sie zum Beispiel in einer Unidad, wie man nach dem Weg fragt, und in einer anderen Unidad, wie man über Hobbies und Interessen spricht.
In der zweiten Spalte finden Sie Zeile für Zeile die deutsche Übersetzung des Dialogs. Mit Hilfe dieser Übersetzung können Sie zu jeder Zeit sicher sein, daß Sie das Gehörte völlig richtig verstehen. Die Übersetzung ist nicht immer eine wörtliche, sondern sie gibt die sinngemäße deutsche Entsprechung. Wo Ihnen eine wörtliche Übersetzung helfen kann, die spanische Struktur besser zu verstehen und ihren Aufbau zu durchschauen, wird eine solche in Klammern beigefügt.
Besondere Schwierigkeiten für den deutsch sprechenden Lerner werden in den Merkkästen unter den Dialogen erläutert.
Dort finden Sie auch Hinweise auf die Grammatik.

2. ¿Cómo se dice? · Wie man's sagt

In diesen Abschnitten der Unidades 1–33 sind die Wendungen zusammengestellt worden, die Sie lernen sollten, um eine ähnliche Situation, wie sie in den Dialogen dargestellt wurde, auf spanisch bewältigen zu können. In der Regel sind diese Wendungen in Form von Satzbautafeln dargestellt. Mit Hilfe dieser Tafeln können Sie leicht erkennen, wie sich ein Satzbaumuster inhaltlich variieren läßt. Auf sprachliche Besonderheiten oder grammatische Regelmäßigkeiten wird wieder in den Merkkästen hingewiesen.
Ab Unidad 34 entfällt dieser 2. Teil, da Sie sich als nunmehr fortgeschrittener Lerner vor allem auf die längeren und schwierigeren Dialoge, die Übungen und die ausführlicheren Grammatikerläuterungen konzentrieren sollten.

3. Ejercicios · Übungen

In diesem Abschnitt einer jeden Unidad finden Sie eine Auswahl von Übungen. Mit Hilfe dieser Übungen sollen Sie die in den einzelnen Unidades gelernten Redemittel und Strukturen der gesprochenen Sprache fließender und sicherer anwenden. Die Lösungen zu jeder Übung finden Sie auf der Cassette. Außerdem enthält die Cassette „Lückengespräche", in denen Sie eine Rolle des Dialogs übernehmen sollen. Sie werden also aufgefordert, sich mit dem Gesprächspartner auf der Cassette direkt zu unterhalten und können so eine fast authentische Gesprächssituation simulieren.

4. Escuche esto · Hören Sie zu

Die Cassette 4 enthält eine Reihe von kleinen Hörspielen, Reportagen und Radiofeatures. Diese Hörtexte sind so gestaltet, daß sie immer auch Vokabeln, Wendungen und Strukturen enthalten, die Sie bisher noch nicht gelernt haben. Sie sollen sich dadurch langsam daran gewöhnen, daß in einem echten Gespräch mit Spaniern oder aber bei Radio- und Fernsehsendungen Sprache auf Sie einströmt, die nicht so sorgfältig ausgewählt ist wie in den Übungsdialogen eines Kurses. Mit Hilfe dieser Hörszenen trainieren Sie die für das „Überleben" ausgesprochen wichtige Fähigkeit, auch dann die für Sie wesentlichen Informationen herauszuhören, wenn Sie (noch) nicht jedes Wort verstehen.

Wie wenden Sie „Spanisch einfach & schnell lernen" am besten an?

1. Schritt

Für den Erwerb einer Fremdsprache ist es zunächst wichtig, Klang und Melodie der Sprache aufzunehmen und zugleich die Bedeutung des Gehörten zu erfassen. Deshalb sollten Sie zunächst im Begleitbuch die deutsche Spalte sorgfältig durchlesen, bevor Sie sich den Dialog zum ersten Mal auf der Cassette anhören. Sie wissen so schon, wovon der Dialog handelt, und können sich auf den spanischen Text konzentrieren. Lassen Sie den Dialog zunächst als Ganzes auf sich wirken.

Bei einem zweiten Anhören des Dialogs sollten Sie dann im Buch den spanischen Text mitlesen. Wenn Sie dabei noch einmal in der deutschen Spalte nachlesen wollen, was die spanische Wendung genau bedeutet, halten Sie die Cassette mit der Pausentaste an.

2. Schritt

Nun sollten Sie den Dialog Zeile für Zeile nachsprechen. Hierzu halten Sie das Band nach jeder Zeile wieder mit der Pausentaste an. Sie können das Band auch kurz zurückspulen, um sich die eine oder andere Wendung noch einmal anzuhören. Achten Sie hierbei darauf, Aussprache und Intonation so gut wie irgend möglich nachzuahmen.

Wenn Sie sicher sind, den Dialog nachsprechen zu können, lesen Sie ihn noch einmal laut vor. Wenn Sie den Dialog dabei auf eine Cassette sprechen, können Sie sehr gut Ihre eigene Aussprache mit dem Muster auf der Kurscassette vergleichen.

3. Schritt

Nun sollten Sie sich die wichtigsten Wendungen, die in den Dialogen benutzt werden, einprägen. Sie sind in den Kapiteln 1– 33 unter der Überschrift „¿Cómo se dice? · Wie man's sagt" zusammengefaßt. Lesen Sie sich diese Sätze sorgfältig durch, und überlegen Sie genau, was sie bedeuten – vielleicht hören Sie sich auch die eine oder andere Stelle in den Dialogen noch einmal an, um sich genau zu erinnern, wie die einzelnen Sätze und Wendungen ausgesprochen werden. Schauen Sie sich auch die Erklärungen unter den einzelnen Dialogen oder Redewendungen an: Hier finden Sie Hinweise auf die richtige Anwendung bestimmter Ausdrücke, und einfache grammatische Regeln, die Ihnen helfen, zu erkennen, welche Gesetzmäßigkeiten der spanischen Sprache zugrunde liegen.

4. Schritt

Wenden Sie jetzt in den einfachen Übungen des Abschnittes „Ejercicios · Übungen" das Gelernte selbst an. In den meisten Übungen ahmen Sie eine kleine Gesprächssituation nach. Lesen Sie sich hierzu die Übungsanweisungen gründlich durch, damit Sie genau wissen, wie, wann und wozu Sie die zu übenden Sätze benutzen können.

Die Lösungen zu jeder Übung finden Sie auf der Cassette.

Arbeiten Sie die Übungen Satz für Satz in drei Schritten durch:
- Sprechen Sie die Antwort laut aus.
- Hören Sie sich dann die entsprechende Antwort auf der Cassette an, und vergleichen Sie Ihre Lösung.
- Manchmal ist auf der Cassette eine kleine Pause enthalten, in der Sie die richtige Lösung dann noch einmal nachsprechen. Sollten Sie hierbei noch einmal überlegen wollen, oder ist Ihnen die Pause nicht lang genug, so benutzen Sie wieder die Pausen-taste, um das Band anzuhalten.

Auch hier achten Sie bitte genau auf Aussprache und Intonation der Sprecher, und versuchen, diese so gut wie möglich nachzuah-men.

In einem zweiten Durchgang sollten Sie die Übung dann freier und zügiger durcharbeiten. Auch hier empfiehlt es sich wieder, Ihre Antworten auf eine Cassette zu sprechen, um sie dann noch einmal mit dem Muster auf der Kurscassette zu vergleichen.

5. Schritt

Hören Sie sich nun noch einmal die Dialoge des entsprechenden Kapitels an. Sie werden merken, daß Ihnen die meisten Sätze und Wendungen nun so vertraut sind, daß Sie ihre Bedeutung ohne Mühe verstehen.

Wenn Sie mit Spaniern sprechen, können Sie nicht erwarten, daß Sie nur genau die Redewendungen und Vokabeln hören, die Sie gelernt haben. Es ist deshalb wichtig, sich daran zu gewöhnen, auch dann die wesentlichen Informationen aufzuneh-men und zu erfassen, wenn man nicht jedes Wort versteht. Des-halb finden Sie in der Mitte des Kurses zu diesem 5. Lernschritt zusätzlich Hörszenen, die so gestaltet sind, daß Sie am Anfang zunächst nur wenig und dann immer mehr Vokabeln und Wen-dungen hören, die Sie noch nicht kennen. Versuchen Sie dennoch, anhand der vorgegebenen Fragen, einige wichtige Infor-mationen herauszuhören. Lassen Sie sich nicht entmutigen, wenn Sie die Fragen nicht sofort beantworten können. Hören Sie sich die Szene dann noch einmal an, spulen vielleicht auch einzelne Sätze zurück, bis Sie mit Hilfe der bereits gelernten Vokabeln und Wendungen das verstehen, wonach Sie gefragt werden.

Inhaltsverzeichnis

Anhänge

Hörtexte

In dieser Lektion lernen Sie
● nach Namen, Adressen und Telefonnummern zu fragen.
● zu bitten, einen Namen oder ein Wort zu buchstabieren.
● entsprechende Aussagen zu machen.

Diálogos · Dialoge

Diálogo 1   Ana Roca (AR), recepcionista en un hotel (R)

AR:	Mi nombre es Roca.	*Ich heiße Roca.*
	Ana Roca.	*Ana Roca.*
R:	¿Roca?	*Roca ...?*
	¿Roca?	*Roca ...?*
	¿Cómo se deletrea?	*Wie buchstabiert man das?*
AR:	R-O-C-A.	*R-O-C-A.*
R:	Sí, Señora Roca.	*Ja, Señora Roca.*

Diálogo 2   Felicidad (F), una amiga (A)

F:	¿Dónde vives tú?	*Wo wohnst du?*
A:	En Madrid.	*In Madrid.*
F:	¿Cuál es tu dirección?	*Wie ist deine Adresse?*
A:	Plaza Mayor 29.	*Plaza Mayor 29.*
F:	¿Tienes teléfono?	*Hast du Telefon?*
A:	Sí.	*Ja.*
F:	¿Qué número?	*Welche Nummer?*
A:	Madrid 254 06 61.	*Madrid 254 06 61.*

Diálogo 3   Paco (P), un amigo (A)

P:	¿Vives en Barcelona?	*Wohnst du in Barcelona?*
A:	Sí.	*Ja.*
P:	¿Cuál es tu dirección?	*Wie ist deine Adresse?*
A:	Calle Nueva 134.	*Calle Nueva 134.*
P:	¿Tienes teléfono?	*Hast du Telefon?*
A:	Sí.	*Ja.*
P:	¿Qué número?	*Welche Nummer?*
A:	301 28 47	*301 28 47.*

Diálogo 4   Enrique Gil (EG), Pedro Duarte (PD)

EG: Perdone, pero no sé cómo se llama usted.	Entschuldigen Sie, ich glaube, wir kennen uns (noch) nicht.
PD: Duarte. Pedro Duarte.	Duarte. Pedro Duarte.
EG: Mi nombre es Enrique Gil. ¿Cómo está usted?	Mein Name ist Enrique Gil. Es freut mich, Sie kennenzulernen.
PD: Mucho gusto.	Ich freue mich ebenfalls.
EG: Y éste es Emilio Blas.	Und dies ist Emilio Blas.
PD: Encantado.	Es freut mich, Sie kennenzulernen.

> **!** **Perdone** – *Entschuldigen Sie.*
>
> **¡Mucho gusto!**
> **¡Tanto gusto!**   *Es freut mich, Sie kennenzulernen.*
> **¿Cómo está usted?**
> **¡Encantado!**
>
> **Tú** = du
> **Usted** = Sie
>
> **No sé su nombre.** – *Ich weiß Ihren Namen nicht.*
> **No sé cómo se llama.** – *Ich weiß nicht, wie Sie heißen.*
> **Nombre.** – *Vor- oder Familienname.*
> **Apellido.** – *Familienname.*
>
> *Anmerkung: Normalerweise fragt man in Spanien nach dem Familiennamen im Plural →* **apellidos,** *da die Spanier immer zwei Familiennamen haben.*

¿Cómo se dice? · Wie man's sagt

1. Preguntando por el nombre.

Wie Sie jemanden nach seinem/ihrem Namen fragen.

¿Cuál es su	nombre? apellido?	Mi nombre es Ana Roca.

No sé su nombre.
No sé cómo se llama usted.

Conversaciones · Erste Gespräche

2. Cómo deletrear palabras.
Wie man buchstabiert.

¿Cómo deletrea esto?	R-O-C-A.

3. Cómo preguntar dónde vive.
Wie Sie jemanden fragen, wo er/sie wohnt.

¿Dónde vive usted?	Vivo en .../
¿Cuál es su dirección?	Calle Valverde 29
¿Vive en ...?	Sí/No. Vivo en ...

Ejercicios · Übungen

Ejercicio 1

Escuche en el cassette cómo se pronuncian las letras del alfabeto y repítalas.
Deletree estos nombres.

Hören Sie sich auf der Cassette die Aussprache der einzelnen Buchstaben an, und wiederholen Sie sie. Buchstabieren Sie die folgenden Namen.

Schmidt, Müller, Braun, Ströhm, Ruckser, Kremp, Hardler, Woikowsky, Katchinsky, Weber.

Compruebe su respuesta con el cassette.
Ahora deletree su nombre.

Überprüfen Sie Ihre Antworten mit Hilfe der Cassette. Buchstabieren Sie jetzt Ihren eigenen Namen.

Ejercicio 2

Escuche en el cassette cómo se pronuncian los números y repítalos.

Hören Sie sich auf der Cassette die Aussprache der Zahlen an, und wiederholen Sie sie.

Conversaciones · Erste Gespräche

1, 2, 3, 4, 5, 6, 7, 8, 9, 10,
11, 12, 13, 14, 15, 16, 17, 18, 19, 20,
21, 22, 23, 24, 25, 26, 27, 28, 29, 30,
31, 42, 53, 64, 75, 86, 97,
100, 101, 102, 103, 104, 105, 106, 107, 108, 109, 110,
111, 112, 113, 114, 115, 116, 117, 118, 119, 120,
121, 132, 143, 154, 165, 176, 187, 198, 200, 300, 400, 500.

Imagínese que usted es una de estas personas. Diga y deletree su nombre, su dirección y número de teléfono.

Stellen Sie sich vor, Sie sind die folgenden Personen. Sagen und buchstabieren Sie Ihren Namen, und geben Sie Ihre Adresse und Telefonnummer an.

Dr. Karl Winnaker	Hedwig Knipp	Georg Höhner
Hägelstraße 21	Schloßgarten 58	Grotenbleken
Essen-Kettwing	Hamburgo 70	Bremen
Tel. 0201/8333	Tel. 040/881	Tel. 0421/7159

Compruebe su respuesta con el cassette.
Ahora dé su nombre, dirección y número de teléfono.

Überprüfen Sie Ihre Antworten mit Hilfe der Cassette.
Geben Sie jetzt Ihren eigenen Namen, Anschrift und Telefonnummer an.

 Für das Wort „Umlaut" sagt man auf spanisch: „con diéresis".

Ejercicio 3

Escuche la conversación en el cassette y conteste a las preguntas. Use la información a) y b) para contestar.

Hören Sie sich das folgende Lückengespräch auf der Cassette an, und beantworten Sie die Fragen. Für Ihre Antworten benutzen Sie die Informationen a) und b).

Conversaciones · Erste Gespräche

Un amigo: Hola.
$\qquad$ ¿Dónde vives?
Tú: .....
Un amigo: ¿Cuál es tu dirección?
Tú: .....
Un amigo: ¿Tienes teléfono?
Tú: .....
Un amigo: ¿Qué número?
Tú: .....

Información a)
Tú vives en Sevilla, Calle Ríos, 5.
Tu número de teléfono es Sevilla 27 53 97.

Información b)
Tú vives en Valencia, Avenida Arcos, 31.
Tu número de teléfono es Valencia 21 01 55.

Saludos · Begrüßungen

In dieser Lektion lernen Sie

- jemanden vorzustellen.
- jemanden zu begrüßen.
- nach dem Geburtsdatum zu fragen und dieses zu nennen.

Diálogos · Dialoge

Diálogo 1   Enrique Gil (EG), Amalia Gil (AG), señor Pérez (P)

EG:	Hola, Señor Pérez.	Hallo, Señor Pérez.
	Bienvenido a Madrid.	Willkommen in Madrid.
P:	Gracias.	Danke schön.
EG:	Ésta es mi esposa Amalia.	Dies ist meine Frau Amalia.
AG:	¡Buenas tardes, Señor Pérez!	Guten Abend, Señor Pérez.
	¿Cómo está usted?	Wie geht es Ihnen?
P:	Muy bien, gracias.	Danke, sehr gut.

> **!**
> **Bienvenido a ...**   – Willkommen in ...
> **Muy bien, gracias.** – Sehr gut, danke.

Diálogo 2   Señora Garcia (G), vecino (V)

V:	¡Buenos días, Señora Garcia!	Guten Morgen, Señora Garcia.
	¿Cómo está usted?	Wie geht es Ihnen?
G:	Yo estoy muy bien, gracias.	Danke, mir geht es sehr gut.
	¿Y usted?	Und wie geht es Ihnen?
V:	No muy bien.	Leider nicht so gut.
	He dormido muy mal.	Ich habe schlecht geschlafen.
G:	Oh, lo siento.	Oh, das tut mir aber leid.

> **!**
> **Lo siento ...**   Das tut mir leid ...
> **¿Cómo está usted?** Wie geht es Ihnen?
> **¿Qué tal?**   Wie geht's (dir)?

Saludos · Begrüßungen

Diálogo 3   Enrique Gil (EG), Pedro Duarte (PD), señor Pérez (P)

EG: Pedro, éste es el señor Pérez.	*Pedro, dies ist Señor Pérez.*
Señor Pérez, éste es el señor Duarte.	*Señor Pérez, dies ist Señor Duarte.*
PD: ¿Cómo está usted?	*Wie geht es Ihnen?*
P: Muy bien.	*Danke, gut.*

¿Cómo se dice? · Wie man's sagt

1. Presentando.

Wie Sie jemanden vorstellen.

Éste es	mi	marido. hermano.	Mucho gusto.
Ésta es		esposa. hermana.	

Förmliche Vorstellung

Éste es		Pedro. el señor Pérez.
Ésta es	la	Señorita Duarte. Señora Garcia.

Persönliche Vorstellung

Éste es	Pedro.
Ésta es	Amalia.

2. Saludando.

Wie man grüßt.

Hola.	*Hallo.*
Mucho gusto.	*Sehr erfreut.*
¿Cómo está usted?	*Wie geht es Ihnen?*
¡Hola! ¿Qué tál?	*Hallo, wie geht's?*
¡Buenas tardes!	*Guten Tag!*
¡Buenos días!	*Guten Morgen!*

3. Los cumpleaños.

Geburtstage.

¿Cuándo es	tu / su	cumpleaños?

En	Diciembre, Febrero,	el	uno. once. veintiséis.

tu = dein; **su** = Ihr.

> **!**
>
> Im gesprochenen Spanisch wird bei der Angabe des Datums entweder zuerst der Monat und dann der Tag genannt oder umgekehrt.
> Die Namen der Monate können groß oder klein geschrieben werden.
>
> Eigennamen stehen ohne Artikel!

El	uno once veintiséis	de	diciembre. febrero.

Ejercicios · Übungen

Ejercicio 1

Escuche en el cassette cómo se pronuncian los meses del año y repítalos.

Hören Sie sich auf der Cassette die Aussprache der Monatsnamen an, und wiederholen Sie sie.

Enero	Abril	Julio	Octubre
Febrero	Mayo	Agosto	Noviembre
Marzo	Junio	Septiembre	Diciembre

Saludos · Begrüßungen

Ejercicio 2

Escuche los números en el cassette y repítalos. Primero escuchará los números cardinales y despúes los números ordinales.

Hören Sie sich auf der Cassette die Zahlen an, und wiederholen Sie sie. Sie werden zuerst die Grundzahlen und dann die Ordnungszahlen hören.

(Eins ...)	(Erster ...)		
Uno	Primero	Dieciséis	Décimosexto
Dos	Segundo	Diecisiete	Décimoséptimo
Tres	Tercero	Dieciocho	Décimoctavo
Cuatro	Cuarto	Diecinueve	Décimonono
Cinco	Quinto	Veinte	Vigésimo
Seis	Sexto	Veintiuno	Vigésimo primero
Siete	Séptimo	Veintidós	Vigésimo segundo
Ocho	Octavo	Veintritrés	Vigésimo tercero
Nueve	Noveno	Veinticuatro	Vigésimo cuarto
Diez	Décimo	Veinticinco	Vigésimo quinto
Once	Undécimo	Veintiséis	Vigésimo sexto
Doce	Duodécimo	Veintisiete	Vigésimo septimo
Trece	Décimotercero	Veintiocho	Vigésimo octavo
Catorce	Décimocuarto	Veintinueve	Vigésimo noveno
Quince	Décimoquinto	Treinta	Trigésimo

Ejercicio 3

Escuche los números del año en el cassette y repítalos.

Hören Sie sich auf der Cassette die Jahreszahlen an, und wiederholen Sie sie.

1930, 1940, 1950, 1960, 1970, 1980,
1931, 1942, 1953, 1964, 1975, 1986,
1933, 1939, 1945, 1956, 1984, 1992.

> **!**
> Im Spanischen nennt man die Jahreszahlen folgendermaßen:
> **mil novecientos treinta,** d.h. wrtl.: *tausend-neunhundert-dreißig.*

Saludos · Begrüßungen

Ejercicio 4

Escuche la conversación en el cassette y conteste a las preguntas. Use la información a) y b).

Hören Sie sich das folgende Lücken-gespräch auf der Cassette an, und beantworten Sie die Fragen. Benutzen Sie hierzu die Informationen a) und b).

Información a)
Helga Stein
3.1.1951

Información b)
Fritz Popp
29.5.1939

Recepcionista: ¡Buenos días!
¿Su apellido, por favor?
Usted: .....
Recepcionista: ¿Y su nombre?
Usted: .....
Recepcionista: ¿Fecha de nacimiento?
Usted: .....
Recepcionista: Gracias.
Siéntese, por favor.

Compruebe las respuestas en el cassette.

Überprüfen Sie Ihre Antworten mit Hilfe der Cassette.

Nacionalidad · Nationalität

In dieser Lektion lernen Sie

- nach der Staatsangehörigkeit zu fragen.
- nach der Herkunft zu fragen.
- und entsprechende Aussagen zu machen.

Diálogos · Dialoge

Diálogo 1 Ana Roca (AR), recepcionista (R)

AR:	¡Buenas tardes!	*Guten Tag.*
R:	¡Buenas tardes, señora!	*Guten Tag.*
AR:	Mi nombre es Roca.	*Mein Name ist Roca.*
R:	Sí, señora.	*Ja.*
	¿Su nacionalidad, por favor?	*Welche Staatsangehörigkeit haben Sie bitte?*
AR:	Soy española.	*Ich bin Spanierin.*
R:	Gracias, señora.	*Danke.*

Diálogo 2 Paco Lopez (PL), Felicidad (F)

PL:	Hola.	*Hallo.*
F:	Hola.	*Hallo.*
PL:	¿De dónde es usted?	*Woher kommen Sie?*
F:	Soy de Barcelona.	*Ich komme aus Barcelona.*
PL:	¿De qué parte?	*Woher genau?*
F:	De Sarriá	*Aus Sarriá.*
	¿Y usted?	*Und Sie?*
PL:	Yo del Tibidabo.	*Ich bin aus Tibidabo.*

!	**¿De dónde es usted?**	Woher kommen Sie?
	Yo soy de ...	Ich bin aus ...

Nacionalidad · Nationalität

Diálogo 3   Amalia Gil (AG), Pedro Duarte (PD)

AG: Dígame, señor Duarte, ¿es usted gallego?	*Sagen Sie, Señor Duarte, sind Sie aus Galicien?*
PD: Sí.	*Ja.*
AG: ¿De qué parte de Galicia?	*Oh, und aus welchem Teil kommen Sie?*
PD: De Santiago de Compostela.	*Aus Santiago de Compostela.*
AG: ¿Está al norte o al sur?	*Liegt das im Norden oder im Süden?*
PD: Está al noroeste de España.	*Es ist im Nordwesten Spaniens.*
AG: Ah, sí.	*Ah, ja.*

> **!** Galicien ist die Region im Nordwesten von Spanien. Santiago de Compostela ist die Universitätsstadt dieser Region und ein berühmter Wallfahrtsort. Der Hl. Jakob soll dort begraben sein.

¿Cómo se dice? · Wie man's sagt

1. Preguntando la nacionalidad.
Wie Sie nach der Staatsangehörigkeit fragen.

¿De qué nacionalidad es usted?

Yo soy	alemán.
	checoslovaco.
	húngaro.
	suizo.

¿Es usted	alemán?
	suizo?
	austriaco?

Sí.
No, yo soy ...

2. Preguntando de dónde es.

Wie Sie nach der Herkunft fragen.

¿De dónde		usted?
¿De qué parte	es	él?
(de Alemania)		ella?

Yo soy	de	Alemania.
		Austria.
		Suiza.
Él es		Baviera.
		Hamburgo.
Ella es	del	norte.
		sur.

> **!** Bitte beachten Sie: Zwei Vokale hintereinander gehen schlecht über die Zunge, deshalb heißt es im Spanischen nicht **de el norte** sondern **del norte**.

> **!**
> **yo soy** = *ich bin*
> **tú eres** = *du bist*   **nosotros somos** = *wir sind*
> **él es** = *er ist*   **vosotros sois** = *Sie sind*
> **ella es** = *sie ist*   **ellos son** = *sie sind*
> **esto es** = *es ist*

> **!** **Ser y Estar**
>
> Das Spanische hat zwei Verben für sein: **SER** und **ESTAR**.
> Das Verb **SER** drückt Identität, Eigenschaften und einen dauerhaften Zustand aus. **ESTAR** beschreibt die Lage und einen zeitweiligen bzw. vorläufigen Zustand.

VERBO SER	SEIN	VERBO ESTAR
Yo soy	*Ich bin*	Yo estoy
Tú eres	*Du bist*	Tú estás
Él es	*Er ist*	Él está
Usted es	*Sie sind*	Usted está
Ella es	*Sie ist*	Ella está
Ello es	*Es ist*	Ello está
Nosotros somos	*Wir sind*	Nosotros estamos
Vosotros sois	*Sie sind*	Vosotros estáis
Ellos son	*Sie sind*	Ellos están

Nacionalidad · Nationalität

Beispiele:

Es un hombre. *Er ist ein Mann* (Dauerhafter Zustand).

Es una mesa. *Es ist ein Tisch* (Identität).

La mesa está en la habitacion. *Der Tisch ist im Zimmer* (Lage).

El hombre está en el bar. *Der Mann ist im Café* (Vorläufiger Zustand, auch Lage).

Madrid es una ciudad. *Madrid ist eine Stadt* (Identität).

Madrid está en España. *Madrid ist in Spanien* (Lage).

La mesa es grande. *Der Tisch ist groß* (Dauerhafter Zustand).

La mesa está sucia. *Der Tisch ist schmutzig* (Vorläufiger Zustand, auch Ergebnis einer Handlung).

!

Subjektpronomen werden häufig ausgelassen.
Beispiele: **tengo** = ich habe
soy español = ich bin Spanier

Aber um etwas zu betonen, werden Subjektpronomen gebraucht.
Beispiele: **yo tengo** = i c h habe
yo soy = i c h bin

Ejercicios · Übungen

Ejercicio 1

Escuche en el cassette cómo se pronuncian los nombres alemanes y repítalos.

Hören Sie sich auf der Cassette die Aussprache der deutschen Ortsnamen an, und wiederholen Sie sie.

Sajonia Baja	Rin-Septentrional-Westfalia
Essen	Rin-Palatinado
Baviera	Colonia
Coblenza	Nuremberg
Munich	Alemania

Ahora diga que usted viene de estos sitios.

Nun sagen Sie, daß Sie aus diesen Ländern oder Städten kommen.

Compruebe sus respuestas en el cassette.

Überprüfen Sie Ihre Antworten mit Hilfe der Cassette.

Nacionalidad · Nationalität

Ejercicio 2

Escuche las conversaciónes en el cassette.	Hören Sie sich das folgende Lückengespräch und den Musterdialog auf der Cassette an.

Hombre: Hola.
Mujer: .....
Hombre: ¿De dónde es usted?
Mujer: .....
Hombre: ¿De qué parte?
Mujer: .....

Hombre: Hola.
Mujer: Hola.
Hombre: ¿De dónde es usted?
Mujer: Yo soy de Madrid.
Hombre: ¿De qué parte?
Mujer: De Chamberí.

Diga que usted viene de estos sitios.	Sagen Sie nun, daß Sie aus den folgenden Orten kommen.

München-Pasing	Frankfurt-Niederrad
Hamburg-Wellingsbüttel	Hannover-Herrenhausen
Berlin-Schlachtensee	Nürnberg-Poppenreuth

Compruebe sus respuestas en el cassette.	Überprüfen Sie Ihre Antworten mit Hilfe der Cassette.

Ejercicio 3

Usted le presenta un grupo de gente al señor Blas. Escuche este modelo en el cassette.	Sie stellen Señor Blas eine Gruppe von Menschen vor. Hören Sie sich das Mustergespräch auf der Cassette an.

Usted: Señor Blas, ésta es Frau Bauer.
Señor Blas: ¡Mucho gusto!
         Bienvenida a España.

27

Nacionalidad · Nationalität

Ahora usted presenta a todos al
señor Blas. Aquí están sus nombres:

*Nun stellen Sie alle anderen Señor
Blas vor. Hier sind ihre Namen:*

Doktor Schwarz
Fräulein Weib
Herr Lietz
Frau Weinkauf
Herr Schönleben
Fräulein Jäger

Compruebe sus respuestas en el
cassette.

*Überprüfen Sie Ihre Antworten mit
Hilfe der Cassette.*

Familia · Familie   UNIDAD 4

In dieser Lektion lernen Sie

- nach dem Familienstand zu fragen.
- nach der Familie zu fragen.
- und entsprechende Aussagen zu machen.

Diálogos · Dialoge

Diálogo 1   Felicidad (F), Paco (P)

F:	¿Eres español?	*Bist du Spanier?*
P:	Sí.	*Ja.*
	Soy de Barcelona.	*Ich komme aus Barcelona.*
	¿Y tu?	*Und du?*
F:	Yo soy española, también.	*Ich bin auch Spanier.*
P:	¿Estás casada, Felicidad?	*Bist du verheiratet, Felicidad?*
F:	No.	*Nein.*
	¿Y tú?	*Und du?*
P:	Yo estoy soltero.	*Ich bin unverheiratet.*

> **!** Unter jungen Leuten im ungefähr gleichen Alter sowie unter Freunden und Verwandten verwendet man die „du-Form" des Verbs.

> **!** **Yo soy española.**)
>) Weibliche Form des Adjektivs.
> **¿Estás casada.**)
>
> **¿Eres español?**)
>) Männliche Form des Adjektivs.
> **Yo soy casado.**)

Diálogo 2   Amalia Gil (AG), Pedro Duarte (PD)

AG:	Dígame, señor Duarte,	*Sagen Sie, Señor Duarte.*
	¿está aquí de negocios?	*Sind Sie geschäftlich hier?*
PD:	Sí.	*Ja.*
AG:	¿Está su esposa con usted?	*Ist Ihre Frau mit (Ihnen)?*

29

PD:	No, ella está en casa.		*Nein, meine Frau ist zu Hause.*
AG:	¿Tiene usted hijos?		*Haben Sie Kinder?*
PD:	Sí, tengo un hijo y dos hijas.		*Ja, ich habe einen Sohn und zwei Töchter.*
	Y usted, señora Gil, ¿tiene hijos?		*Und Sie, Señora Gil? Haben Sie Kinder?*
AG:	Sí, tengo una hija.		*Ja. Eine Tochter.*

¿Cómo se dice? · Wie man's sagt

1. Preguntando si está casado.

Wie Sie fragen, ob jemand verheiratet ist.

¿Está usted casado? Sí, estoy casado.
No, no estoy casado.

Estoy	casado.
	soltero.
	divorciado.

2. Preguntando si tiene familia.

Wie Sie nach der Familie fragen.

¿Tiene usted	hijos?
	hermanos?
	hermanas?

¿Cuántos	hijos hermanos	tiene?
¿Cuántas	hermanas	

Yo tengo	un	hijo. hermano.
	una	hija. hermana.
Nosotros tenemos	dos tres	hijas. hijos. hermanos.

30

Familia · Familie   UNIDAD 4

Yo no tengo Nosotros no tenemos	hermanas. hijos. hermanos.

> **!** **¿Tiene usted ...?**   *Haben Sie ...?*
> **No, no tengo ...**   *Nein, ich habe kein(e) ...*
> ■ **¿Cuántos tiene ...?**   *Wie viele ... haben Sie?*

Ejercicios · Übungen

Ejercicio 1

Escuche este diálogo en el cassette.   *Hören Sie sich das folgende Gespräch auf der Cassette an.*

Señora Vila: Buenas tardes, Herr Fiebiger.
                 ¿Está aquí de negocios?
Herr Fiebiger: Sí.
Señora Vila: ¿Está con su familia?
Herr Fiebiger: No. Mi esposa está en casa con los niños.
Señora Vila: ¿Cuántos hijos tiene usted, Herr Fiebiger?
Herr Fiebiger: Tengo un hijo y una hija.

Ahora usted mantiene la misma conversación a) – d).   *Nun führen Sie das gleiche Gespräch. Benutzen Sie hierzu die Informationen a) – d).*

Utilizando la información a) – d):

a) Herr Rückert está aquí de vacaciones con su esposa y dos hijas.
b) Herr Neubert está aquí de negocios con su esposa.
   No tienen hijos.
c) Frau Denker está aquí de negocios. Su esposo está en casa.
   No tienen hijos.

Compruebe sus respuestas en el cassette.   *Überprüfen Sie Ihre Antworten mit Hilfe der Cassette.*

Familia · Familie

Ejercicio 2

Escuche la conversación en el cassette.	*Hören Sie sich das folgende Lückengespräch auf der Cassette an.*

Señora Sanchez: Buenas tardes, señor Ruiz.
.....?
Señor Ruiz: Sí, estoy.
Señora Sanchez: .....?
Señor Ruiz: No, mi esposa está en casa cuidando a los niños.
Señora Sanchez: .....?
Señor Ruiz: Tenemos dos hijos y una hija.

Todas las preguntas de la señora Sánchez están omitidas. Pregúntelas usted.	*Es fehlen alle Fragen von Señora Sanchez. Stellen Sie sie.*
Compruebe sus respuestas en el cassette.	*Überprüfen Sie Ihre Antworten mit Hilfe der Cassette.*

Ejercicio 3

Escuche el dialogo en el cassette.	*Hören Sie sich das folgende Gespräch auf der Cassette an.*

Pregunta: ¿Está usted casado?
Respuesta: Sí.
Pregunta: ¿Tiene (usted) hijos?
Respuesta: Sí, tengo un hijo.

Ahora usted mantiene la misma conversación. Use la información a) – d).	*Nun führen Sie das gleiche Gespräch.* *Benutzen Sie die Informationen a) – d).*

a) Usted tiene un hijo y una hija.
b) Usted tiene dos hijos.
c) Usted tiene tres hijas.
d) Usted tiene tres hijas y un hijo.

Compruebe sus respuestas en el cassette.	*Überprüfen Sie Ihre Antworten mit Hilfe der Cassette.*

De compras · Einkaufen (1) UNIDAD 5

In dieser Lektion lernen Sie
- in Geschäften nach Dingen zu fragen.
- nach Preisen zu fragen.

Diálogos · Dialoge

Diálogo 1 Paco (P), dependiente (D)

D:	¿Qué desea?	*Kann ich Ihnen helfen? (Was wünschen Sie?)*
P:	Quisiera El País, por favor.	*Ich hätte gerne El País, bitte.*
D:	Son 65 pesetas.	*Das macht 65 Pesetas.*
P:	Y estas dos revistas.	*Und diese zwei Zeitschriften.*
D:	Son 520 pesetas.	*Das macht 520 Pesetas.*
	Gracias.	*Danke.*

Diálogo 2 Felicidad (F), dependienta (D)

F:	¿Por favor?	*(Bitte schön?) Können Sie mir helfen?*
D:	Diga.	*Ja. (Sprechen Sie.)*
F:	Quiero aspirinas y aquellas horquillas.	*Ich möchte gern (einige) Aspirin und die Haarklammern da.*
D:	Son 150 pesetas.	*Das macht 150 Pesetas.*

! ■

Dies und jenes			
	Dies	Das hier (In der Nähe)	Das da (Weiter weg)
Männlich im Singular:	**este**	**ese**	**aquel**
Weiblich im Singular:	**esta**	**esa**	**aquella**
Männlich im Plural:	**estos**	**esos**	**aquellos**
Weiblich im Plural:	**estas**	**esas**	**aquellas**

Anmerkung:
Demonstrativpronomen können einen Akzent tragen, wenn sie alleine stehen:

z. B. este coche → **éste**, esta lámpara → **ésta**

De compras · Einkaufen (1)

Diálogo 3   Enrique Gil (EG), dependienta (D)

D:	¿Qué desea?	*Sie wünschen?*
EG:	Quisiera unas flores.	*Ich möchte einige Blumen.*
D:	Tengo claveles muy bonitos aquí o rosas muy bellas allí.	*Ich habe hier (einige) schöne Nelken. Oder dort drüben sind (einige) schöne Rosen.*
EG:	Cinco rosas, por favor.	*Ich möchte fünf Rosen, bitte.*
D:	Sí, señor. ¿Algo más?	*Ja. Sonst noch etwas?*
EG:	Sí. Desearía cuatro claveles también.	*Ja. Ich möchte auch noch vier Nelken.*
D:	Con mucho gusto, señor. Gracias. ¿Algo más?	*Sehr gern. Danke. Sonst noch etwas?*
EG:	No, gracias. Esto es todo. ¿Cuánto es?	*Nein, danke. Das ist alles. Was macht das?*
D:	Son 800 pesetas.	*Das macht 800 Pesetas.*

¿Cómo se dice? · Wie man's sagt

1. ¿Qué se dice en una tienda?
Wie Sie sagen, was Sie in einem Laden haben möchten.

a) Tratando de llamar la atención del dependiente.
Sie möchten die Aufmerksamkeit des Verkäufers (der Verkäuferin) auf sich ziehen.

Puede por favor.	Naturalmente, Sí,	señor. señorita. señora.

b) Usted quiere cosas que se pueden contar.
Sie möchten Dinge, die man zählen kann.

Quisiera	unos (m)	sellos. mapas. libros. cigarrillos.
Quiero	unas (w)	aspirinas. flores. sandalias. postales.

c) Usted quiere cosas que no se pueden contar.
Sie möchten Dinge, die man nicht zählen kann.

Quiero Quisiera	jabón. pasta de dientes. tabaco.

!	**Vergleichen Sie:**
	Quisiera unos sellos. Quisiera jabón.
	Quisiera unas postales. No quiero sellos.
	¿Tiene usted unas/unos ...? Yo no tengo ... ¿Tiene usted unas/unos ...?

d) Usted quiere artículos individuales.
Sie möchten einzelne Dinge.

Quiero	un	bocadillo. helado. sobre.
Quisiera	una	manzana. revista. postal.

e) Usted quiere artículos en cantidad o en envase.
Sie möchten Dinge, die man mengenweise oder verpackt kauft.

Quisiera	una	caña de cerveza. botella de leche. caja de cerillas.
Quiero	un	vaso de vino. paquete de sobres. kilo de plátanos. medio kilo de manzanas.

De – Im Spanischen steht zwischen einer Maßangabe oder Verpackungseinheit das Wort **de:**

un vaso **de** vino.
medio kilo **de** manzanas.

2. Cómo preguntar el precio.
Wie Sie nach dem Preis fragen.

¿Cuánto es	eso? esto?	Son ...

3. Cómo decir quiero o no quiero nada más.
Wie Sie sagen, daß Sie noch etwas oder daß Sie nichts mehr wollen.

¿Algo más?	Sí, me gustaría ... también. No, gracias. Esto es todo.

Grammatik

Nomen   Nomen sind im Spanischen entweder männlich oder weiblich.

Weibliche Nomen sind z. B.: **la chica** (*Mädchen*), **la cerveza** (*Bier*).
Männliche Nomen sind z. B.: **el chico** (*Junge*), **el tomate** (*Tomate*).

Normalerweise sind Nomen mit der Endung **-a** weiblich.
Normalerweise sind Nomen mit der Endung **-o** männlich.

Artikel Unbestimmte Artikel (ein, eine) sind
una (mit weiblichen Nomen)
und **un** (mit männlichen Nomen), z. B.:

una chica; un chico.

Bestimmte Artikel (der, die, das) sind
la (mit weiblichen Nomen)
und **el** (mit männlichen Nomen), z. B.:

**la chica; la cerveza;
el chico; el tomate.**

Pluralformen Im Spanischen gibt es zwei Regeln für die Pluralformen von Nomen:

1. Endet das Nomen mit einem Vokal, setzt man ein
-s hinzu, z. B.:

**una patata – tres patatas;
un kilo – dos kilos.**

2. Endet das Nomen mit einem Konsonanten, setzt
man ein **-es** hinzu, z. B.:

**una mujer – dos mujeres;
un hotel – cinco hoteles.**

Bestimmte Artikel im Plural (die) sind **las** (mit weib-
lichem Nomen) und **los** (mit männlichem Nomen).
Die Pluralform des unbestimmten Artikels
bedeutet *einige:*
¿quiere unos tomates? – *Möchten Sie (einige)
Tomaten?*

Ejercicios · Übungen

Ejercicio 1

Escuche en el cassette cómo se
pronuncian estas cosas y repítalas.

*Hören Sie sich auf der Cassette an,
wie die folgenden Wörter ausgesprochen werden, und wiederholen
Sie sie.*

unos bocadillos	*belegte Brötchen*
unas flores	*Blumen*
unas aspirinas	*Aspirin*

De compras · Einkaufen (1)

unos sobres	*Briefumschläge*
unas postales	*Ansichtskarten*
unas cerillas	*Streichhölzer*
unos cigarrillos	*Zigaretten*
pasta de dientes	*Zahnpasta*
(una pastilla de) jabón	*Seife*

Ahora diga que quiere estas cosas.	*Nun sagen Sie, daß Sie diese Dinge haben möchten.*
Compruebe sus respuestas en el cassette.	*Überprüfen Sie Ihre Antworten mit Hilfe der Cassette.*

Ejercicio 2

Escuche en el cassette cómo se pronuncian estas cosas y repítalas.	*Hören Sie sich auf der Cassette an, wie die folgenden Wörter ausgesprochen werden, und wiederholen Sie sie.*

una copita de jerez	*ein Glas Sherry*
una botella de vino	*eine Flasche Wein*
un vaso de leche	*ein Glas Milch*
una taza de té	*eine Tasse Tee*
una caja de bombones	*eine Schachtel Pralinen*
un cartón de zumo de naranja	*eine Packung Orangensaft*
una botella de gaseosa	*eine Flasche Limonade*
un kilo de manzanas	*ein Kilo Äpfel*
medio kilo de peras	*ein Pfund Birnen*

Ahora usted quiere estas cosas. Compruebe sus respuestas en el cassette.	*Nun möchten Sie diese Dinge haben. Überprüfen Sie Ihre Antworten mit Hilfe der Cassette.*

Ejercicio 3

Aquí hay algunas cosas que usted puede necesitar como turista. Pregunte por ellas.	*Hier sind einige Dinge, die Sie als Tourist gebrauchen könnten. Fragen Sie nach Ihnen.*

De compras · Einkaufen (1)

el helado	*Eis*
la guía	*(Reise)Führer*
la guía de hoteles	*Hotelführer*
el peine	*Kamm*
el cepillo de pelo	*Haarbürste*
la barra de labios	*Lippenstift*

Compruebe sus respuestas en el cassette.

Überprüfen Sie Ihre Antworten mit Hilfe der Cassette.

De compras · Einkaufen (2)

In dieser Lektion lernen Sie

● weitere nützliche Wendungen, die Sie beim Einkaufen benötigen.

Diálogos · Dialoge

Diálogo 1   Señora Garcia (G), dependienta (D)

G:	¿Tiene mantequilla?	*Haben Sie Butter?*
D:	Sí, está allí.	*Ja. Dort drüben.*
G:	¿Y tiene pan integral?	*Haben Sie Graubrot?*
D:	No, lo siento.	*Nein. Es tut mir leid.*
	No tenemos.	*Wir haben keins.*
	¿Algo más?	*Noch etwas?*
G:	Una docena de huevos, por favor.	*Ja, ich hätte gern ein Dutzend Eier.*
	¿Cuánto es?	*Was macht das?*

Diálogo 2   Enrique Gil (EG), barman (B)

EG:	Una cerveza por favor.	*Ein Bier, bitte.*
B:	¿El Águila o San Miguel?	*Águila oder San Miguel?*
EG:	San Miguel.	*San Miguel.*
	Y una ginebra con tónica.	*Und einen Gin Tonic.*
B:	Un San Miguel.	*Einen San Miguel.*
	Una ginebra con tónica.	*Einen Gin Tonic.*
	Son 325 pesetas.	*Das macht 325 Pesetas.*

> **!** El Águila und San Miguel sind zwei bekannte spanische Biersorten.

Diálogo 3   Amalia Gil (AG), dependiente (D)

D:	¿Puedo ayudarle?	*Kann ich Ihnen helfen?*
AG:	No, gracias.	*Nein danke.*
	Estoy mirando.	*Ich schau mich nur um.*

De compras · Einkaufen (2)

Diálogo 4   Amalia Gil (AG), empleado (E)

AG:	Perdone, ¿puede decirme cuánto cuesta un sello para Alemania?	Entschuldigen Sie, können Sie mir sagen, was eine Briefmarke nach Deutschland kostet?
E:	¿Carta o postal?	Brief oder Postkarte?
AG:	Carta.	Für einen Brief.
E:	Para Alemania, cuesta 65 pesetas.	Ein Brief nach Deutschland kostet 65 Pesetas.
AG:	Déme seis sellos, por favor.	Geben Sie mir bitte 6 Briefmarken.
E:	Son 390 pesetas.	Das macht 390 Pesetas.

Diálogo 5   Paco (P), Mario (M), barman (B)

P:	¿Qué bebes?	Was trinkst du?
M:	Un vasito de Jerez.	Bitte ein Gläschen Sherry.
P:	(Al barman:) Dos vasitos de jerez, por favor.	(Zum Barkeeper:) Bitte, zwei Gläschen Sherry.
B:	Son 160 pesetas.	Das macht 160 Pesetas.
P:	Aquí tiene 200 pesetas.	Hier sind 200 Pesetas.
B:	Muchas gracias, señor.	Danke sehr.
P:	¡Salud!	Prost!
M:	¡A tú salud!	Zum Wohl!

 Wenn man auf das Wohl eines anderen trinkt oder wenn man anstößt, sagt man auf spanisch häufig: **¡Salud!** oder **¡A tú salud!**

¿Cómo se dice? · Wie man's sagt

1. Cómo decir que no compra nada.
Wie Sie sagen, daß Sie nichts kaufen möchten.

Estoy mirando solamente gracias.

De compras · Einkaufen (2)

2. Cómo preguntar las tarifas postales.

Wie Sie nach dem Porto fragen.

¿Cuánto es	una carta una postal	para Alemania? para los paises de la CEE? para Inglaterra?

CEE = Comunidad Económica Europea – EG

¿Puede darme	un sello		para	una postal una carta	a Alemania?
	dos cinco	sellos	de	65 pts? 45 pts?	

Ejercicios · Übungen

Ejercicio 1

Escuche el diálogo en el cassette (repítalo si quiere).

Hören Sie sich das Gespräch auf der Cassette an. (Wiederholen Sie es, wenn Sie möchten.)

Cliente: ¿Perdone, puede ayudarme por favor?
Dependiente: Naturalmente.
Cliente: ¿Tiene tarjetas postales?
Dependiente: Sí, las encontrará allí.
Cliente: ¿Y tiene sobres?
Dependiente: No, lo siento. No tenemos.

Ahora usted toma parte en la conversación.

Nun übernehmen Sie Ihre Rolle in dem Gespräch.

Usted: .....
Dependiente: Naturalmente.
Usted: .....
Dependiente: Sí, las encontrará allí.
Usted: .....
Dependiente: No, lo siento. No tenemos.

De compras · Einkaufen (2)

Usted desea comprar las cosas siguientes a) – c).	*Sie möchten die folgenden Dinge a) – c) kaufen.*	

a) pasta de dientes   b) cajas de bombones   c) manzanas
    aspirinas   peras   flores

Ejercicio 2

Usted quiere pedir las siguientes bebidas en un bar.

Sie möchten in einem Lokal die folgenden Getränke bestellen.

cerveza – un vaso
ginebra con tónica – un vaso
Cava – una botella
Coca-Cola
zumo de naranja
Cuba libre
Sangría – un vaso
Anís – una copita

Compruebe sus respuestas en el cassette.

Vergleichen Sie Ihre Antworten mit den Antworten auf der Cassette.

Cuba libre ist Coca-Cola mit Rum; sehr erfrischend!
Sangría ist ein kalter Rotwein mit Obst.
Anís ist Anislikör. Sehr beliebt in Spanien.
Una copita = *ein kleines Glas* oder *ein Gläschen.*

Lugares · Orte

In dieser Lektion lernen Sie

- über Orte zu spechen.
- zu fragen, wo sie liegen.
- um eine Beschreibung zu bitten.
- einen Ort zu empfehlen.

Diálogos · Dialoge

Diálogo 1 Mario (M), una chica (C)

M:	Hola.	Hallo.
	¿De dónde eres?	Woher kommst du?
C:	Yo soy de Málaga.	Ich komme aus Málaga.
M:	¿Dónde está?	Wo liegt das?
C:	Está en Andalucia.	In Andalusien.
M:	Andalucia está en el sur de España, ¿no es verdad?	Andalusien ist im Süden von Spanien, nicht wahr?
C:	Sí.	Ja.
M:	¿Y cómo es?	Wie sieht es dort aus?
C:	Pues, está al lado del mar y tiene unos alrededores muy bonitos.	Also, es liegt am Meer, und es hat eine hübsche Umgebung.
	Es encantador.	Es ist bezaubernd.
	Tienes que ir.	Du solltest dorthin fahren.
M:	¿Qué tal el tiempo?	Wie ist das Wetter?
C:	Generalmente hace buen tiempo.	Normalerweise ist das Wetter schön.
	¿Eres de Madrid?	Bist du aus Madrid?
M:	Sí, de la Plaza Mayor.	Ja, ich wohne auf der Plaza Mayor.
C:	¿Dónde está la Plaza Mayor?	Wo ist die Plaza Mayor?
M:	Está en el centro de Madrid.	Im Zentrum von Madrid.
C:	¿Y cómo es?	Wie sieht es dort aus?
M:	Es una plaza preciosa. Está en el casco antiguo.	Es ist ein sehr schöner Platz in der Altstadt.

! **¿... no es verdad?**
Vosotros sois de América, ¿no es verdad? ... nicht wahr?
Es bonito, ¿no es verdad?

Diálogo 2   Señora Garcia (G), Enrique Gil (EG)

G:	Usted es de Barcelona, ¿no es verdad, señor Gil?	*Sie sind aus Barcelona, nicht wahr, Señor Gil?*
EG:	Sí.	*Ja.*
G:	Creo que es una ciudad muy bella.	*Ich habe gehört, es soll eine schöne Stadt sein.*
EG:	Sí, es muy bonita.	*Ja, sie ist sehr schön.*
G:	Tiene una catedral muy interesante, si me acuerdo bien.	*Dort ist eine interessante Kathedrale, wenn ich mich richtig erinnere.*
EG:	Sí, la Sagrada Familia.	*Ja, die Sagrada Familia.*
G:	¿Hace buen tiempo en esta época del año?	*Ist das Wetter schön um diese Jahreszeit?*
EG:	Sí, en primavera es estupendo. Tiene usted que ir.	*Ja, im Frühling ist es bezaubernd. Sie sollten hinfahren.*
G:	Me gustaría mucho.	*Das würde ich gerne.*

¿Cómo se dice? · Wie man's sagt

1. Preguntando por lugares.

Wie Sie fragen, wo ein Ort ist.

¿Dónde está	La Giralda? La Sagrada Familia? el pastro?

Está	cerca de	Hamburgo. Madrid. Londres. la sierra.
	en	Sevilla. la costa. Barcelona. Cuenca.

2. Cómo describir una región.

Wie Sie eine Gegend beschreiben.

¿Y cómo és?
¿Cómo es el campo?

Lugares · Orte

Es	bonito. hermoso. llano. montañoso. arbolado.

bonito	= *hübsch*
hermoso	= *schön*
llano	= *flach*
montañoso	= *bergig*
arbolado	= *bewaldet*

Hay	una	iglesia bonita. catedral preciosa. cascada maravillosa.
	un	palacio antiguo. museo interesante. paseo arbolado.

= *wundervoll*
= *ein fantastischer Wasserfall*

= *eine schattige Allee*

Hay	un	parque. río.
	una	playa. casa.
	unos	parques. ríos.
	unas	playas. casas.

3. Cómo preguntar por el clima.

Wie Sie nach dem Wetter fragen.

¿Qué tiempo hace? *Wie ist das Wetter?*
¿Hace buen tiempo? *Ist das Wetter schön?*

Hace	frío calor	en	primavera. verano. otoño.
Llueve			invierno.

[la] primavera	= *Frühling*
[el] verano	= *Sommer*
[el] otoño	= *Herbst*
[el] invierno	= *Winter*

Hay mucha	nieve	en	invierno.
Llueve mucho			verano.

nieve	= *Schnee*
lluvia	= *Regen*

Lugares · Orte

Ejercicios · Übungen

Ejercicio 1

La señora Garcia está muy interesada por Alemania. Conteste a sus preguntas.	*Señora Garcia interessiert sich sehr für Deutschland. Beantworten Sie Ihre Fragen.*

Ejemplo: ¿Dónde está Lübeck?
  Lübeck está en el norte de Alemania.

1. Me han dicho que usted es de Passau. ¿Dónde está?
2. ¿Dónde está Hamburgo?
3. Me han dicho que usted de Ulm? ¿Dónde está?
4. ¿Dónde está Oldenburgo?
5. Me han dicho que usted es de Munich ¿Dónde está?
6. ¿Dónde está Augsburgo?
7. Me han dicho que usted es de Kiel ¿Dónde está?
8. ¿Dónde está Brema?

Ejercicio 2

Diga dónde están estos lugares.	*Sagen Sie, wo die folgenden Orte sind.*

Ejemplo: ¿Dónde está Fürth?
  No está lejos de Nuremberg.

1. ¿Dónde está Oldenburgo?
2. ¿Dónde está Braunschweig?
3. ¿Dónde está Paderborn?
4. ¿Dónde está Limburgo?
5. ¿Dónde está Wiesbaden?
6. ¿Dónde está Heidelberg?
7. ¿Dónde está Tecklenburg?
8. ¿Dónde está Ausburgo?
9. ¿Dónde está Pforzheim?
10. ¿Dónde está Bad Reichenhall?

Lugares · Orte

Ejercicio 3

Escuche este diálogo en el cassette.   *Hören Sie sich dieses Gespräch auf
der Cassette an.*

Una americana: ¿Dónde está Sevilla?
Herr Wagner: Está en el sur de España,
               cerca del rio Guadalquivir.
Una americana: ¿Y cómo es?
Herr Wagner: Tiene una hermosa catedral.
               Usted tiene que ir.
Una americana: Mmm. Quizás voy un dia.

Ahora usted mantiene la misma
conversación o una parecida con
una americana, considerando que
usted ha visitado estos lugares.

*Nun führen Sie das gleiche Gespräch
oder ein ähnliches mit einer
Amerikanerin. Stellen Sie sich vor,
Sie waren bereits an den folgenden
Orten.*

1. Santiago de Compostela/el noroeste/el río Sar/una catedral
   muy antigua.
2. Barcelona/el este/un museo muy interesante de las pinturas
   de Picasso.
3. Granada/el sur/un lugar muy historica/la Alhambra/la sierra
   Nevada.
4. Salamanca/una ciudad universitaria/la más antigua universidad
   de España.
5. Toledo/el centro/el río Tajo/dónde El Greco vivio y pinto sus más
   famosos retrados.
6. Marbella/el sur/un lugar muy popular por los turistas/el mar
   Mediterráneo/playas bonitas.

La dirección · Der richtige Weg

In dieser Lektion lernen Sie

● nach dem Weg zu fragen.
● zu fragen, ob es bestimmte Einrichtungen in der Nähe gibt.
● zu fragen, wie weit etwas entfernt ist.

Diálogos · Dialoge

Diálogo 1   Señora Garcia (G), Paco (P)

G:	Por favor.		*Entschuldigen Sie. Können Sie mir helfen?*
	¿Hay servicios cerca de aquí?		*Ist hier in der Nähe eine Toilette?*
P:	Sí. Están allí.		*Ja. Sie ist dort drüben.*

> **!** **Bezeichnungen für Toiletten:**
>
> *Damen* = Señoras.   *Herren* = Hombres.
>   Damas.   Caballeros.
>
> Lavabos.
> Servicios.

Diálogo 2   Ana Roca (AR), Paco (P)

AR:	Por favor, ¿hay una cabina telefónica cerca de aquí?	*Entschuldigen Sie, ist hier in der Nähe eine Telefon-zelle?*
P:	Sí. Siga todo recto. A la derecha hay una cabina telefónica.	*Ja. Gehen Sie immer geradeaus. Eine Telefonzelle ist auf der rechten Seite.*
AR:	¿Está lejos?	*Ist es weit (bis dorthin)?*
P:	A 200 metros de aquí.	*Ungefähr 200 Meter.*
AR:	Muchas gracias.	*Vielen Dank.*

Diálogo 3   Amalia Gil (AG), Paco (P)

AG:	Por favor, ¿hay una farmacia cerca de aquí?	*Entschuldigen Sie, ist hier in der Nähe eine Apotheke?*
P:	Sí. La primera calle a la izquierda. Enfrente del cine.	*Ja, (nehmen Sie) die erste Straße links. Sie ist gegenüber dem Kino.*
AG:	Gracias.	*Danke.*

Diálogo 4   Enrique Gil (EG), Paco (P)

EG:	Por favor, ¿hay una estación de metro cerca de aquí?	*Entschuldigen Sie, ist hier in der Nähe eine U-Bahn-Station?*
P:	Sí. Todo seguido a la izquierda.	*Ja. Gehen Sie geradeaus. Sie ist auf der linken Seite.*
EG:	Gracias.	*Danke.*

Diálogo 5   Enrique Gil (EG), una mujer (M)

EG:	Por favor, ¿dónde está la Avenida de San Antonio?	*Entschuldigen Sie, wo ist die Avenida de San Antonio?*
M:	Lo siento. No lo sé. No soy de aquí.	*Nein. Es tut mir leid. Ich weiß es nicht. Ich bin fremd (ein Fremder) hier.*

Diálogo 6   Paco (P), una mujer (M)

M:	Por favor, ¿dónde está correos?	*Entschuldigen Sie, können Sie mir den Weg zur Post sagen?*
P:	Todo seguido hasta el semáforo.	*Ja. Gehen Sie geradeaus bis zur Ampel.*
	A la vuelta está la calle Condal.	*Dort um die Ecke ist die Calle Condal.*
	Está al lado del teatro.	*Sie ist neben dem Theater.*
M:	¿Está lejos?	*Wie weit ist es (bis dorthin)?*
P:	A 500 metros de aquí.	*Ungefähr 500 Meter.*
M:	Gracias.	*Danke.*

La dirección · Der richtige Weg UNIDAD 8

¿Cómo se dice? · Wie man's sagt

1. Preguntando si está cerca.
Wie Sie fragen, ob etwas in der Nähe ist.

¿Hay	una	cabina telefónica	cerca de aquí?
	un	kiosco banco	
Está	(una)	(oficina de) correos	

2. Preguntando cómo se va.
Wie Sie nach dem Weg fragen.

¿Puede decirme si está cerca aquí	el Albergue de Juventud? el teatro? la estación? correos? el metro? el banco?
¿Puede decirme si están cerca de aquí	los servicios?

3. Preguntando donde está algo.
Wie Sie fragen, wo etwas ist.

¿Puede decirme dónde está	la	calle de Toledo? Avenida de San Antonio? clínica?

Todo seguido Todo recto	hasta	la esquina. el puente. el semáforo.

Tome la	primera segunda tercera	calle a la	izquierda. derecha.

		de correos.
	al lado	de la librería.
	enfrente	del cine.
Está	a la	izquierda.
		derecha.
	allí.	
	todo seguido.	

4. Preguntando si está lejos.

Wie Sie fragen, ob etwas weit entfernt ist.

¿Está lejos	el banco?		A unos	200 metros.
	correos?			500 metros.
				cinco minutos.
				diez minutos.

Ejercicios · Übungen

Ejercicio 1

Escuche este diálogo en el cassette.   *Hören Sie sich dieses Gespräch auf der Cassette an.*

Enrique: Estoy seguro de que correos está cerca de aquí.
Esposa: ¡Enrique, nos hemos perdido!
Voy a preguntar a alguien.
Por favor, ¿dónde está correos?

Imagínese que usted está con Enrique. Haga las preguntas necesarias para encontrar estos lugares.

Stellen Sie sich vor, Sie sind mit Enrique unterwegs. Stellen Sie die richtigen Fragen, um die folgenden Gebäude oder Plätze zu finden.

1. el banco
2. la oficina de objetos perdidos
3. el teatro
4. la estación
5. la oficina de turismo
6. el puente

La dirección · Der richtige Weg UNIDAD 8

Ejercicio 2

El señor y la señora Díaz están visitando Madrid por primera vez y tienen dificultades. Escuche el diálogo en el cassette.	*Señor und Señora Diaz besuchen Madrid zum ersten Mal. Sie haben Schwierigkeiten. Hören Sie sich den Dialog auf der Cassette an.*

Señora Díaz: ¡Ay! Tenemos que encontrar los servicios.
Señor Díaz: Voy a preguntar a alguien.
Perdone, ¿hay servicios cerca de aquí?

Imagínese que usted es el señor Díaz. Pregunte por los sitios que usted busca.	*Stellen Sie sich vor, Sie sind Señor Diaz. Fragen Sie nach den Einrichtungen, die Sie suchen.*

Señor Díaz: 1. Tenemos que encontrar correos.
2. Tenemos que encontrar la parada de autobús.
3. Tenemos que encontrar un banco.
4. Tenemos que encontrar una estación de metro.

Ejercicio 3

Aquí hay unas respuestas. Léalas y trate de contestar a las preguntas que se hacen. Después escuche la conversación en el cassette.	*Hier sind einige Antworten. Lesen Sie sie, und finden Sie die Fragen heraus, die gestellt wurden. Dann hören Sie sich die Gespräche auf der Cassette an.*

1. A: .....
B: ¿Una cabina telefónica? Lo siento. Soy forastera.

2. A: .....
B: ¿El Monumental? Sí. Cruce el puente y todo seguido.

3. A: .....
B: Sí. Hay una parada de autobús en Tancredo.

4. A: .....
B: ¿El Albergue de Juventud?
Sí, está en Moncloa.

5. A: .....
B: Creo que hay una farmacia en la calle Parlamento.

6. A: .....
B: Sí. Todo seguido y la segunda a la derecha.
Allí está la Gran Via.

Permiso · Erlaubnis

In dieser Lektion lernen Sie

● um Erlaubnis zu fragen.
● auf Bitten zu reagieren.
● zu fragen, ob etwas erlaubt ist.

Diálogos · Dialoge

Diálogo 1   Enrique Gil (EG), policia (P)

EG:	Por favor.	*Entschuldigen Sie.*
	(En voz alta:) Por favor.	*(Lauter:) Entschuldigen Sie.*
P:	Sí.	*Ja.*
EG:	¿Puedo aparcar aquí?	*Kann ich hier parken?*
P:	No, señor.	*Nein.*
	No está permitido aparcar aquí.	*Hier dürfen Sie nicht parken.*
		(Es ist nicht erlaubt, hier zu parken.)
EG:	¿Puedo aparcar allí?	*Kann ich dort drüben parken?*
P:	No está permitido aparcar allí tampoco.	*Sie dürfen dort drüben auch nicht parken.*
EG:	¡Esto es absolutamente imposible!	*Das ist völlig unmöglich.*

!	Nicht gestattet:	**No está permitido ...**	**fumar.**
			esperar.
			tocar.

Diálogo 2   Felicidad (F), un vecino (V)

F:	(Llamando a la puerta de su vecino:)	*(Klopft an die Haustür ihres Nachbarn:)*
	Señor Sánchez.	*Señor Sánchez.*
V:	Hola, Felicidad.	*Hallo, Felicidad.*
	¿Qué pasa?	*Was ist los?*
F:	Mire,	*Schauen Sie,*
	tengo un pinchazo.	*ich habe einen Platten.*
V:	Ya lo veo.	*Das sehe ich.*
F:	¿Puede prestarme su bicicleta, por favor?	*Können Sie mir bitte Ihr Fahrrad leihen?*
	Voy a llegar tarde al trabajo.	*Ich komme zu spät zur Arbeit.*

V:	Por supuesto.	Selbstverständlich.
F:	¿Puede prestarme el faro de la bicicleta también?	Können Sie mir auch Ihre Fahrrad-lampe leihen?
V:	Sí, naturalmente. Aquí tiene.	Natürlich. Hier ist sie.
F:	Muchas gracias.	Vielen Dank.

Diálogo 3   Señora Garcia (G), una vecina (V)

G:	¡Señora Castillo! Hola. ¡Señora Castillo!	Señora Castillo! Hallo. Señora Castillo!
V:	Hola. ¿Es usted, señora García?	Hallo. Sind Sie es, Señora García?
G:	Sí. ¿Puede prestarme un poco de azúcar, por favor?	Ja. Können Sie mir ein bißchen Zucker leihen?
V:	Sí, por supuesto. Un momento. (Va a buscar el azúcar.)	Ja, selbstverständlich. Eine Minute. (Geht und holt den Zucker.)
G:	Muchas gracias. Es usted muy amable.	Vielen, vielen Dank. Das ist sehr nett von Ihnen.

Diálogo 4   esposa joven (E), marido joven (M)

E:	¿Puedes prestarme el coche hoy, cariño?	Kannst du mir das Auto leihen, Liebling?
M:	No, lo siento.	Nein, es tut mir leid.
E:	(Incrédula:) ¿No puedes?	(Ungläubig:) Du kannst es nicht?
M:	No. No puedo.	Nein. Ich kann es nicht.
E:	¡Qué malo eres! ¿Entonces puedes prestarme dinero para un taxi?	Du Biest! Kannst du mir denn Geld für ein Taxi geben?
M:	No. No tengo dinero. (Pensándolo bien:) Bueno, toma el coche si quieres.	Nein. Ich habe kein Bargeld. (Nachdem er es sich noch einmal überlegt hat:) Nimm das Auto, wenn du willst.
E:	No, no importa. Voy a ir a pie.	Nein! Es macht nichts. Ich gehe zu Fuß.
M:	Lo siento. Perdóname.	Es tut mir leid. Verzeih mir.
E:	¡No! ¡No te perdono! (Se va – dando un portazo).	Nein, das verzeihe ich dir nicht! (Geht hinaus. Schlägt die Tür zu.)
M:	¡Demonios!	Oh, verdammt!

Permiso · Erlaubnis

!	¿Puedes prestarme el coche hoy?	– *Kannst du mir heute deinen Wagen leihen?*
	¿Puedes prestarme dinero entonces?	– *Kannst du mir denn Geld leihen?*
	Puedes tomar el coche, si quieres.	– *Du kannst das Auto (doch) haben, wenn du willst.*

Diálogo 5 Paco (P), Mario (M)

Mario se hospeda con Paco. Mario quiere reanudar una vieja amistad.	*Mario ist zu Besuch bei Paco. Er möchte eine alte Bekanntschaft auffrischen (erneuern).*
M: Paco, ¿puedo usar tu teléfono por favor?	*Paco, kann ich bitte dein Telefon benutzen?*
P: Por supuesto que sí.	*Ja, natürlich.*
M: Gracias.	*Danke.*
(Descuelga el teléfono y marca el numéro.)	*(Nimmt den Hörer ab und wählt.)*
Hola.	*Hallo.*
Soy Mario Lamas de Valencia.	*Hier ist Mario Lamas aus Valencia.*
(Pausa.)	*(Pause.)*
¿Puedo ir a verte?	*Kann ich dich besuchen? (Kann ich kommen und dich sehen?)*
(Pausa.)	*(Pause.)*
¿Esta noche?	*Heute abend?*
(Pausa.)	*(Pause.)*
¿A las ocho?	*Kann ich gegen 8 Uhr kommen?*
(Pausa.)	*(Pause.)*
Gracias.	*Danke.*
Adiós.	*Auf Wiederhören.*
(Cuelga el teléfono.)	*(Legt den Hörer auf.)*
Paco. Era Ana. Tengo una cita con ella esta noche.	*Paco, das war Ana. Ich habe für heute abend eine Verabredung.*
P: ¡Qué suerte tienes!	*Du hast aber Glück!*
M: ¿Puedo tomar una ducha por favor?	*Kann ich bitte eine Dusche nehmen?*
P: Claro que sí.	*Ja, natürlich.*
El cuarto de baño está allí.	*Das Badezimmer ist dort drüben.*

Permiso · Erlaubnis

!	Tomar	una ducha = duschen (eine Dusche nehmen). un taxi = ein Taxi nehmen. el avión = fliegen (das Flugzeug nehmen).

¿Cómo se dice? · Wie man's sagt

1. Cómo pedir y dar permiso.
Wie Sie um Erlaubnis fragen und Erlaubnis erteilen.

¿Me permite ¿Puedo	usar tomar ver	el coche? la silla? la bicicleta? el impermeable? el periódico? la maquinilla de afeitar?

!	**¿Puedo ...?** heißt wie im Deutschen sowohl *kann ich ...* als auch *darf ich ...*

¿Puedo ¿Me permite	sentarme ir	con usted?
	acompañarle?	

Sí, claro que puede. Sí, por supuesto que sí. Naturalmente.	(Starke Zustimmung.) (Neutrale Zustimmung.)
No, lo siento mucho. No, lo siento. No puede. Ciertamente, no.	(Neutrale Ablehnung.) (Starke Ablehnung.)

Permiso · Erlaubnis

Ejercicios · Übungen

Ejercicio 1

| Permiso para pedir prestado las cosas siguientes. | *Bitten Sie jemanden, Ihnen die folgenden Dinge auszuleihen.* |

Ejemplo: ¿Me puede prestar su bicicleta?

bicicleta
periódico
impermeable
maquinilla de afeitar

Ejercicio 2

| Escuche las preguntas en el cassette. Alguien quiere pedirle prestado ciertas cosas. Diga la verdad. Trate de ser amable si puede. Aquí hay algunas expresiones que puede usar. | *Hören Sie sich die Fragen auf der Cassette an. Jemand wird Sie fragen, ob Sie ihm bestimmte Dinge ausleihen können. Antworten Sie wahrheitsgemäß. Seien Sie höflich – wenn Sie können. Hier sind einige Ausdrücke, die Sie benutzen können.* |

Sí, claro.
Sí, vale.
Naturalmente.
Por supuesto.
No, lo siento mucho.
No, lo siento. No puedo.
No, lo siento.
No puedo.
Ciertamente no.

Ahora conteste a las preguntas. *Nun beantworten Sie die Fragen.*

1. ¿Puede prestarme su bicicleta?
2. ¿Puede prestarme su peine?
3. ¿Puede prestarme su cepillo de pelo?
4. ¿Puede prestarme su pasta de dientes?
5. ¿Puede prestarme su cepillo de dientes?
6. ¿Puede prestarme su coche?
7. ¿Puede prestarme sus pantalones?
8. ¿Puede prestarme su pluma?

De viaje · Reisen

In dieser Lektion lernen Sie

- zu sagen, wohin Sie fahren wollen.
- Fahrkarten für verschiedene Verkehrsmittel zu kaufen.
- ein Taxi zu bestellen.

Diálogos · Dialoge

Diálogo 1 Señora Garcia (G), empleado (E)

G:	Un billete para Atocha, por favor. ¿Cuánto es?	*Bitte einmal einfach nach Atocha. Wieviel kostet das?*
E:	Son 65 pesetas. (Da el billete.)	*65 Pesetas. (Gibt die Fahrkarte.)*
G:	Gracias.	*Danke.*

Diálogo 2 Ana Roca (AR), empleado (E)

AR:	Un billete de ida y vuelta para Barajas, por favor. ¿Cuánto es?	*Bitte eine Rückfahrkarte nach Barajas. Wieviel kostet sie?*
E:	Son 250 pesetas. (Da el billete.)	*250 Pesetas. (Gibt die Fahrkarte.)*
AR:	Gracias.	*Danke.*

Diálogo 3 Felicidad (F), conductor (C)

F:	Sol, por favor.	*Sol, bitte.*
C:	65 pesetas. (Da el billete.)	*65 Pesetas. (Gibt die Fahrkarte.)*
F:	Gracias.	*Danke.*

> **!** **Sol** ist eine U-Bahn-Station und eine Bushaltestelle in Madrid.

Diálogo 4   Mario (M), conductor (C)

M:	Dos para el Prado, por favor.	*Zweimal zum Prado, bitte.*
C:	130 pesetas.	*130 Pesetas.*
M:	¿Puede decirnos dónde debemos apearnos, por favor?	*Können Sie uns bitte (Bescheid) sagen, wann wir aussteigen müssen?*
C:	Bien.	*In Ordnung.*
M:	Gracias.	*Danke.*

> **!** Die beiden Städte Madrid und Barcelona haben eine U-Bahn. In diesen Städten gibt es sowohl für Busse als auch für die U-Bahn einen einzigen einheitlichen Fahrpreis. Das Ziel der Reise braucht man daher nicht anzugeben.

Diálogo 5   Amalia Gil (AG), taxista

AG:	(Telefoneando:) Hola. Quiero un taxi, por favor.	*(Am Telefon:) Hallo. Ich möchte bitte ein Taxi.*
T:	¿Su dirección?	*Wie ist Ihre Adresse?*
AG:	Mi dirección es Avenida de San Antonio 31.	*Meine Adresse ist Avenida de San Antonio 31.*
T:	¿Para dónde?	*Wohin?*
AG:	Para la estación, por favor.	*Zum Bahnhof, bitte.*
	En seguida.	*Sofort.*
T:	El taxi llegará en diez minutos.	*Der Wagen wird in 10 Minuten dort sein.*
AG:	Gracias. Adios.	*Danke. Auf Wiederhören.*

Diálogo 6   Ana Roca (AR), empleado de Turismo (ET)

AR:	Quiero un vuelo para Ginebra.	*Ich möchte nach Genf fliegen.*
ET:	Sí.	*Ja.*
AR:	¿Cuándo sale el próximo vuelo?	*Wann ist der nächste Flug?*
ET:	El próximo vuelo sale a las 16.15 y llega a las 18.40.	*Der nächste Flug ist um 16.15 Uhr und kommt um 18.40 Uhr an.*
AR:	Una reserva en ése, por favor.	*Bitte buchen Sie diesen.*
ET:	¿De ida o de ida y vuelta?	*Einfach oder hin und zurück?*
AR:	De ida.	*Einfach.*
ET:	¿Clase turista?	*Touristenklasse?*

AR:	No, primera clase.	*Nein, erster Klasse.*
ET:	Un momento.	*Einen Moment.*
	Voy a comprobar.	*Ich prüfe, ob das in Ordnung geht.*
	Sí, está bien.	*In Ordnung.*
	Son 55.000 pesetas.	*Das macht 55.000 Pesetas.*
AR:	Voy a escribir un cheque.	*Ich schreibe Ihnen einen Scheck.*
	Aquí está mi tarjeta de crédito.	*Hier ist meine Bankkarte.*
ET:	Gracias.	*Danke.*
AR:	¿A qué hora hay que facturar el equipaje?	*Um welche Zeit muß ich das Gepäck aufgeben?*
ET:	Antes de las 15.30.	*Meldeschluß ist spätestens um 15.30 Uhr.*
AR:	¿Y el número del vuelo?	*Und die Flugnummer?*
ET:	IB 149.	*IB 149.*
AR:	Gracias.	*Danke.*

¿Cómo se dice? · Wie man's sagt

1. Diciendo donde quiere ir.

Wie Sie sagen, wohin Sie fahren wollen.

Yo quiero	ir volar	a	Oldenburgo. Brema. Limburgo.

2. Cómo comprar un billete.

Wie Sie eine Fahrkarte kaufen.

a) En un autobús o en Metro.

Im Bus oder in einer U-Bahn-Station.

Sol, Alcalá, Barajas,	por favor.

Dos Tres	a	Sol Alcalá	por favor.

De viaje · Reisen

b) En la estación
Auf dem Bahnhof.

Un	billete	sencillo de ida de ida y vuelta	a	Sevilla. Cuenca.
Dos Tres	billetes	sencillos de ida y vuelta	a	Valencia.

Ejercicios · Übungen

Ejercicio 1

Imagínese que usted quiere viajar a Sevilla porque quiere vivir allí. Usted necesita un billete de ida.	*Stellen Sie sich vor, Sie möchten nach Sevilla fahren, weil Sie dort wohnen möchten. Sie brauchen deshalb eine einfache Fahrkarte.*

Usted dice:

Quiero un billete de ida a Sevilla.

Imagínese que usted quiere visitar Bilbao para un conferencia. Usted necesita un billete de ida y vuelta.	*Stellen Sie sich vor, Sie müssen nach Bilbao zu einer Konferenz. Sie möchten deshalb eine Rückfahrkarte.*

Usted dice:

Quiero un billete de ida y vuelta a Bilbao, por favor.

¿Qué dice esta gente?   *Was sagen diese Leute?*

1. El señor Arana va a vivir en Sevilla.
2. La señora Puentes va a visitar Bilbao.
3. Los señores Dávila van a vivir en Lérida.
4. El señor Campos y su secretaria van a visitar Málaga.
5. El señor Dávila va a vivir en La Coruña.
6. Los señores Díaz van a visitar Toledo.
7. La señora Blanco y su hija van a visitar Santander.
8. Los señores Macías van a vivir en Ibiza.
9. La señorita Castro va a visitar Tarragona.
10. Los señores Tapias van a vivir en Benidorm.

Ejercicio 2

Escuche la conversación siguiente en el cassette.

Hören Sie sich das folgende Gespräch auf der Cassette an.

Conductor: ¡Agárrense bien!
Señora: Prado, por favor.
Conductor: 65 pesetas.
Señora: ¿Puede decirme dónde debo apearme, por favor?
Conductor: Bien.
Señora: Gracias.

Imagine que usted quiere ir a estos sitios. ¿Cómo lo dice?

Stellen Sie sich vor, Sie wollen zu folgenden Fahrtzielen. Was sagen Sie?

1. Alcalá
2. Palacio Real
3. Gran Vía
4. Delicias
5. Oriente

¡Compruebe sus respuestas en el cassette!

Überprüfen Sie Ihre Antworten mit Hilfe der Cassette!

Ejercicio 3

Usted quiere un vuelo para Hamburgo. La empleada le hace unas preguntas. Escuche las preguntas en el cassette y contéstelas según las informaciones añadidas.
Lea y esuche el diálogo siguiente.

Sie möchten nach Hamburg fliegen. Die Reisebüroangestellte stellt Ihnen einige Fragen. Hören Sie sich das Lückengespräch auf der Cassette an, und beantworten Sie dann die Fragen den unten gegebenen Informationen entsprechend. Lesen und hören Sie den folgenden Modelldialog.

Empleada: Diga, señor. ¿Qué desea?
Usted: Quiero un vuelo para Hamburgo.
¿Cuándo es el próximo vuelo?
Empleada: El próximo vuelo sale a las 08.20 y llega a las 12.20.
Usted: Una reserva en éste, por favor.
Empleada: ¿De ida o de ida y vuelta?
Usted: De ida.
Empleada: De primera clase o de clase turista?

De viaje · Reisen

Usted: Turista, por favor.
          ¿Qué número es el vuelo?
Empleada: Iberia 481.
Usted: Gracias.

1. Iberia 481
Salida: Madrid   8.20
Llegada: Hamburgo 12.20
Ida
Clase turista

2. Iberia 423
Salida: Madrid   9.50
Llegada: Munich 12.15
Ida y vuelta
Primera clase

3. Iberia 451
Salida: Madrid   11.15
Llegada: Leipzig 01.30
Ida
Clase turista

La lengua · Sprachprobleme | UNIDAD 11 |

In dieser Lektion lernen Sie
- zu sagen, daß Sie etwas nicht verstehen.
- nach der Bedeutung und Übersetzung von Wörtern und Sätzen zu fragen.
- um Wiederholung einer Aussage zu bitten.

Diálogos · Dialoge

Diálogo 1   Amalia Gil (AG), un extranjero (E)

AG: ¿Puede prestarme su bolígrafo, por favor?	*Kann ich mir bitte Ihren „bolígrafo" ausleihen?*
E: Perdone. No comprendo bolígrafo. ¿Qué es un bolígrafo?	*Es tut mir leid. Ich verstehe „bolígrafo" nicht. Was ist ein "bolígrafo"?*
AG: Es algo para escribir. ¿Puede prestármelo, por favor?	*Ein „bolígrafo" ist ein Schreibstift. Kann ich ihn bitte ausleihen?*
E: ¡Ah!, ahora comprendo. Naturalmente.	*Oh, jetzt verstehe ich. Ja, natürlich.*

Diálogo 2   Amalia Gil (AG), un extranjero (E)

AG: ¿Puede poner la „tele", por favor?	*Können Sie bitte das „Tele" anstellen?*
E: Perdone. No la comprendo. Por favor, repítalo otra vez.	*Ich fürchte, ich verstehe Sie nicht. Bitte sagen Sie das noch einmal.*
AG: ¿Puede poner la „tele", por favor? „Tele" significa televisión.	*Können Sie bitte das „Tele" anstellen? „Tele" bedeutet Fernseher.*
E: ¿Esto es la „tele"? ¡Ah! Sí.	*Das ist ein „Tele"? Oh, ich verstehe.*

La lengua · Sprachprobleme

Diálogo 3   Amalia Gil (AG), un extranjero (E)

AG: ¿Qué tal una taza de té?	¿Qué tal una taza de té?
E: ¿Perdón?	Wie bitte?
AG: ¿Qué tal una taza de té?	¿Qué tal una taza de té?
E: Por favor, dígalo despacio.	Bitte sagen Sie das langsam.
AG: ¿Qué – tal – una – taza – de – té?	¿Qué – tal – una – taza – de – té?
E: ¿Qué significa „qué tal"?	Was bedeutet „qué tal"?
AG: Significa: ¿Le gusta o quiere?	Es bedeutet: „Möchten Sie?"
E: ¡Ah! Comprendo.	Oh, ich verstehe.
No, gracias.	Nein, danke.

Diálogo 4   Amalia Gil (AG), un extranjero (E)

E: Perdóneme, Amalia.	Entschuldigen Sie, Amalia.
¿Cómo se llama esto en español?	Wie nennt man das auf spanisch?
AG: Son zapatillas.	Das sind „zapatillas".
E: ¿Y cómo se llama eso?	Und wie nennt man die?
AG: Son pantalones.	Das ist „un par de pantalones".
Nosotros decimos „un par de pantalones".	Wir sagen „un par de pantalones".

Diálogo 5   Amalia Gil (AG), un extranjero (E)

E: (Señalando a un anuncio de cerveza San Miguel:)	(Zeigt auf eine Anzeige von „cerveza San Miguel".)
¿Cómo se pronuncia esa palabra?	Wie spricht man dieses Wort aus?
AG: Se pronuncia: San Miguel.	Das wird (so) ausgesprochen: San Miguel.
Ahora dígala usted.	Versuchen Sie es zu sagen.
E: San Miguel.	San Miguel.
AG: Correcto.	Das ist richtig.
Muy bien.	Das ist sehr gut.

La lengua · Sprachprobleme [UNIDAD 11]

¿Cómo se dice? · Wie man's sagt

1. Cómo decir no comprendo.

Wie Sie sagen, daß Sie etwas nicht verstehen.

¿Perdón?

Lo siento. Perdone.	No comprendo	esto. bolígrafo.
No le comprendo		a usted.

– *Ich verstehe Sie nicht.*

2. Cómo decir repita.

Wie Sie um Wiederholung bitten.

Por favor,	dígalo		despacio.
	repita	eso	más claramente.

¿Le importa	repetir deletrear	eso?
	decirlo otra vez?	

> **!**
> **¿Le importa?** — *Würden Sie bitte ...?*
> **No importa.** — *Das macht nichts.*
> ■ **Esto importa mucho.** — *Dies ist sehr wichtig.*
> **Importar:** *Wichtig sein.*

3. Preguntando cómo se llaman las cosas.

Wie Sie nach der Bezeichnung von Dingen fragen.

¿Que	es	esto eso	en español?
	son	aquellos	

Eso se llama ... *Das heißt ...*
Aquellos se llaman ... *Jene heißen ...*

La lengua · Sprachprobleme

4. Preguntando por la traducción.
Wie Sie um eine Übersetzung bitten.

¿Qué	es	palabra eso un bolígrafo	en español?

En español es ...
Auf spanisch ist es ...

5. Preguntando el significado.
Wie Sie nach der Bedeutung fragen.

¿Qué significa ¿Puede explicar ¿Le importa explicar	„tele"?

„Tele" significa televisón.
„Tele" bedeutet Fernsehen.

6. Preguntando acerca de las lenguas.
Wie Sie nach der Beherrschung von Fremdsprachen fragen.

¿Habla usted	alemán? español?

Sí, hablo ... *Ja, ich spreche ...*
No. No hablo ... *Nein, ich spreche nicht ...*

Yo	hablo no hablo	español (muy bien).

Ejercicios · Übungen

Ejercicio 1

Cómo encontrar la falta.   *Wie man den Fehler entdeckt.*

Alguien habla con usted

en argot (in Slang).	poco claro (undeutlich).	demasiado rápido (zu schnell).

La lengua · Sprachprobleme

Usted dice: no comprendo

deletree	repita	repita
o repita	más despacio	más claro
(Buchstabieren,	(langsamere	(deutlichere
Wiederholung).	Wiederholung).	Wiederholung).

Usted puede usar estas expresiones: *Sie können die folgenden Ausdrücke benutzen:*

Perdón, no comprendo.
Lo siento, no comprendo lo que dice.
Por favor, repita de nuevo.
¿Puede deletrearlo?
Por favor, dígalo más despacio.
¿Puede repetirlo un poco más claro?

Ahora escuche en el cassette y decida lo que va a decir.

Nun hören Sie sich die Cassette an, und entscheiden Sie, was Sie sagen wollen.

Compruebe sus respuestas en el cassette.

Hören Sie sich die Antworten auf der Cassette an, und vergleichen Sie.

Ejercicio 2

Escuche el cassette. Cada frase tiene una palabra o una abreviación que usted no comprende. Pregunte por una explicación.

Hören Sie sich die Cassette an. In jedem Satz ist ein Wort oder eine Abkürzung, die Sie vielleicht nicht verstehen. Fragen Sie nach der Bedeutung.

Ejemplo: A: Peña es un diputado a Cortes ¿no és verdad?
B: Lo siento, no comprendo.
¿Puede explicar esta expresión?
A: Diputado a Cortes significa un miembro del Parlamento.

Escuche el cassette.
Decida que va usted a decir.

Hören Sie sich die Cassette an, und entscheiden Sie, was Sie sagen wollen.

SEAT   – Sociedad Españoles de Automoviles de Turismo.
ICONA – Instituto para la Conservación de la Naturaleza.
RENFE – Red Nacional de Ferrocarriles Españoles.
AMAPA – Asociación Murciana de Agrupaciones de Productos Agricolas.

Ejercicio 3

Debajo encontrará algunas palabras y expresiones que usted quiere poner en español. ¿Cómo va a hacerlo? Use las expresiones debajo.	*Unten sind einige Redewendungen und Ausdrücke aufgelistet, die Sie gerne ins Spanische übertragen möchten. Was sagen Sie? Sie können folgende Wendungen benutzen:*

¿Habla usted alemán?
¿Qué es esto en español?
¿Qué es ... en español?
¿Cómo se dice ... en español?
¿Puede explicar ... en español?

Ejemplo: ¿Habla usted alemán?
            ¿Qué es „Straßenbahn" en español?

            ¿Habla usted alemán?
            ¿Qué es „Christkindlmarkt" en español?

1. gemütlich
2. Aufschnitt
3. Kaiserschmarrn
4. Land
5. Abitur
6. Kirchweih

Para su información, usted encontrará explicaciones en el cassette. Escúchelas como diversión. No es necesario aprenderlas.	*Zu Ihrer Information hören Sie auf der Cassette die entsprechenden Erklärungen. Sie können Sie sich zum Spaß anhören, brauchen Sie aber nicht zu lernen.*

Trabajo · Berufe

In dieser Lektion lernen Sie

- über Berufe zu sprechen.
- zu fragen, wo und als was jemand arbeitet.

Diálogos · Dialoge

Diálogo 1   Antonio (A), Margarita (M)

A:	¿En qué trabaja?	*Was machen Sie beruflich?*
M:	Soy secretaria.	*Ich bin Sekretärin.*
A:	¿Dónde trabaja?	*Wo arbeiten Sie?*
M:	Trabajo en la ciudad para un arquitecto.	*Ich arbeite in der Stadt für einen Architekten.*
A:	¿Es un trabajo fijo o temporal?	*Ist es eine feste oder zeitlich begrenzte Anstellung?*
M:	Es fijo.	*Eine feste.*
A:	¿Le gusta?	*Gefällt sie Ihnen?*
M:	Sí. Me gusta mucho. Es muy interesante.	*Ja, sie gefällt mir sehr gut. Sie ist sehr interessant.*

Diálogo 2   Antonio (A), Ana Roca (AR)

A:	Así que usted es actriz, ¿no?	*So, Sie sind also Schauspielerin?*
AR:	Sí.	*Ja.*
A:	¿Y qué hace su hermana?	*Was macht Ihre Schwester?*
AR:	Mi hermana es bailarina.	*Sie ist Tänzerin.*
A:	¡Ah! ustedes dos son artistas.	*Oh, Sie sind also beide Künstlerinnen.*
AR:	Sí, pero mi hermana trabaja sólo temporalmente.	*Ja, aber meine Schwester arbeitet nur halbtags (teilzeitig).*
A:	¿Le gusta su trabajo?	*Mag sie ihre Arbeit?*
AR:	¡Oh! sí, mucho.	*Oh ja, sehr gern.*

Diálogo 3   Juan (J), Cristina (C)

J:	¿Eres camarera aquí?	*Bist du hier Kellnerin?*
C:	Sí, lo soy. ¿Y tú qué haces?	*Ja, das stimmt. Was machst du?*
J:	Yo soy portero.	*Ich bin Portier.*

Trabajo · Berufe

C:	¡Ah!, sí.	*Oh ja.*
	¿Dónde trabajas?	*Wo arbeitest du?*
J:	En el Hotel Vista,	*Im Hotel Vista,*
	al otro lado de la calle.	*auf der anderen Seite der Straße.*
C:	¿Te gusta tu trabajo?	*Magst du deine Arbeit?*
J:	Está bien, pero pagan mal.	*Sie ist in Ordnung, aber die*
		Bezahlung ist schlecht.
C:	Sí, aquí pagan muy mal.	*Ja, die Bezahlung ist hier sehr*
		schlecht.

¿Cómo se dice? · Wie man's sagt

1. Preguntando en que trabaja.

Wie Sie jemanden nach seinem Beruf fragen.

¿En qué trabaja?	Yo soy	secretaria. actriz. barman. hombre de negocios. ingeniero.

¿Qué hace	el señor Rovira? José? su hermana? Cristina?

Él es	hombre de negocios. arquitecto.
Ella es	actriz. bailarina. camarera.

¿Es	usted él Jorge	electricista? estudiante?
	ella María	camarera? actriz? bailarina?

Sí, yo soy ...
Ja, ich bin ...

No, no soy ..., yo soy ...
Nein, ich bin kein(e) ..., ich bin ...

Trabajo · Berufe UNIDAD 12

Spanische Nomen sind entweder männlich (m) oder weiblich (w). Nomen mit der Endung **-o** sind männlich (**la radio** und **la mano** sind Ausnahmen); Nomen mit der Endung **-a** sind weiblich.

Männliche Nomen

un banco	= eine Bank
un hotel	= ein Hotel
un hombre	= ein Mann
un ingeniero	= ein Ingenieur

Weibliche Nomen

una habitación	= eine Wohnung
una actriz	= eine Schauspielerin
una secretaria	= eine Sekretärin
una bailarina	= eine Tänzerin

Der bestimmte Artikel (der, die, das) ist im Spanischen **el** für männliche und **la** für weibliche Nomen.

el libro	= das Buch
el banco	= die Bank

la mujer	= die Frau
la secretaria	= die Sekretärin

Die Pluralform des bestimmten Artikels ist **los** bei männlichen und **las** bei weiblichen Nomen. Die Pluralform des Nomens ist **-s,** wenn das Nomen mit einem Vokal, und **-es,** wenn das Nomen mit einem Konsonanten endet.

el vino – los vinos = Weine

la revista – las revistas
= die Zeitschriften

la mujer – las mujeres = die Frauen

2. Preguntando dónde trabaja.

Wie Sie fragen, wo jemand arbeitet.

¿Dónde trabaja	usted? él? ella? María? Jorge?

Yo trabajo		en „El Corte Inglés".
Él		en „Galerías Preciados". en el teatro.
	trabaja	en el Hotel Vista.
Ella		en casa. para un arquitecto.

73

3. Preguntando si le gusta el trabajo.

Wie Sie fragen, ob jemand seine Arbeit mag.

¿Le gusta	a	usted	su trabajo?
		él	
		ella	

Me gusta mucho.
Es muy interesante.

4. ¿Verdad? = *Nicht wahr?*
Hace sol, ¿verdad? = *Die Sonne scheint, nicht wahr?*

Personalpronomen

me *mich/mir*
te *dich/dir* (Informell)
le *Sie/Ihnen* (Höflichkeitsform im Singular) Auch: *ihn/ihm; sie/ihr*
la *sie* (Weiblich)
lo *ihn* (Männlich)
nos *uns*
os *euch* (Informell)
les *Sie/Ihnen* (Höflichkeitsform im Plural)
las *sie* (Weiblich)
los *sie* (Männlich)

Beachten Sie! Personalpronomen stehen normalerweise vor dem Verb.

Me gusta ... Te gusta ...?
Me gusta mi trabajo. Le gusta su trabajo?
Sí, me gusta/No, no me gusta.
Le gusta su trabajo. Le gusta su trabajo?
Sí, le gusta/No le gusta.
Le gusta su trabajo. Le gusta su trabajo?
Sí, a ella le gusta su trabajo. No, a ella no le gusta su trabajo.

Trabajo · Berufe

Ejercicios · Übungen

Ejercicio 1

Diga que usted trabaja en las siguientes compañías.

Sagen Sie, daß Sie für die folgenden Firmen arbeiten.

Ejemplo: Yo trabajo para la Seat.

1. Corte Inglés (el)
2. IBEX (la)
3. CAMPSA (la)
4. Croem (la)
5. Majorica (la)
6. BMW (la)
7. Bosch (la)
8. Siemens (la)
9. Mercedes Benz (la)

Ejercicio 2

Aquí está la lista de trabajos. Escuche en el cassette cómo se pronuncian y repítalos.

Hier ist eine Liste mit unterschiedlichen Berufen. Hören Sie sich auf der Cassette die Aussprache an, und wiederholen Sie.

actor	*Schauspieler*	ama de casa	*Hausfrau*
actriz	*Schauspielerin*	mecánico	*Mechaniker*
arquitecto	*Architekt*	enfermera	*Krankenschwester*
conductor de		policía	*Polizist*
autobús	*Busfahrer*	dependiente(a)	*Verkäufer(in)*
hombre de		estudiante	*Student*
negocios	*Geschäftsmann*	director de	
empleado	*Angestellter*	pompas	
doctor	*Arzt*	fúnebres	*Leichenbestatter*
conductor	*Fahrer*	camarero	*Kellner*
ingeniero	*Ingenieur*	camarera	*Kellnerin*

Trabajo · Berufe

Ejercicio 3

Ahora diga que usted trabaja en una de estas profesiones.

Nun sagen Sie, daß Sie einen der folgenden Berufe ausüben.

Yo soy …
Yo soy …

1. un hombre de negocios
2. camarera
3. estudiante
4. ingeniero

5. electricista
6. maestra
7. arquitecto
8. actriz

9. cartero
10. ama de casa
11. director de pompas fúnebres
12. mecanógrafa

Casa · Zuhause   UNIDAD 13

In dieser Lektion lernen Sie

- über Ihr Zuhause zu sprechen.
- zu fragen, wo jemand wohnt.
- zu fragen, wie lange jemand schon dort wohnt.
- und entsprechende Aussagen zu machen.

Diálogos · Dialoge

Diálogo 1   Ana Roca (AR), Antonio (A)

A:	¿Dónde vive?	*Wo wohnen Sie?*
AR:	En el centro de Sevilla.	*Im Stadtzentrum von Sevilla.*
A:	Ah, sí.	*Aha.*
	¿Vive en una casa o en un piso?	*Wohnen Sie in einem Haus? Oder in einer Wohnung?*
AR:	En un piso.	*In einer Wohnung.*
	En un edificio grande.	*In einem großen Haus.*
A:	¿Cuántas habitaciones hay?	*Wie viele Zimmer haben Sie?*
AR:	Hay seis.	*Ich habe sechs.*
A:	Mmm. Es grande.	*Mhm. Das ist groß.*
	¿Cuánto tiempo hace que vive allí?	*Wie lange wohnen Sie schon dort?*
AR:	Diez años.	*Seit zehn Jahren.*

Diálogo 2   Ana Roca (AR), Antonio (A)

AR:	¿Dónde se hospeda?	*Wo sind Sie untergebracht?*
A:	En Sevilla.	*In Sevilla.*
AR:	¿En una pensión?	*Sind Sie in einer Pension?*
A:	No, estoy en un hotel.	*Nein, ich wohne in einem Hotel.*
AR:	Espero que esté bien situado.	*Ich hoffe, es ist in einer guten Lage.*
A:	Oh, sí.	*Oh ja.*
	Está cerca de la estación.	*Es ist in der Nähe des Bahnhofs.*
AR:	Eso es muy práctico.	*Das ist sehr vorteilhaft.*
A:	Sí, lo es.	*Ja, das ist (vorteilhaft).*
AR:	¿Cuánto tiempo hace que está allí?	*Wie lange sind Sie schon dort?*
A:	Una semana.	*Seit einer Woche.*

Casa · Zuhause

Diálogo 3   Señora Garcia (G), un joven (J)

G:	¿Dónde vives?	*Wo wohnst du?*
J:	Vivo en una casa en el Paralelo.	*Ich wohne in einem Haus in Paralelo.*
G:	¿La alquilas?	*Zur Miete?*
J:	No, solamente alquilo una habitación.	*Nein, ich miete nur ein Zimmer.*
G:	¿Cuánto tiempo hace que vives allí?	*Wie lange wohnst du dort?*
J:	Unas seis semanas.	*Seit ungefähr sechs Wochen.*

> **!** **¿Dónde vive?** – *Wo wohnen Sie (für einen längeren Zeitraum)?*
>
> **■** **¿Dónde se hospeda?** – *Wo sind Sie untergebracht (für einen kurzen Zeitraum)?*

¿Cómo se dice? · Wie man's sagt

1. Preguntando dónde vive.
Wie Sie fragen, wo jemand wohnt.

a) permanentemente.
auf Dauer (regelmäßig).

¿Dónde vive	usted? Juan? María?	Yo vivo Él vive Ella vive	en	Londres. el centro de Sevilla. Stuttgart.

b) por ahora.
zur Zeit (nicht auf Dauer).

¿Dónde se hospeda	usted? él? ella?	Yo estoy Él está Ella está	en un hotel. en Sevilla. con amigos.

2. Preguntando que tipo de alojamiento tiene.
Wie Sie fragen, welche Art Wohnung jemand hat.

Sí, vivo.
No, yo vivo en ...

¿Vive	usted él ella	en una casa? en un piso?

Yo	tengo alquilo	un piso. una casa. una habitación.
Él Ella	tiene alquila	

3. Preguntando cuánto tiempo hace que vive en este alojamiento.
Wie Sie fragen, wie lange jemand (schon) in der gegenwärtigen Wohnung wohnt.

¿Cuánto tiempo hace que vive allí?

Desde hace	2 años. 10 meses. 3 semanas. 6 dias.

Ejercicios · Übungen

Ejercicio 1

Aquí hay una lista de varios tipos de alojamiento. Escuche en el cassette como se pronuncian y repítalos.

Unten sind verschiedene Wohnungsarten aufgelistet. Hören Sie sich auf der Cassette an, wie sie ausgesprochen werden, und wiederholen Sie sie.

casa	*Haus*	**chalet**	*Einzelhaus*
casita de campo	*kleines Haus*	**piso**	*Wohnung*
habitación	*Zimmer*		

Ahora mire la información siguiente.	*Schauen Sie sich die unten gegebenen Informationen an.*

El señor Santos – casita de campo   Los señores Molinos – piso
La señora Barrios – chalet   Juana – habitación

Use esta lista y pregunte a toda esta gente.	*Benutzen Sie die Liste, und fragen Sie diese Leute, wo sie wohnen.*

¿Vive usted en …?

Asuma el papel de todos y conteste con: „Sí, yo vivo" o „No, yo vivo en …	*Jetzt antworten Sie für diese Leute.*

Ejemplo: Señor Santos, ¿vive (usted) en una casita de campo?
Sí, vivo en una casita de campo.

Ejercicio 2

¿Se acuerda usted de estas expresiones? Están en el cassette también.	*Erinnern Sie sich an diese Sätze? Sie sind auf der Cassette.*

¿Dónde vive usted?	*Wo wohnen Sie?*
¿Qué tipo de casa tiene usted?	*Was für ein Haus haben Sie?*
¿Vive solo/a?	*Wohnen (leben) Sie allein?*
¿Cuánto tiempo hace que vive allí?	*Wie lange wohnen Sie dort schon?*
Espero que este bien situado.	*Ich hoffe, es ist in einer guten Lage.*

Ahora imagínese que usted está hablando a una de estas personas. Tome las dos partes y use las expresiones dadas arriba. Si necesita ayuda, escuche las respuestas en el cassette.	*Nun stellen Sie sich vor, daß Sie sich mit einer der folgenden Personen unterhalten. Übernehmen Sie beide Rollen, und benutzen Sie die oben aufgelisteten Sätze. Wenn Sie Hilfe benötigen, hören Sie sich die Lösungen auf der Cassette an.*

a) El señor Peña vive desde hace diez años en una casa grande en Sarria.

b) Angela Choto vive solo desde hace tres meses en una habitación en el Paralelo.

c) Juan Pinto ha compartido un piso con un amigo por seis semanas en Málaga. No es muy conveniente porque no hay estación o parada de autobús cerca.

Casa · Zuhause

Ejercicio 3

Enrique está hablando a una colega de trabajo y la está preguntando acerca de su alojamiento. ¿Puede adivinar las preguntas de Enrique? Escuche en el cassette y tome la parte de Enrique.

Enrique unterhält sich mit einer Kollegin und fragt sie, wo sie wohnt. Können Sie herausfinden, welche Fragen er stellt? Hören Sie sich die Cassette an, und übernehmen Sie Enriques Rolle.

    Colega: Hola.
    Enrique: .....?
    Colega: En Lérida.
    Enrique: .....?
    Colega: No, vivo en un piso.
    Enrique: .....?
    Colega: Ah sí, está cerca de las tiendas.
    Enrique: .....?
    Colega: Tres semanas.

Compruebe sus respuestas en el cassette.

Überprüfen Sie Ihre Antworten mit Hilfe der Cassette.

Dentro de la casa · Im Haus

In dieser Lektion lernen Sie

● über Wohnungen und Häuser zu sprechen.

Diálogos · Dialoge

Diálogo 1   Señora García (G), Leonor (L)

G:	Me gusta su casa.	*Ich mag Ihr Haus.*	
	¿Es ésta la sala de estar?	*Ist dies das Wohnzimmer?*	
L:	Sí.	*Ja.*	
G:	Mmm. Es muy bonita.	*Mhm. Es ist sehr schön.*	
L:	El comedor está abajo y la cocina tambíen.	*Das Eßzimmer ist im Erdgeschoß, und die Küche ist auch unten.*	
G:	¿Y arriba?	*Und oben?*	
L:	Hay tres dormitorios y el baño.	*Da sind drei Schlafzimmer und ein Badezimmer.*	
G:	¿Dónde está el lavabo?	*Wo ist die Toilette?*	
L:	Arriba.	*Oben.*	
G:	¿Hay jardín?	*Haben Sie einen Garten?*	
L:	Sí, hay un jardín pequeño detrás.	*Ja, hinter dem Haus ist ein kleiner Garten.*	

Diálogo 2   Felicidad (F), Margarita (M)

F:	Margarita, dime.	*Margaret, sag mal.*	
	¿Cómo es la casa de María?	*Wie sieht Marias Haus aus?*	
M:	Es fantástica.	*Es ist phantastisch.*	
F:	¿De verdad?	*Wirklich?*	
	¿Por qué?	*Wieso?*	
M:	Es una casa enorme.	*Es ist ein großes Haus.*	
F:	¿Dónde está?	*Wo?*	
M:	En el campo.	*Auf dem Land.*	
F:	¿Cuántas habitaciones hay?	*Wie viele Schlafzimmer hat es?*	
M:	Hay cinco dormitorios arriba y abajo hay una gran sala de estar y un comedor.	*Im oberen Stockwerk sind fünf Schlafzimmer, und im Erdgeschoß ist ein großes Wohnzimmer. Und ein Eßzimmer.*	
F:	¿Eso es todo?	*Ist das alles?*	
M:	No, hay un jardín enorme, tambíen.	*Nein, es gibt auch einen großen Garten.*	

Dentro de la casa · Im Haus

Diálogo 3   Felicidad (F), un joven (J)

F:	¿Tienes un piso?	Hast du eine Wohnung?
J:	Sí, alquilo un piso en Tolosa.	Ja, ich miete eine Wohnung in Tolosa.
F:	¿Y cómo es?	Wie ist sie?
J:	Bueno, está en la planta baja.	Mhm, sie ist im Erdgeschoß.
F:	¿Cuántas habitaciones tiene?	Wie viele Zimmer hat sie?
J:	Hay tres habitaciones.	Ich habe drei Zimmer.
F:	¿Amueblado?	Möbliert?
J:	Oh, sí. Amueblado.	Oh ja, möbliert.

¿Cómo se dice? · Wie man's sagt

1. Preguntando por la descripción del alojamiento.

Wie Sie nach der Beschreibung einer Wohnung fragen.

¿Cómo	es son	la casa el piso la habitación los dormitorios	de	María? Juan? la Señora García?

Es grande. Es bonita/o.
Estan amueblados. Son preciosos.

Es una casa Es un piso Es una habitación	fantástica/o. bonita/o. grande. estupenda/o.

83

Dentro de la casa · Im Haus

¿Cómo	es?
	son?

¿Dónde	está el …?				arriba.
	están los …?	La cocina			abajo.
		El lavabo	está		delante de …
		La sala de estar			detrás de …
					en la planta baja.

2. Preguntando cuántas habitaciones hay.

Wie Sie fragen, wie viele Räume es gibt.

¿Cuántas	habicatiónes	hay?
¿Cuántos	dormitorios	

Hay	solamente uno/una.
	dos.
	tres.
	cuatro.

Hay una/un …? – Sí, hay.
No, no hay …

Hay	una	habitación(es).
	dos	sala(s) de estar.
	tres	dormitorio(s).
	cuatro	baño(s).
		lavabo(s).

Ejercicios · Übungen

Ejercicio 1

Imagínese que las casas de abajo le pertenecen a usted. Conteste a las preguntas siguientes.

Stellen Sie sich vor, die unten wiedergegebenen Häuser gehören Ihnen. Beantworten Sie die folgenden Fragen.

1. ¿Hay una cocina?
2. ¿Hay un baño?
3. ¿Hay un lavabo?
4. ¿Hay una sala de estar?
5. ¿Hay un dormitorio?

6. ¿Hay un ascensor?
7. ¿Hay un garaje?
8. ¿Hay un jardín?
9. ¿Hay un comedor?

Dentro de la casa · Im Haus

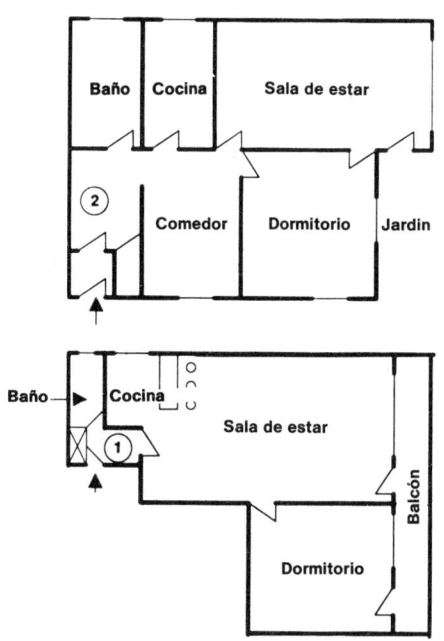

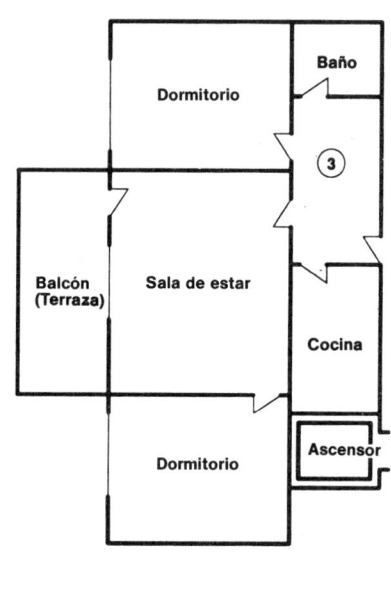

Ejercicio 2

Imagínese que las casas de arriba son suyas. Dé una completa descripción de cada una, indicando cada habitación.

Si necesita ayuda, escuche en el cassette la primera descripción.

Stellen Sie sich vor, die oben skizzierten Häuser gehören Ihnen. Geben Sie eine vollständige Beschreibung von jedem, indem Sie aufzählen, welche Räume es gibt.

Wenn Sie Hilfe benötigen, hören Sie sich auf der Cassette die erste Beschreibung an.

Ejercicio 3

Describa su casa.

Beschreiben Sie Ihr eigenes Zuhause.

Tren y autobus · Zug und Bus

In dieser Lektion lernen Sie

- über Verkehrsmittel zu reden.
- zu fragen, wann und wohin Busse oder Züge fahren.

Diálogos · Dialoge

Diálogo 1   en un autobús: un pasajero (P), conductor (C)

P:	¿Por favor va a Carrillo?	*Entschuldigen Sie! Fahren Sie nach Carrillo?*
C:	No. Usted tiene que coger el número 19.	*Nein. Sie müssen die Nummer 19 nehmen.*
P:	Bien. Gracias.	*Ah, ja. Danke.*

Diálogo 2   en el estación: Señora García (G), empleado (E)

G:	¡Por favor! ¿Va este tren a Bilbao?	*Entschuldigen Sie! Fährt dieser Zug nach Bilbao?*
E:	Sí, va.	*Ja.*
G:	Gracias.	*Danke.*

Diálogo 3   Ana Roca (AR), empleado (E)

E:	¿Qué desea?	*Kann ich Ihnen helfen?*
AR:	Quiero ir a Oviedo.	*Ich möchte nach Oviedo fahren.*
E:	¿Cuándo quiere ir?	*Wann möchten Sie fahren?*
AR:	Mañana por la mañana.	*Morgen früh.*
E:	Hay un tren a las 9.35.	*Es gibt einen Zug um 9.35 Uhr.*
AR:	¿A qué hora llega?	*Wann kommt er dort an?*
E:	Llega a las 4.20. Tiene que hacer transbordo en Burgos.	*Er kommt um 4.20 Uhr an. Sie müssen in Burgos umsteigen.*

Tren y autobus · Zug und Bus

Diálogo 4 Paco (P), empleado (E)

P:	Buenas tardes.	*Guten Tag.*
	Quiero ir a Sitjes.	*Ich möchte nach Sitjes fahren.*
E:	¿Dónde?	*Wohin?*
P:	Sitjes.	*Sitjes.*
E:	El tren para Sitjes sale a las 5.40 y llega a Sitjes a las 6.50.	*Der Zug nach Sitjes fährt um 5.40 Uhr ab und kommt um 6.50 Uhr in Sitjes an.*
P:	Gracias.	*Danke.*

Diálogo 5 Amalia Gil (AG), empleado (E)

AG:	¿Hay un tren para Segovia esta mañana?	*Fährt heute morgen ein Zug nach Segovia?*
E:	8.10.	*Um 8.10 Uhr.*
	Llega a Segovia: 8.55.	*Ankunft Segovia: 8.55 Uhr.*
AG:	¿Hay uno un poco más tarde?	*Gibt es ein bißchen später noch einen?*
E:	10.25	*Um 10.25 Uhr.*
	Llega a Segovia: 11.05.	*Ankunft Segovia: 11.05 Uhr.*
AG:	¿Hay alguno entremedias?	*Gibt es in der Zwischenzeit noch einen?*
E:	No, no hay nada más.	*Nein, sonst gibt es keinen.*

¿Cómo se dice? · Wie man's sagt

1. Preguntando adónde va el autobús/tren.

Wie Sie fragen, wohin ein Bus/Zug fährt.

¿Va	este tren	al	centro de la ciudad?
	este autobús	a	Málaga?
	el 33		la Gran Vía?

Por favor. ¿Qué autobús/tren va a ...?

2. Preguntando por la salida y llegada.

Wie Sie nach der Abfahrts- und Ankunftszeit fragen.

¿A qué hora	sale? llega? llega allí?	Sale LLega Llega allí	a las ...

¿A qué hora es el próximo tren para	Gerona? Urgell? Sevilla?	Hay un tren a ...

3. Preguntando si hay que hacer transbordo.

Wie Sie fragen, ob Sie umsteigen müssen.

¿Tengo que hacer transbordo? – Cambie en Oviedo.
                               No, es directo.

Ejercicios · Übungen

Ejercicio 1

Usted quiere saber a que hora salen los autobuses o trenes para estos sitios. ¿Qué pregunta usted?   *Sie möchten wissen, wann der nächste Bus oder Zug zu diesen Orten fährt. Was fragen Sie?*

tren	– Córdoba	autobús	– Jerez
tren	– Salamanca	tren	– La Coruña
tren	– Sevilla	tren	– Toledo
autobús	– Reus		

Ejercicio 2

¿Cuántas frases puede usted hacer?   *Wie viele Sätze können Sie bilden?*

	al	centro de la ciudad?
¿Va usted ¿Va este tren ¿Va este autobús	a	Málaga? Gran Vía? Marbella? Campos?

Ejercicio 3

Imagínese que usted es un turista en Madrid. ¿Qué dice usted en estas situaciones?

Stellen Sie sich vor, Sie sind als Tourist in Madrid. Was fragen Sie in den folgenden Situationen?

a) Usted está en la parada del autobús número 33. Usted quiere ir a la Plaza de España.

b) Usted está en un autobús y quiere ir a la Plaza Mayor.

c) Usted cree que el número 23 va a Rosales.

d) ¿Es el número 13 el que va al Parque del Retiro?

Escuche esto · Hören Sie zu

Auf der Cassette 4 sind einige Hörspiele, die Ihnen helfen sollen, Spanisch zu verstehen. Sie werden am Anfang wahrscheinlich nicht alles verstehen. Das ist auch nicht notwendig. Zunächst geht es nur darum, einige wichtige Informationen aufzunehmen. Hören Sie sich Teil 1 und 2 des 1. Hörspiels so oft an, bis Sie die Fragen (auf deutsch) beantworten können.

Escena uno

No usted de nuevo

Sección uno

1. ¿Dónde está Andrés?
   Wo ist Andrés?

2. ¿Qué quiere Andrés?
   Was will Andrés?

3. ¿Quiere primera o segunda clase?
   Will er erste oder zweite Klasse?

Sección dos

1. ¿Dónde quiere ir Merete?
   Wohin will Merete fahren?

2. ¿Merete, prefiere fumador o no fumador?
   Zieht sie Raucher oder Nichtraucher vor?

3. ¿A qué hora llega el tren a Sevilla?
   Wann kommt der Zug in Sevilla an?

4. ¿Tiene que hacer transbordo?
   Muß sie umsteigen?

Trato con la gente · Leute

In dieser Lektion lernen Sie

● wie man Bekannten gegenüber sein Bedauern ausspricht.
● wie man einen Dank ausspricht.
● wie man Anteilnahme ausdrückt.
● Personen zu beschreiben und Verwandtschaftsverhältnisse auszudrücken.

Diálogos · Dialoge

Diálogo 1   Felicidad (F), Paco (P)

F:	Ay, lo siento.	*Oh, es tut mir leid.*
	No puedo bailar más.	*Ich kann nicht mehr tanzen.*
P:	Está bien.	*Ist schon recht.*
	No tienes por qué disculparte.	*Entschuldige dich nicht.*
	Yo también estoy cansado.	*Ich bin auch müde.*
F:	Vamos a beber algo.	*Laß uns was trinken.*
P:	Sí, qué buena idea.	*Ja, das ist eine gute Idee.*
	¿Qué quieres tomar?	*Was möchtest du?*
F:	Quiero una Coca-Cola.	*Ich möchte eine Coke (Cola).*
P:	Bueno, voy a buscar dos	*Gut, ich hole zwei Cokes (Colas).*
	Coca-Colas.	
	(Pausa.)	*(Pause.)*
F:	¿Quién es aquella chica?	*Wer ist das Mädchen dort drüben?*
P:	Es Isabel.	*Das ist Isabel.*
	Es la novia de Tomás.	*Sie ist die Freundin von Tomás.*
F:	¿De verdad?	*Tatsächlich?*
	¿Es Tomás amigo tuyo?	*Ist Tomás ein Bekannter von dir?*
P:	Sí, es amigo mio.	*Ja. Er ist ein Freund von mir.*
F:	Es muy guapo, ¿no crees?	*Er ist ganz attraktiv, nicht?*
P:	(Malhumurado:) Francamente, no lo sé.	*(Verstimmt:) Das weiß ich wirklich nicht!*

Diálogo 2   Constanza (C), Leonor (L)

L:	Siento mucho lo de Beni.	*Es tut mir so leid wegen Beni.*
C:	Francamente, no sé que voy hacer sin él.	*Ich weiß nicht, was ich ohne ihn machen werde.*
L:	Era un maravilloso amigo tuyo ¿no es verdad?	*Er war dir ein wundervoller Freund, nicht wahr?*

Trato con la gente · Leute

C:	Oh sí lo fue.	*Oh ja, das war er.*
L:	¿Cuántos años tenía?	*Wie alt war er?*
C:	No era muy viejo, sabes. Solamente 12 años.	*Er war nicht sehr alt, weißt du. 12 Jahre erst.*
L:	Es una buena edad para un perro ¿no es así?	*Das ist ein gutes Alter für einen Hund, nicht wahr?*
C:	Sí, supongo que sí.	*Ja, ich glaube schon.*

¿Cómo se dice? · Wie man's sagt

1. Pidiendo disculpas a los amigos.
Wie Sie Freunden gegenüber Ihr Bedauern ausdrücken.

Lo siento. Lo siento mucho. Realmente lo siento.		No sé bailar muy bien. Estoy cansada. Acerca de la comida.
Lo siento tanto		llegar tarde.

2. Cómo dar las gracias.
Wie Sie sich bedanken.

Muchas gracias.
Es usted muy amable.

3. Cómo expresar condolencias a un amigo.
Wie Sie einem Freund gegenüber Anteilnahme ausdrücken.

Lo siento mucho saber acerca	de	Tomás. tu padre. tu esposa.
	del señor Sánchez.	

Trato con la gente · Leute

4. Preguntando por los nombres.

Wie Sie Namen erfragen.

¿Qué		eso?	
	es	la otra	chica?
¿Quién		el otro	chico?

Eso	es	...
Su nombre		

5. Preguntando por la relación entre personas.

Wie Sie fragen, in welcher Beziehung Personen zueinander stehen.

¿Quién es Elena Manso?

¿Es	Alicia	tu	amiga?
		su	
	Emilio	su	amigo?

Alicia		mi	amiga.
Ella	es	tu	mejor amiga.
Emilio		su	amigo.
El			mejor amigo.

!	**Possessivpronomen**	
	Singularformen	Pluralformen

Singularformen	Pluralformen
mi: mi amigo *(mein Freund)*	**mis: mis amigos** *(meine Freunde)*
tu: tu camisa *(dein Hemd)*	**tus: tus zapatos** *(deine Schuhe)*
su: su padre *(sein Vater)* **su madre** *(seine Mutter)*	**sus: sus padres** *(seine Eltern)*
su: su mujer *(Ihre Frau)* **su madre** *(ihre Mutter)*	**sus: sus chicos** *(Ihre Kinder)* *(ihre Kinder)*
nuestro: nuestro coche *(unser Auto)*	**nuestros: nuestros padres** *(unsere Eltern)*
nuestra: nuestra casa *(unser Haus)*	**nuestras: nuestras bicicletas** *(unsere Fahrräder)*
vuestro: vuestro libro *(Euer Buch)*	**vuestros: vuestros hermanos** *(Eure Schwestern)*
vuestra: vuestra amiga *(Eure Freundin)*	**vuestras: vuestras gafas de sol** *(Eure Sonnenbrille)*

¿Son Pilar y Alicia tus amigas?
¿Es Tomás tu amigo?

Alberto Él	es	mi amigo. tu amigo. su amigo.
Elena	es	su amiga.

¿Es	Emilio	el amigo	de tu madre?
	Alicia	la amiga	

Alicia Ella	es	la hermana la hija la amiga intima	de	Maria. Federico. Ramon Blanco. Elena Manso.
Alberto Él		el colega el auxiliar el jefe el hermano el hijo		

!

Das Verb: Sein

Präsens

Yo soy
Tú eres
Él es

Ella es
Ello es
Usted es

Nosotros somos
Vosotros sois
Ellos son

Ellas son
Ustedes son

Vergangenheit

Yo fui
Tú fuiste
Él fue

Ella fue
Ello fue
Usted fue

Nosotros fuimos
Vosotros fuisteis
Ellos fueron

Ellas fueron
Ustedes fueron

Trato con la gente · Leute

Ejercicios · Übungen

Ejercicio 1

Aquí está la lista de actividades que puede hacer en su tiempo libre. Escuche en el cassette cómo se pronuncian y repítalas.	*Hier ist eine Liste von Aktivitäten, die Sie in Ihrer Freizeit ausüben könnten. Hören Sie sich auf der Cassette an, wie sie ausgesprochen werden, und wiederholen Sie sie.*

bailar	*tanzen*
nadar	*schwimmen*
montar en bicicletta	*Radfahren*
conducir	*(Auto) fahren*
escribir a máquina	*(Schreib-)Maschine schreiben*
jugar al tenis	*Tennis spielen*
jugar al fútbol	*Fußball spielen*
tocar la guitarra	*Gitarre spielen*
tocar el piano	*Klavier spielen*

Aquí hay algunos ejemplos de pedir disculpa. Están en el cassette, también.	*Hier sind einige Beispiele, mit denen Sie sich entschuldigen können. Sie sind auch auf der Cassette.*

Lo siento mucho.
Discúlpeme.
Perdóneme.
De verdad lo siento.

Ahora disculpese por no poder hacer las actividades de arriba.	*Nun entschuldigen Sie sich, daß Sie die oben aufgelisteten Beschäftigungen nicht ausführen können.*

Ejercicio 2

Estos son los miembros de una familia. Escuche en el cassette cómo se pronuncian y repítalos.	*Dies sind die Mitglieder einer Familie. Hören Sie sich auf der Cassette die Aussprache der Wörter an, und sprechen Sie sie nach.*

marido	– esposa/mujer	*Ehemann*	*– Ehefrau*
padre	– madre	*Vater*	*– Mutter*
abuelo	– abuela	*Großvater*	*– Großmutter*
hijo	– hija	*Sohn*	*– Tochter*
hermano	– hermana	*Bruder*	*– Schwester*
nieto	– nieta	*Enkelsohn*	*– Enkeltochter*

Trato con la gente · Leute

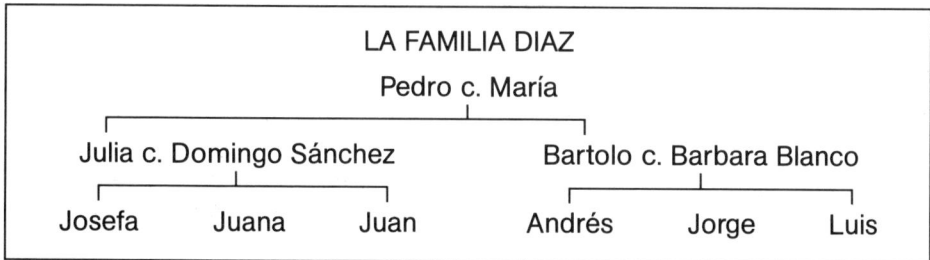

LA FAMILIA DIAZ

Pedro c. María

Julia c. Domingo Sánchez   Bartolo c. Barbara Blanco

Josefa   Juana   Juan   Andrés   Jorge   Luis

Mire este arból genealógico y conteste a estas preguntas.	*Schauen Sie sich diesen Familienstammbaum an, und beantworten Sie die folgenden Fragen.*

1. ¿Quién es Josefa?	5. ¿Quién es María?
2. ¿Quién es Andrés?	6. ¿Quién es Bartolo?
3. ¿Quién es Domingo?	7. ¿Quién es Juana?
4. ¿Quién es Barbara Blanco?	

Ejercicio 3

Aquí hay unas expresiones para describir gente. Están en el cassette también.	*Hier sind einige Ausdrücke, mit denen Sie Personen beschreiben können. Sie sind auch auf der Cassette.*

atractiva/atractivo – guapa/guapo	*attraktiv – hübsch – gutaussehend*
alta/alto – baja/bajo	*groß – klein*
morena/moreno – rubia/rubio	*dunkles Haar – helles (blondes) Haar*
pelo rizado – pelo corto – pelo largo	*lockiges Haar – kurzes Haar langes Haar*
delgada/delgado – obesa/ obeso – gorda/gordo – gordita/gordito	*schlank – dick – mollig*

Ahora describa a la gente siguiente.	*Nun beschreiben Sie die folgenden Personen.*

Anita: 50 – muy atractiva – pelo corto y rizado.
Luis: 40 – bastante alto.
Isabel: 20 – no muy alta – pelo moreno – muy bonita.
Cristóbal: 18 – pelo largo – muy guapo.
Pedro: 30 – bastante bajo – pelo rubio y un bigote.
Manuela: 16 – gordita – pelo moreno y corto.

Trato con la gente · Leute

Escuche esto · Hören Sie zu

Hören Sie sich nun Teil 3 des kleinen Hörspiels an. Versuchen Sie zunächst wieder, nur die Fragen zu beantworten. Wenn es Ihnen Spaß macht, hören Sie sich das Hörspiel wieder von Anfang an an.

Escena uno

No usted de nuevo

Sección tres

1. ¿Es Merete española?
   Ist Merete Spanierin?
2. ¿Dónde están los jardines del Tívoli?
   Wo ist der Tivoli?
3. ¿Es Merete una secretaria?
   Ist Merete Sekretärin?
4. ¿Es Andrés de Escandinavia?
   Ist Andrés aus Skandinavien?
5. ¿Está Andrés interesado en la conservación de monumentos antiguos?
   Ist Andrés interessiert an der Erhaltung antiker Gebäude?

Pasatiempos y gustos · Hobbys   UNIDAD 17

In dieser Lektion lernen Sie

● über Ihre Interessen zu sprechen.
● darüber zu sprechen, was Sie mögen und was Sie nicht mögen.

Diálogos · Dialoge

Diálogo 1   Ana Roca (AR), Antonio (A)

A:	¡Qué piso tan precioso tienes!	*Was hast du für eine schöne Wohnung!*
AR:	Es bonito, ¿verdad?	*Sie ist schön, nicht wahr?*
A:	¡Eso es lo que se llama un apartamento!	*Sie ist ein richtiges Appartement.*
AR:	Gracias.	*Danke schön.*
A:	Ya veo que estás interesada en el ballet.	*Du interessierst dich für Ballett, wie ich sehe.*
	(Señalando.)	*(Zeigt auf das Bild.)*
	¿De quién es la fotografía?	*Von wem ist diese Aufnahme?*
AR:	Es Margot Fonteyn.	*Das ist Margot Fonteyn.*
A:	¿E quién es aquél?	*Und wer ist das?*
AR:	Es Rodolfo Nureyev.	*Das ist Rudolf Nurejew.*
	Me interesa mucho el ballet.	*Ich interessiere mich sehr für Ballett.*
	Y colecciono fotografías de los bailarines del ballet.	*Ich sammele Aufnahmen von Tänzern.*
	¿Estás tú interesado en el ballet, Antonio?	*Interessierst du dich für Ballett, Antonio?*
A:	No, lo siento.	*Nein, ich fürchte nicht.*
AR:	¿Tienes algún hobby?	*Hast du ein Hobby?*
A:	Sí.	*Ja.*
	Pescar es mi pasatiempo favorito.	*Angeln ist ein besonderes Hobby von mir.*
AR:	(Secamente:) Qué bien.	*(Trocken:) Wie schön.*

Diálogo 2   Felicidad (F), Paco (P)

F:	¿Te interesan los idiomas, Paco?	*Interessierst du dich für Sprachen, Paco?*
P:	Sí, estoy muy interesado en el italiano.	*Ja. Ich interessiere mich sehr für das Italienische.*

97

Pasatiempos y gustos · Hobbys

F:	¿Por qué?	*Warum denn?*	
P:	Me gusta la comida italiana y estoy interesado en coches italianos.	*Ich esse gern italienisch. Und ich interessiere mich für italienische Autos.*	
F:	¿Tienes uno?	*Hast du eins?*	
P:	Sí, tengo un Fiat viejo.	*Ja, ich habe einen alten Fiat.*	

!
■

Adjektive

Adjektive stimmen mit ihrem Nomen in Genus und Zahl überein. Normalerweise stehen sie nach dem Nomen, das sie beschreiben.

Beispiele für die Wortstellung: **la comida *italiana***
coches *italianos*
un Fiat *viejo*

Endet ein Adjektiv mit dem Buchstaben **-o,** so hat es vier Formen.

Zum Beispiel: **caro** = *teuer*
un vino caro = *ein teuerer Wein*
una pensión cara = *eine teuere Pension*
vinos caros = *teuere Weine*
flores caras = *teuere Blumen*

Diálogo 3   Señora García (G), y su hijo (H)

G:	¡Dios mío, qué calor!	*Du liebe Güte, was für eine Hitze.*
H:	Sí, de verdad que hace calor.	*Ja, das stimmt.*
G:	Tengo sed.	*Ich habe Durst.*
H:	Yo también.	*Ich auch.*
	Te gustaría tomar algo, mamá?	*Möchtest du etwas trinken, Mama?*
G:	Ya sabes que me gusta el té.	*Du weißt, ich mag gerne Tee.*
H:	No hay té aquí, mamá.	*Es gibt hier keinen Tee, Mama.*
	¿Te gustaría tomar una cerveza?	*Möchtest du ein Bier?*
G:	Oh no, no me gusta la cerveza.	*Oh nein, ich mag kein Bier.*
H:	¿Quieres vino, mamá?	*Möchtest du Wein, Mama?*
G:	No, no me gusta el vino tampoco. ¿Puedo tomar un zumo de naranja?	*Nein, Wein mag ich auch nicht. Kann ich einen Orangensaft haben?*
H:	Yo también. Vamos a tomar un zumo de naranja.	*Ich auch. Wir trinken Orangensaft.*

Pasatiempos y gustos · Hobbys

G:	A Tizón le gusta la leche.
H:	No hay leche aquí, mamá.
G:	Bueno, entonces agua.
H:	Sí claro, agua para el perro.

Tizón mag gerne Milch.
Es gibt hier keine Milch, Mama.
Gut, dann Wasser.
Natürlich, Wasser für den Hund.

¿Cómo se dice? · Wie man's sagt

1. Preguntando cuales son sus pasatiempos.

Wie Sie jemanden fragen, welche Interessen er/sie hat.

¿Está	interesado / interesada	en	idiomas? bailar? música? andar? ballet?	Sí, lo estoy. No, no lo estoy. No, lo siento. No lo estoy.

Yo estoy Él esta Ella esta	(muy) (no)	interesado interesada	en	fotografía. pintura. naipes. el teatro. paises extranjeros. coches.

¿Cuál es su hobby?

Es tu Es su Es su	(de ti) (de el) (de ella)	hobby	pintar? leer? la música folklórica?

La música folklórica Leer Pintar	es no es	un hobby favorito	de ellos. mío.

Pasatiempos y gustos · Hobbys

2. Preguntando lo que gusta y no gusta (comida).

Wie Sie jemanden fragen, welche Speisen er/sie mag oder nicht mag.

| ¿Le gusta | el té?
el pollo?
la carne? | – | Sí, me gusta.
No, no me gusta. |

¿Qué comida le gusta?

Me gusta	la comida italiana. la carne. el pescado. la fruta.
No me gustan	las legumbres.
No bebo	té. cerveza. alcohol.

3. Cómo ofrecer bebida y comida.

Wie Sie etwas zu essen und trinken anbieten.

| ¿Te gustaría tomar | un
un poco de
un
un | té?
pescado?
whisky?
helado? | Sí, me gustaría tomar ...
No, gracias. |

| ¿Qué te gustaría | comer?
beber? |

| Me gustaría | un ...
unos ... |

Ejercicios · Übungen

Ejercicio 1

Aquí hay una lista de hobbys interesantes. Escuche en el cassette cómo se pronuncian.

Hier ist eine Liste von einigen interessanten Hobbys. Hören Sie sich auf der Cassette an, wie sie ausgesprochen werden.

Pasatiempos y gustos · Hobbys

JUAN	BLAS	JACINTA	JUANA
leer	conducir	cantar	ir de excursión
montar a caballo	aficionado al teatro	tocar la guitarra	jugar al tenis
nadar	cocinar	bailar	pescar

Ahora diga en que están interesados Juan, Blas, Jacinta y Juana.

Nun sagen Sie, welche Interessen Juan, Blas, Jacinta und Juana haben.

Ejercicio 2

Blas está lleno de energías. Le gusta estar al aire libre. A Petra no le gusta estar afuera; ella prefiere los hobbys que se pueden hacer dentro. Un reportero les está entrevistando. Tome la parte de Blas o de Petra y conteste las preguntas. Compruebe sus respuestas en el cassette.

Blas ist voller Energie. Er ist gern draußen an der frischen Luft. Petra ist nicht so gerne draußen, sie zieht Hobbys vor, die man im Hause ausüben kann. Ein Reporter befragt sie. Übernehmen Sie die Rolle von Blas und Petra, und beantworten Sie die Fragen. Überprüfen Sie Ihre Antworten mit Hilfe der Cassette.

Blas, ¿estás interesado en viajar?
Petra, ¿estás interesada en leer?
Blas, ¿estás interesado en los naipes?
Petra, ¿estás interesada en la pintura?
Blas, ¿estás interesado en el teatro?
Petra, ¿estás interesada en el canto?
Blas, ¿estás interesado en la cocina?
Petra, ¿estás interesada en la pesca?
Blas, ¿estás interesado en montar a caballo?

Ejercicio 3

A veces es necesario decir que no le gusta cierto tipo de comida. Es importante decirlo amablemente. Mire y escuche los ejemplos de abajo.

Manchmal ist es notwendig, zu sagen, daß man eine bestimmte Speise nicht mag. Es ist wichtig, dies höflich zu tun. Sehen und hören Sie sich die unten gegebenen Beispiele an.

A: ¿Le gusta el pescado?
B: No, no me gusta el pescado.

A: ¿Le gusta el pollo?
B: No, lo siento. No puedo comer pollo.

A: ¿Le gusta el queso?
B: Sí, me gusta mucho el queso.

Asuma que usted es un vegetariano muy estricto y también abstenio. Pero le gusta todo lo demás. Conteste a las preguntas de abajo apropiadamente. Compruebe sus respuestas en el cassette.	*Stellen Sie sich vor, daß Sie ein strenger Vegetarier und auch ein Alkoholgegner sind, aber alles andere mögen Sie. Beantworten Sie die folgenden Fragen. Überprüfen Sie Ihre Antworten mit Hilfe der Cassette.*

¿Le gustaría un trozo de pastel?
¿Puedo ofrecerle un huevo pasado por agua?
¿Qué tal un buen bistec?
¿Vamos a tomar una caña?
¿Prefiere un zumo de naranja?
Le puedo recomendar este queso.
¿Le gustaría un „Wiener Schnitzel"?
Vamos a tomar un vaso de vino.
¿Prefiere leche?
¿Tomamos un helado?
¿Le gustaría una naranja?

Escuche esto · Hören Sie zu

Hören Sie sich nun die Teile 4 und 5 des 1. Hörspiels an, bis Sie die folgenden Fragen beantworten können.

Escena uno

No usted de nuevo

Sección cuatro

1. ¿Está casada Merete?
   Ist Merete verheiratet?

2. ¿Tiene ella hijos?
   Hat sie Kinder?

Pasatiempos y gustos · Hobbys

3. ¿Quién paga el café?
   Wer bezahlt den Kaffee?

4. ¿Quién toma una pasta?
   Wer möchte ein Teilchen?

Sección cinco

1. ¿Quién perfora el billete en el tren?
   Wer entwertet das Ticket im Zug?

2. ¿Dónde trabaja Merete?
   Wo arbeitet Merete?

3. ¿Vive Merete en una casa o en un piso?
   Lebt Merete in einem Haus oder in einer Wohnung?

4. ¿A quién le gusta el fútbol?
   Wer mag gerne Fußball?

5. ¿Está Andrés interesado en la música clásica?
   Interessiert sich Andrés für klassische Musik?

En el restaurante · Im Restaurant

In dieser Lektion lernen Sie

- einen Tisch zu bestellen.
- in einem Restaurant zu bestellen.
- Ihren Partner zu fragen, was er/sie essen möchte.

Diálogos · Dialoge

Diálogo 1   Amalia Gil (AG), Enrique Gil (EG), Maître (M), Camarero (C)

M:	Buenas tardes.	Guten Abend.
EG:	Buenas tardes.	Guten Abend.
	Quiero reservar una mesa para esta noche.	Ich möchte einen Tisch für heute abend bestellen.
M:	Sí, señor.	Jawohl.
	¿A qué hora?	Für wann?
EG:	¿Tiene una para las 8 en punto?	Haben Sie für 8 Uhr einen Tisch?
M:	Sí, señor.	Jawohl, mein Herr.
	¿A qué nombre?	Auf welchen Namen?
EG:	Gil.	Gil.
M:	¿Para cuántos?	Für wie viele Personen?
EG:	Para dos, por favor.	Einen Tisch für zwei, bitte.
	(Pausa.)	(Pause.)
EG:	Buenas noches.	Guten Abend.
	Tengo una mesa reservada.	Ich habe einen Tisch bestellt.
M:	Sí, señor. ¿Qué nombre?	Jawohl. Auf welchen Namen?
EG:	Gil.	Gil.
M:	Ah, sí, el señor Gil.	Ja, Señor Gil.
	Pase por aquí, por favor.	Kommen Sie hier entlang, bitte.
	¿Qué le parece, aquí?	Ist Ihnen dieser recht?
EG:	Sí, está bien. Gracias.	Ja, sehr schön, danke.
	(Pausa.)	(Pause.)
EG:	¿Qué te gustaría para empezar, cariño?	Was möchtest du als Vorspeise, Liebling?
AG:	Mmm. Creo que voy a tomar unos calamares a la Romana.	Mhm. Ich glaube, ich nehme Calamares a la Romana. (Tintenfischringe.)
	¿Y tú?	Und du?
EG:	Me parece que yo voy a tomar una sopa de mariscos. Me gusta la sopa de mariscos.	Ich glaube, ich esse eine Sopa de mariscos. Ich liebe Sopa de mariscos. (Hummersuppe.)
	¿Y de segundo?	Was für ein Hauptgericht möchtest du?

En el restaurante · Im Restaurant

AG:	Unas chuletas.	*Ich möchte ein Schnitzel.*
EG:	¿De qué las prefieres de cordero o de cerdo?	*Ein Lammschnitzel oder ein Schweineschnitzel?*
AG:	Oh, creo que de cordero.	*Ich glaube, ich nehme ein Schweineschnitzel.*
	¿Y tú que vas a tomar, amor mio?	*Was nimmst du, Liebling?*
EG:	No estoy seguro.	*Ich bin noch unentschlossen.*
AG:	¿Por qué no tomas pollo al ajillo? Te gusta el pollo.	*Nimm doch Hähnchen mit Knoblauch. (Warum nimmst du nicht …?). Du magst doch gerne Hähnchen.*
EG:	Sí, me gusta. (Pausa.)	*Ja. Ich mag es. (Pause.)*
EG:	¿Camarero?	*Ober!*
C:	Diga, señor.	*Ja?*
EG:	Vamos a pedir ahora.	*Wir möchten jetzt bestellen.*
C:	Bien.	*Ja.*
EG:	Mi mujer va a tomar calamares a la Romana y yo una sopa de mariscos.	*Meine Frau nimmt Calamares a la Romana. Und ich nehme Sopa de mariscos.*
C:	¿Y de segundo?	*Ja, mein Herr. Und nachher?*
EG:	Mi mujer las chuletas de cordero y para mi pollo al ajillo.	*Meine Frau nimmt ein Schweineschnitzel. Und ich nehme Hähnchen mit Knoblauch.*
C:	¿Y qué vino van a tomar?	*Haben Sie (schon) einen Wein ausgewählt?*
EG:	Ah, sí, el vino …	*Ach ja, der Wein …*

¿Cómo se dice? · Wie man's sagt

1. Preguntando que le gusta comer y beber.

Wie Sie fragen, was jemand essen und trinken möchte.

¿Qué le gusta	comer? beber?

Yo creo	que me gusta	la Paella. los calamares. un vaso de vino.
	que voy a tomar	pescado. una cerveza.

En el restaurante · Im Restaurant

¿Te gustaría tomar	unas legumbres?		Sí, por favor. Quiero ...
	algo	más?	No, gracias.
		de primero?	

2. Cómo decir que no está seguro.

Wie Sie sagen, daß Sie noch unentschieden sind.

No	sé.

3. Cómo pedir comida y bebida.

Wie Sie Speisen und Getränke bestellen.

a.) muy formal

Yo (Singular)	tomaré ...
Mi esposa y yo (Plural)	tomaremos ...

b) informal

	Tortillas	
Dos	cafés Coca-Colas vasos de cerveza	por favor.
Un	vaso de vino tinto bistec	
Una	caña	

4. Cómo reservar una mesa en un restaurante.

Wie Sie einen Tisch in einem Restaurant bestellen.

Quiero reservar una mesa para	hoy. esta noche. mañana. el martes próximo.

¿A qué hora?

¿Tiene una mesa para las	7.30? 8.00?

En el restaurante · Im Restaurant   UNIDAD 18

¿Para cuántos? – | Una mesa para | dos, tres, | por favor.

¿A nombre de quién?

Ejercicios · Übungen

Ejercicio 1

Imagínese que está en un restaurante. Mantenga dos conversaciones con la camarera con la información de abajo. Para referencia mire el menú de la página 108. Cuando haya decidido lo que va a decir, emplee cada ejercicio usando la conversación en el cassette. Compruebe sus respuestas en el cassette.	*Stellen Sie sich vor, Sie sind in einem Restaurant. Erfinden Sie zwei verschiedene Gespräche mit der Kellnerin entsprechend der unten gegebenen Informationen. Sie werden sich die Speisekarte auf S. 108 ansehen müssen. Wenn Sie sich entschieden haben, was Sie sagen wollen, bearbeiten Sie die beiden Übungen mit Hilfe des Lückendialoges auf der Cassette. Überprüfen Sie Ihre Antworten mit Hilfe der Cassette.*

Conversación 1
Sie und Ihr Freund haben am Ende Ihrer Ferien fast kein Geld mehr.
Sie wollen deshalb die billigste Vorspeise und die billigste Hauptspeise für sich und Ihren Freund bestellen. Sie können sich auch keinen Wein mehr erlauben und bestellen statt dessen Wasser.

Conversación 2
Sie gehen mit einem Geschäftskollegen zum Essen, und da Sie Ihren Kollegen beeindrucken wollen, bestellen Sie die teuerste Vorspeise für sich und Ihren Kollegen, und Sie bestellen auch das beste und teuerste Fleisch-gericht. Vergessen Sie nicht, nach der Weinliste zu fragen. Schließlich sind Sie so satt, daß Sie keinen Nachtisch mehr mögen, aber Sie bestellen Kaffee und einige Pralinen.

En el restaurante · Im Restaurant

Menú

Entremeses variados (400 Pts)
Melón con Jamon (350 Pts)
Espárragos con Mayonesa (500 Pts)
Gazpacho (200 Pts)
Tortilla española (250 Pts)

* * * * *

Sopas
Sopa de mariscos (350 Pts)
Consomé de pollo (160 Pts)
Crema de champiñones (200 Pts)
Sopa de pescado (250 Pts)

* * * * *

Pescados
Calamares a la Romana (400 Pts)
Gambas a la plancha (240 Pts)
Lomo de merluza con almejas (560 Pts)
Truchas a la Navarra (600 Pts)
Paella a la Marinera (475 Pts)

* * * * *

Carnes
Escalope de ternera (525 Pts)
Riñones al Jerez (400 Pts)
Solomillo de cerdo (500 Pts)
Chuletas de cordero (550 Pts)
Pollo al ajillo (475 Pts)

En el restaurante · Im Restaurant

Escuche esto · Hören Sie zu

Hören Sie sich Teil 6 des 1. Hörspiels wieder so lange an, bis Sie die Fragen beantworten können.

Escena uno

No usted de nuevo

Sección seis

1. ¿Dónde hay una catedral magnífica?
   Wo gibt es eine wunderschöne antike Kathedrale?

2. ¿Qué es el museo de Bellas Artes?
   Was ist das Museo de Bellas Artes?

3. Desea Merete un hotel caro o barato?
   Will Merete ein teures oder ein billiges Hotel?

Hoteles · Hotels

In dieser Lektion lernen Sie
● ein Zimmer in einem Hotel zu buchen.

Diálogos · Dialoge

Diálogo 1   Ana Roca (AR), recepcionista (R)

R:	(El teléfono suena.)	
	Hotel Carabela.	*Hotel Carabela.*
AR:	¡Hola!	*Guten Tag.*
	¿Tiene una habitación para el 5 de mayo?	*Haben Sie ein Zimmer für den 5. Mai?*
R:	¿Individual o doble?	*Ein Einzel- oder Doppelzimmer?*
AR:	Individual por favor.	*Ein Einzelzimmer, bitte.*
R:	¿Para cuántas noches?	*Für wie viele Nächte?*
AR:	Para una noche.	*Für eine Nacht.*
R:	Sí, tengo una habitación individual.	*Ja, ich habe ein Einzelzimmer.*
AR:	¿Con baño?	*Mit Bad?*
R:	Sí, con baño.	*Ja, mit Bad.*
AR:	¿Cuánto es?	*Was kostet das?*
R:	Son 5.000 pesetas con desayuno.	*5.000 Pesetas pro Nacht, mit Frühstück.*
AR:	Bien, entonces la tomo.	*Ich nehme es.*
R:	¿Su nombre, por favor?	*Wie ist Ihr Name bitte?*
AR:	Señora Ana Roca.	*Señora Ana Roca.*
R:	Bien, señora Roca.	*In Ordnung, Señora Roca.*
	¿Puede confirmar la reserva por escrito?	*Werden Sie die Buchung schriftlich bestätigen?*
AR:	Sí, claro.	*Ja, natürlich.*
R:	Gracias.	*Danke.*
AR:	Adiós.	*Auf Wiederhören.*
R:	Adiós.	*Auf Wiederhören.*

Hoteles · Hotels

Diálogo 2   Enrique Gil (EG), maitre de hotel (M)

M:	(El teléfono suena.)	
	El Patio.	*El Patio.*
EG:	¡Buenas tardes!	*Guten Abend!*
	¿Tiene una mesa para mañana noche?	*Haben Sie einen Tisch für morgen abend?*
M:	Sí.	*Ja.*
	¿A qué hora?	*Für wann?*
EG:	A las 8.	*Für 8 Uhr.*
M:	¿Para cuántos?	*Für wie viele (Personen)?*
EG:	Una mesa para dos.	*Einen Tisch für zwei.*
M:	Bien, señor.	*Jawohl.*
	¿Su nombre?	*Wie ist Ihr Name?*
EG:	Gil.	*Gil.*

Diálogo 3   Pedro de Duarte (PD), empleado (E)

PD:	Quiero reservar unas vacaciones en Andalucia.	*Ich möchte einen Urlaub in Andalusien buchen.*
E:	Sí, señor. ¿Dónde?	*Ja. Wo?*
PD:	En Sevilla.	*In Sevilla.*
E:	Ah, sí. Sevilla.	*Ach ja, Sevilla.*
	Es una ciudad muy bonita.	*Eine sehr schöne Stadt.*
	¿En qué hotel?	*Welches Hotel?*
PD:	El Simón.	*El Simón.*
E:	¿Cuándo quiere ir?	*Wann wollen Sie fahren?*
PD:	El 1 de septiembre.	*Am 1. September.*
E:	¿Para 7 o 14 noches?	*7 oder 14 Tage (wrtl.: Nächte)?*
PD:	Para 14.	*14.*
E:	¿A qué nombre, por favor?	*Wie ist Ihr Name, bitte?*
PD:	Duarte.	*Duarte.*
	El señor y la señora de Duarte.	*Señor und Señora de Duarte.*
	(Pausa.)	*(Pause.)*
E:	Perdon, un momento.	*Moment bitte.*
	(Habla por teléfono.)	*(Spricht am Telefon.)*
	Hola, ¿Soberano?	*Guten Tag? (Reisegesellschaft.)*
	Quiero una habitación doble en el Hotel El Simón de Sevilla.	*Ich möchte ein Doppelzimmer im Hotel El Simón in Sevilla.*
	14 noches, para el 1 de septiembre.	*Für 14 Nächte. Zum ersten September.*
	¿Está completamente lleno?	*Ist völlig ausgebucht?*

Hoteles · Hotels

¿El Hotel Anabel?	*Hotel Anabel?*
¿El Hotel Eugenia?	*Hotel Eugenia?*
(Hablando a Pedro.)	*(Spricht zu Pedro.)*
Señor Duarte, El Simón está completamente lleno.	*Señor Duarte, das Simón ist völlig ausgebucht.*
Puede tener una habitación en el Hotel Anabel o en el Hotel Eugenia.	*Sie können ein Zimmer im Hotel Anabel haben. Oder im Hotel Eugenia.*
PD: ¿Cómo es el Hotel Anabel?	*Wie ist das Hotel Anabel?*
E: Se lo puedo recomendar y el Hotel Eugenia también.	*Ich kann es empfehlen. Ich kann auch das Hotel Eugenia empfehlen.*
PD: Tomaré el Hotel Anabel.	*Ich nehme das Hotel Anabel. (Ich werde ... nehmen.)*
El Eugenia es muy caro.	*Das Eugenia ist sehr teuer.*

¿Cómo se dice? · Wie man's sagt

1. Cómo reservar una habitación en un hotel.
Wie Sie ein Hotelzimmer buchen.

a) que tipo de habitación.
(was für ein Zimmer.)

Una	habitación	individual doble	con sin	baño. ducha.

b) para cuándo.
(für wann.)

Para el	diez siete veintiuno	de enero. de mayo. de agosto.

c) para cuantas noches.
(für wie lange.)

Para	una noche.	
	dos tres	noches.
	una semana.	

Hoteles · Hotels

Desde el	5 de enero 1 de mayo	hasta	el 12 de el 30 de	enero ... mayo ...

d) poniéndolo todo junto.
(in einem Satz.)

Me gustaría Tiene usted	una habitación	individual con/sin baño doble	para el 1 de mayo. para dos noches. para dos noches desde el 1 de mayo hasta el 3.

Ejercicios · Übungen

Ejercicio 1

Usted quiere reservar una habitación. Estos números indican que tipo de habitación quiere reservar.	*Sie möchten ein Zimmer bestellen. Die Zahlen bezeichnen die Art des Zimmers, das Sie bestellen wollen.*

1 – una habitación individual
2 – una habitación doble
3 – con baño
4 – con ducha
5 – con lavabo
6 – con televisión

Los números en ( ) indican cuanto tiempo va a estar.	*Die Zahlen in ( ) geben an, wie lange Sie bleiben wollen.*

Ejemplo: (1) – una noche
(2) – dos noches
(3) – tres noches etc.
(1s) – una semana

Ahora pregunte por estas habitaciones. Compruebe sus respuestas en el cassette.	*Nun bestellen Sie die Zimmer. Überprüfen Sie Ihre Antworten mit Hilfe der Cassette.*

a) 1   (1)
b) 2 4 (2)
c) 1 3 (1)
d) 2   (1s)
e) 2 4 (3)

f) 1 3 (1s)
g) 2 5 (2)
h) 2 4 (1s)
i) 2 3 (1)
j) 1 6 (2)

113

Hoteles · Hotels

Ejercicio 2

Usted quiere reservar una habitación para cierto tiempo. Compruebe sus respuestas en el cassette.	*Sie möchten ein Zimmer für eine bestimmte Zeit bestellen. Überprüfen Sie Ihre Antworten mit Hilfe der Cassette.*

1. (1);   30.03. – 31.03.
2. (4);   06.12. – 10.12.
3. (1s); 20.01. – 27.01.
4. (2);   07.10. – 09.10.
5. (1);   12.05. – 13.05.

6. (3);   02.08. – 05.08.
7. (5);   04.11. – 09.11.
8. (2);   28.07. – 30.07.
9. (4);   23.02. – 27.02.
10. (1s); 08.06. – 15.06.

Ejercicio 3

Usted quiere reservar una habitación en un hotel. Tome su parte entre los espacios de la conversación. Está en el cassette.	*Sie wollen ein Hotelzimmer reservieren. Übernehmen Sie Ihre Rolle in dem Lückengespräch auf der Cassette.*

Recepcionista del Hotel: Hotel Carabela.
Usted: .....
Recepcionista del Hotel: ¿Individual o doble?
Usted: .....
Recepcionista del Hotel: ¿Para cuántas noches?
Usted: .....
Recepcionista del Hotel: Sí, tengo una individual.
Usted: .....
Recepcionista del Hotel: Sí, con baño.
Usted: .....
Recepcionista del Hotel: Son 3.000 pesetas con desayuno.
Usted: .....
Recepcionista del Hotel: ¿Qué nombre por favor?
Usted: .....
Recepcionista del Hotel: Bien. ¿Puede confirmar su reserva por escrito, por favor?
Usted: .....
Recepcionista del Hotel: Gracias.
Usted: .....
Recepcionista del Hotel: Adiós.

Escuche esto · Hören Sie zu

Und nun hören Sie sich den nächsten Teil von **No usted de nuevo** *an. Wenn Sie Lust haben, lassen Sie noch einmal das ganze Hörspiel abspielen. Sie werden sicher erstaunt sein, wieviel Sie inzwischen verstehen.*

Escena uno

No usted de nuevo

Sección siete

1. ¿Quién está buscando una habitación individual?
Wer sucht ein Zimmer?

2. ¿Para cuántas noches?
Für wie viele Nächte?

3. ¿Cómo se llama el hotel?
Wie ist der Name des Hotels?

Reglamentos · Vorschriften

In dieser Lektion lernen Sie
● zu fragen, ob man etwas tun muß oder nicht
● und entsprechende Aussagen zu machen

Diálogos · Dialoge

Diálogo 1   Señora García (G), agente de Turismo (AT)

G:	Quiero reservar un vuelo para Caracas.	*Ich möchte einen Flug nach Caracas buchen.*
AT:	Sí, señora. ¿Cuándo quiere viajar?	*Ja, gnädige Frau. Wann wollen Sie reisen?*
G:	El mes próximo. El cumpleaños de mi hijo es el 20 de noviembre. Él trabaja en Caracas.	*Nächsten Monat. Der Geburtstag meines Sohnes ist am 20. November. Er arbeitet in Caracas.*
AT:	Usted necisita un pasaporte válido.	*Sie müssen einen gültigen Reisepaß haben.*
G:	Sí, lo tengo. ¿Necesito visado para Venezuela?	*Ja, ich habe einen. Muß ich ein Visum haben?*
AT:	Sí. Usted necesita visado para Venezuela.	*Ja. Für Venezuela müssen Sie ein Visum haben.*
G:	¿Ah, sí? No lo tengo.	*Oh je. Ich habe keins.*
AT:	Aquí tiene una solicitud. Tiene que enviarla a la Embajada Venezolana.	*Hier ist ein Antragsformular. Das müssen Sie an die Venezuelanische Botschaft schicken*
G:	Gracias. ¿Tengo que tener un seguro de viaje?	*Danke. Muß ich eine Reiseversicherung abschließen?*
AT:	No, no necesita seguro de viaje. Pero yo siempre lo recomiendo.	*Nein, eine Reiseversicherung müssen Sie nicht abschließen. Aber ich empfehle sie immer.*
G:	¿Tengo que tener un certificado de vacunación?	*Muß ich eine Impfbescheinigung haben?*
AT:	No, no es necesario.	*Nein, das ist nicht notwendig.*
G:	Oh, bien.	*Oh, gut.*

Reglamentos · Vorschriften

Diálogo 2   Paco (P), jefe (J)

P:	¿Adónde va a ir de vacaciones?	*Wohin fahren Sie in Urlaub?*
J:	Voy a ir a Alemania.	*Ich fahre nach Deutschland.*
P:	¿De verdad? ¿Adónde?	*Ach so. Wohin?*
J:	Voy a ir a Berlín.	*Ich fahre nach Berlin.*
P:	Qué interesante.	*Das ist interessant.*
	¿Usted conoce Berlín?	*Kennen Sie Berlin?*
J:	No, en absoluto.	*Nein. Gar nicht.*
	¿Que debe uno ver allí?	*Was muß man dort besichtigen?*
P:	Primero uno debe ver la Puerta de Brandenburgo, despúes subir a la Torre de la Televisión y debe ir a Potsdam, a Sanssouci.	*Zuerst muß man das Brandenburger Tor sehen. Und dann müssen Sie den Fernsehturm hinaufgehen. Und Sie müssen nach Potsdam fahren, nach Sanssouci.*
J:	¿Y qué es eso?	*Was ist denn das?*
P:	Es un palacio muy bello de la época del Rey Federico II de Prusia.	*Das ist ein sehr schönes Schloß aus der Zeit des Königs Friedrich von Preußen.*
J:	¿Se necesita un visado para Alemania?	*Brauche ich ein Visum für Deutschland?*
P:	No, no es necesario. Pero no se olvide de llevarse su máquina fotográfica.	*Nein. Das ist nicht nötig. Aber vergessen Sie nicht, Ihren Fotoapparat mitzunehmen.*
J:	Sí, claro. Y debo comprar una película también.	*Ach ja. Und ich muß einen Film kaufen.*

¿Cómo se dice? · Wie man's sagt

1. Preguntando si uno tiene que hacer algo.

Wie Sie fragen, ob Sie etwas tun müssen.

¿Tengo ¿Tenemos	que	tener obtener	un pasaporte válido? un visado? un seguro de viaje?	Sí, tiene que tenerlo. No, no tiene que tenerlo.

Reglamentos · Vorschriften

Usted	(no) tiene que	tener obtener	un certificado de vacunación. un carnet internacional de conducir. una Carta Verde. un pasaporte.

> **!** **Tengo que tener.**
> **Tengo que ...? Si, tiene que tener./No, no necesita tener o obtener.**

Frage nach Verpflichtung:	¿Tengo ¿Tenemos	que	tener obtener	?

Aussage über Verpflichtung:	Usted	(no) tiene	que	tener obtener	.

Ejercicios · Übungen

Ejercicio 1

Aquí hay una lista de cosas que puede necesitar.

Hier eine Liste von Dingen, die Sie vielleicht benötigen.

gafas de sol	*Sonnenbrille*	dinero	*Geld*
cepillo de dientes	*Zahnbürste*	mapa	*(Land-) Karte*
traje de baño	*Badeanzug*	raqueta de tenis	*Tennisschläger*
pasaporte	*Paß*	botas	*Stiefel*
entradas	*Fahrkarten*	paraguas	*Schirm*

¿Qué cosas de la lista tiene que tomar?

Welche Dinge müssen Sie mitnehmen?

Ejemplo: Tengo que tomar mi paraguas.

1. Was müssen Sie mitnehmen, wenn Sie einkaufen gehen?
2. Sie wollen Fußball spielen.
3. Sie möchten Tennis spielen.
4. Sie planen eine Fahrt aufs Land.
5. Sie wollen ins Theater gehen.
6. Es ist heiß, und Sie möchten ins Schwimmbad gehen.
7. Sie wollen Ihren Urlaub im Ausland verbringen.
8. Sie bleiben übers Wochenende bei Freunden auf dem Land.
9. Es regnet.
10. Der Himmel ist wolkenlos.

Reglamentos · Vorschriften

Ejercicio 2

Mire una página del diario de Paco. ¿Qué tiene que hacer cada día de la semana?

Schauen Sie sich die Seite aus Pacos Kalender an. Was muß er an den einzelnen Tagen tun?

Ejemplo: ¿Qué tiene que hacer Paco? – El tiene que ver a Felicidad.

¿Qué tiene que hacer Paco el domingo?
¿Qué tiene que hacer Paco el lunes?
¿Qué tiene que hacer Paco el martes?
¿Qué tiene que hacer Paco el miércoles?
¿Qué tiene que hacer Paco el jueves?
¿Qué tiene que hacer Paco el viernes?
¿Qué tiene que hacer Paco el sábado?

Domingo:	ver a Felicidad.
Lunes:	buscar el coche.
Martes:	ir a Bilbao.
Miércoles:	comprar un collar para Felicidad.
Jueves:	comprar una raqueta de tenis.
Viernes:	levantarse a las 6 de la mañana.
Sábado:	quedarse en cama (está cansado).

Ejercicio 3

Enrique y Ana han decidido visitar a unos amigos durante el fín de semana. Ana va ir el viernes. Enrique tiene que quedarse hasta el sábado por la tarde. Como Enrique es muy descuidado preparando las cosas, Ana ha recogido todo lo que él necesita y se lo ha llevado con ella. El sábado por la mañana Enrique telefonea para saber que tiene que llevar. Ana le dice que todo está arreglado.
Escuche en el cassette y tome la parte de Ana.

*Enrique und Ana wollen am Wochenende Freunde besuchen. Ana fährt schon am Freitagabend. Enrique muß bis Samstagnachmittag zu Hause bleiben. Da Enrique sehr gedankenlos und zerstreut ist, hat Ana alles zusammengetragen, was er gebrauchen könnte und es schon mitgenommen. Am Samstagmorgen ruft Enrique sie an, um herauszufinden, was er mitbringen soll. Ana sagt ihm, daß sie schon alles organisiert hat.
Hören Sie sich die Cassette an, und übernehmen Sie Anas Rolle.*

Ejemplo: Tengo que llevar mi raqueta de tenis?
No, no tienes que llevar tu raqueta de tenis.

Reglamentos · Vorschriften

Escuche esto · Hören Sie zu

Hören Sie sich nun noch einmal das ganze Hörspiel und die letzte Szene an.

Escena uno

No usted de nuevo

Sección ocho

1. ¿Quién ha reservado el hotel para Merete?
   Wer hat das Hotel für Merete gebucht?

2. ¿Quiere Merete habitación con desayuno?
   Will Merete ein Zimmer mit Frühstück?

3. ¿Cuál es el número de la habitación de Merete?
   Wie viele Schlafzimmer hat Merete?

Juego y deporte · Spiel, Sport

In dieser Lektion lernen Sie

- Vorschläge zu machen.
- jemanden aufzufordern, bei etwas mitzumachen.
- zu fragen, ob jemand etwas kann.
- zu fragen und darüber zu sprechen, wie oft man etwas tut.

Diálogos · Dialoge

Diálogo 1   Felicidad (F), Paco (P), Maria (M)

F:	Qué día tan estupendo.	*Was für ein schöner Tag.*
	Vamos a nadar.	*Laß uns schwimmen gehen.*
P:	Sí, qué buena idea.	*Ja, das ist eine gute Idee.*
F:	¿Sabe nadar María?	*Kann Maria schwimmen?*
P:	No lo sé.	*Ich weiß nicht.*
	Vamos a preguntarle.	*Fragen wir sie.*
F:	María, hace un tiempo estupendo.	*Maria, es ist ein schöner Tag.*
P:	¿Vamos a nadar?	*Gehen wir schwimmen?*
F:	¿Sabes nadar?	*Kannst du schwimmen?*
M:	Sí, sé nadar muy bien.	*Ja, ich kann ganz gut schwimmen.*
P:	Yo no sé nadar bien.	*Ich kann nicht ganz so gut schwimmen.*
M:	No importa.	*Das macht nichts.*
	Vamos.	*Gehen wir. (Laß uns gehen.)*
P:	(A regañadientes:)	*(Zögernd:)*
	De acuerdo. Vamos.	*Also gut, gehen wir.*

Diálogo 2   Señora Martinez (MAR), señora Busto (B)

MAR:	¿Dónde está Juan hoy?	*Wo ist Juan heute?*
B:	En el río.	*Am Fluß.*
MAR:	¿Qué está haciendo allí?	*Was macht er dort?*
B:	Está pescando.	*Er angelt.*
MAR:	¿Va a menudo a pescar?	*Geht er oft angeln?*
B:	Oh, él va cinco veces por semana.	*Ja, (er geht) fünfmal pro Woche.*
	Siempre estoy sola.	*Ich bin immer alleine.*
MAR:	¿Por qué no vas con él?	*Warum gehst du nicht mit (ihm)?*

Juego y deporte · Spiel, Sport

B:	No estoy interesada en pescar.	*Ich interessiere mich nicht fürs Angeln.*
	¿Dónde está Blas hoy?	*Wo ist Blas heute?*
MAR:	Es sábado.	*Es ist Samstag.*
	Él está jugando al fútbol.	*Er spielt Fußball.*
B:	¿Juega al fútbol a menudo?	*Spielt er oft Fußball?*
MAR:	Juega al fútbol cada sábado y se entrena dos veces por semana.	*Er spielt jeden Samstag. Und er trainiert zweimal pro Woche.*
B:	¿Por qué no vas con él?	*Warum gehst du nicht mit (ihm)?*
MAR:	No estoy interesada en el fútbol.	*Ich interessiere mich nicht für Fußball.*

¿Cómo se dice? · Wie man's sagt

1. Cómo sugerir hacer algo.

Wie Sie vorschlagen, etwas zu tun.

Vamos a	jugar	a las cartas. al squash. al tenis.
	ir	a dar un paseo. a nadar.

2. Preguntando si alguien puede hacer algo.

Wie Sie fragen, ob jemand etwas kann.

¿Sabe	usted él ella María	nadar? esquiar? jugar al tenis? jugar al squash? jugar a las cartas?	Si, yo sé. él/ella sabe. No, yo no sé. él/ella no sabe.

Juego y deporte · Spiel, Sport

Yo	si	sé	nadar	un poco.
Usted	no		esquiar	bastante bien.
Él		sabe	jugar al tenis	bien.
Ella			jugar al squash	en absoluto. muy bien.

3. Preguntando con que frecuencia hace algo.

Wie Sie fragen, wie oft jemand etwas tut.

¿Usted	va a menudo	a	esquiar?
¿Él			pescar?
¿Ella			jugar al fútbol?

Yo	juego al tenis me entreno			en las vacaciones. cada día.
Él	va	a	nadar	unas 5 veces por semana.
Ella			pescar	cada sábado.
Nosotros	vamos			dos veces por semana.

Él	juega al tenis	en las vacaciones.
Ella	se entrena	cada día.
Nosotros	jugamos al tenis nos entrenamos	unas 5 veces por semana. cada sábado. dos veces por semana.

Yo	a menudo a veces	nado. juego al tenis. voy de compras.
Nosotros	raramente nunca	nadamos. jugamos al tenis. vamos de compras.

Ella	a menudo	va	a esquiar.
Mi hijo	a veces		a nadar.
Leonor	raramente nunca	juega	a las cartas. al tenis.

Juego y deporte · Spiel, Sport

Ejercicios · Übungen

Ejercicio 1

Aquí hay dos formas de sugerir a una persona que haga algo.	*Im Spanischen hat man zwei Möglichkeiten, wenn man jemandem vorschlägt, etwas zu tun.*

¿Vamos a dar un paseo?
Jugamos al tenis.

Sugiera a una persona que haga las actividades de abajo.	*Schlagen Sie jemandem vor, die folgenden Tätigkeiten zu unternehmen.*

leer nustros libros	*unsere Bücher lesen*
montar a caballo	*reiten*
ir a nadar	*schwimmen*
tomar unas fotos	*fotografieren*
dar una vuelta	*einen Spaziergang machen*
tocar la guitarra	*Gitarre spielen*
ir a bailar	*tanzen*
ir de excursión	*wandern*

Ejercicio 2

Pregunte a alguien si él/ella sabe hacer estas cosas.	*Fragen Sie jemanden, ob er/sie diese Dinge tun kann.*

Ejemplo: ¿Sabe usted nadar?
¿Sabe Maria nadar?

reiten	*Karten spielen*
schwimmen	*Ski laufen*
Auto fahren	*singen*
Gitarre spielen	*kochen*
tanzen	*Tennis spielen*

Juego y deporte · Spiel, Sport

Ejercicio 3

Usted conoce a Mateo. A él le gusta jugar al fútbol y a las cartas. Le divierte esquiar y pasear.	*Sie kennen Mateo. Er spielt gerne Fußball und Karten. Er läuft auch gerne Ski und geht gern spazieren.*
Usted conoce a Magdalena. A ella le gusta bailar, nadar, montar a caballo y jugar al tenis.	*Sie kennen Magdalena. Sie tanzt, schwimmt, reitet gern und spielt gern Tennis.*
Haga unas propuestas a Mateo y Magdalena. Aquí hay ejemplos de unas conversaciones.	*Machen Sie Mateo und Magdalena Vorschläge. Hier sind einige Muster-gespräche.*

Usted: Mateo, ¿jugamos al fútbol?
Mateo: Sí, …

Usted: Magdalena, ¿jugamos a las cartas?
Magdalena: No, no puedo jugar a las cartas.

Sugiera a Mateo que:	*Machen Sie Mateo Vorschläge:*

    a) juegue al fútbol
    b) monte a caballo
    c) juegue a las cartas
    d) juegue al tenis
    e) vaya a nadar

Entonces proponga a Magdalena lo siguiente:	*Und nun machen Sie Magdalena Vorschläge:*

    f) vaya a bailar
    g) vaya a esquiar
    h) vaya a nadar
    i) juegue al fútbol
    j) monta a caballo

Compare su conversacion en el cassette.	*Vergleichen Sie die Gespräche mit denen auf der Cassette.*

Juego y deporte · Spiel, Sport

Escuche esto · Hören Sie zu

In dieser Lektion beginnt ein neues Hörspiel. Hören Sie sich Teil 1 wieder so oft an, wie Sie mögen, und finden Sie die Antworten auf die folgenden Fragen.

Escena dos

De visita en el Museo del Prado

Sección uno

1. ¿Qué es el Museo del Prado?
   Was ist der Prado für ein Museum?

2. ¿Cómo se llama el arquitecto?
   Wie heißt der Architekt?

3. ¿Cuál es la colección de pintura más importante del Museo del Prado?
   Welche Gemäldesammlung des Pradomuseums ist die bedeutendste?

Emergencias · Notfälle

In dieser Lektion lernen Sie
- Hilfe bei einer Autopanne herbeizuholen.
- einen Termin zu vereinbaren.

Diálogos · Dialoge

Diálogo 1 Amalia Gil (AG), Enrique Gil (EG), hombre del RACE

AG:	¿Qué es este ruido?	*Was ist das für ein Geräusch?*
EG:	No lo sé.	*Ich weiß es nicht.*
AG:	Mira la temperatura del manómetro.	*Schau auf den Temperaturanzeiger.*
EG:	¡Vaya hombre! Está hirviendo.	*Verdammt! Er kocht.*
AG:	Párate.	*Halte schnell.*
EG:	Hay un teléfono allí.	*Da hinten ist ein Telefon.*
AG:	Dáte prisa.	*Beeil dich.*
EG:	¡Hola! Tengo una avería.	*Hallo! Ich habe eine Panne.*
RAC:	(Al teléfono.) ¿Qué matrícula tiene su coche?	*(Am Telefon.) Wie ist Ihre Autonummer?*
EG:	M-1633-HH.	*M-1633-HH.*
RAC:	¿Qué marca de coche?	*Was für ein Modell ist das Auto?*
EG:	Seat IBIZA SXI.	*Seat IBIZA SXI.*
RAC:	¿Qué color?	*Welche Farbe?*
EG:	Rojo.	*Rot.*
RAC:	¿Cuál es el número de teléfono del que está llamando?	*Welche Nummer hat das Telefon, von dem aus Sie anrufen?*
EG:	112.	*112.*
RAC:	¿Dónde está usted?	*Wo sind Sie?*
EG:	Aproximadamente a dos kilómetros de Barcelona.	*Ungefähr zwei Kilometer entfernt von Barcelona.*
RAC:	¿Es usted socio del RACE?	*Sind Sie Mitglied des RACE?*
EG:	Sí.	*Ja.*
RAC:	Voy a enviar a alguien inmediatamente.	*Ich schicke sofort jemanden.*
EG:	Gracias.	*Danke.*

Emergencias · Notfälle

Diálogo 2 Señora García (G), Recepcionista (R)

G:	(Telefoneando:) Hola.	*(Am Telefon:) Guten Tag.*
	¿Es el ambulatorio?	*Ist dort das Ärztezentrum?*
R:	Sí.	*Ja.*
	Buenos días.	*Guten Morgen.*
	¿Quién habla?	*Mit wem spreche ich?*
G:	Soy la señora Valentina García.	*Hier ist Valentina Garcia.*
	Y quisiera ver al Dr. Suárez.	*Ich möchte einen Termin bei Dr. Suarez.*
R:	Sí, señora García.	*Ja, Señora García.*
	¿Cuándo quiere venir?	*Wann möchten Sie kommen?*
G:	¿Está libre esta mañana?	*Ist er heute vormittag frei?*
R:	No, lo siento.	*Es tut mir leid.*
	El está ocupado esta mañana.	*Heute morgen ist er ausgebucht.*
	¿Puede usted venir esta tarde a las 18.15?	*Können Sie heute abend um 18.15 Uhr kommen?*
G:	Oh sí. Vale.	*Ja. Das geht in Ordnung.*
	Iré esta tarde a las 18.15.	*Ich komme heute abend um 18.15 Uhr.*
	Gracias.	*Danke.*
R:	Adiós señora García.	*Auf Wiederhören, Señora García.*

¿Cómo se dice? · Wie man's sagt

1. Cómo hacer una cita.

Wie Sie einen Termin vereinbaren.

Quiero	una cita con	el doctor. el Dr. Díaz. el señor Santos. la señora Gil.

¿Está	él ella	libre	a qué (+ hora)?
¿Puedo venir			qué (+ dia o fecha)?

Emergencias · Notfälle UNIDAD 22

Ejercicios · Übungen

Ejercicio 1

¿Se acuerda del diálogo 2 en el cassette? Entonces complete la parte de la señora García entre los espacios de la conversación. Está en el cassette también.

Erinnern Sie sich an Dialog 2 auf der Cassette? Dann übernehmen Sie die Rolle von Señora García im folgenden Lückengespräch. Es ist auch auf der Cassette.

Señora García: (Vergewissern Sie sich, daß Sie mit dem Ärztezentrum sprechen.)
Recepcionista: Sí.
Buenos días.
¿Quién habla?
Señora García: (Sie möchten einen Termin bei Dr. Suarez.)
Recepcionista: Sí, señora García.
¿Cuándo quiere venir?
Señora García: (Heute morgen?)
Recepcionista: No, lo siento.
El doctor está ocupado toda la mañana.
¿Puede venir esta tarde a las 18.15?
Señora García: (Sie kommen zu dieser Zeit.)
Recepcionista: Adiós, señora García.

Ejercicio 2

Escuche de nuevo el diálogo número 1. Entonces imagínese que usted tiene una avería en la auto-pista. Usted conduce un Volkswagen Santana, rojo, matrícula NEA-RX 104. Usted está llamando desde una cabina telefónica número 45, a 15 kilómetros de Tarragona, viajando para Barcelona, en la A 7. Complete el diálogo. Está grabado en el cassette.

Hören Sie sich noch einmal Dialog 1 an. Dann stellen Sie sich vor, Sie haben eine Panne auf der Autobahn. Sie fahren einen roten Volkswagen Santana, Nummer NEA-RX 104. Sie rufen von der Rufsäule Nr. 45 auf der A 7 an, 15 Kilometer entfernt von Tarragona, in Richtung Barcelona. Sie sind Mitglied des ADAC. Vervoll-ständigen Sie das Lückengespräch entsprechend. Es ist auch auf der Cassette.

Emergencias · Notfälle

Usted: .....
RACE: ¿Qué número tiene su matrícula?
Usted: .....
RACE: ¿De qué marca es su coche?
Usted: .....
RACE: ¿Qué color?
Usted: .....
RACE: ¿Cuál es el número de telefóno del que está llamando?
Usted: .....
RACE: ¿Dónde está usted?
Usted: Yo estoy a 15 kilómetros de Tarragona viajando para Barcelona en la A 7.
RACE: ¿Es usted socio del Real Automovil Club?
Usted: .....
RACE: Le enviaré alguien inmediatamente.
Usted: Gracias.

Escuche esto · Hören Sie zu

Hören Sie sich nun Teil 2 und 3 des kleinen Hörspiels **De visita en el Museo del Prado** *an.*

Escena dos

De visita en el Museo del Prado

Sección dos

1. ¿Era español El Greco?
   War El Greco Spanier?

2. ¿Qué pintó El Greco en Toledo?
   Was malte El Greco in Toledo?

3. ¿Cuándo y dónde murió El Greco?
   Wo und wann starb El Greco?

Sección tres

1. ¿Dónde nació Velázquez?
   Wo wurde Velázquez geboren?

2. ¿Dónde estaba el „Salón de Reinos"?
   Wo war der „Salon de Reinos"?

3. ¿Cuál es el otro título de „La Rendición de Breda"?
   Wie lautet der andere Titel des Gemäldes „La Rendición de Breda"?

Defectos · Fehler   UNIDAD 23

In dieser Lektion lernen Sie

- Ihr Bedauern über etwas auszudrücken.
- zu beschreiben, daß etwas nicht richtig funktioniert.
- etwas zur Reparatur zu geben.

Diálogos · Dialoge

Diálogo 1   esposa joven (Ej), marido joven (Mj)

Ej:	¿Qué pasa?	Was ist passiert?
Mj:	He roto un plato.	Ich habe einen Teller zerbrochen.
Ej:	¡Oh, mi mejor plato!	Oh, das ist mein bester Teller!
	Un regalo de tía Pilar.	Ein Geschenk von Tante Pilar.
Mj:	Lo siento mucho, querida.	Es tut mir furchtbar leid, Schatz.
Ej:	Oh, qué torpe eres.	Oh, du bist so ungeschickt.

Diálogo 2   Enrique Gil (EG), Amalia Gil (AG), dependiente (D)

EG:	¡Maldición!	Verdammt!
	Está averiado.	Er hat eine Panne.
AG:	¿Qué te pasa?	Was ist los?
EG:	Este cortacésped no funciona.	Dieser Rasenmäher, er funktioniert nicht.
AG:	Bueno, está muy viejo.	Nun, er ist sehr alt.
(Horas después.)		(Stunden später.)
EG:	Este cortacésped no funciona.	Dieser Rasenmäher, er funktioniert nicht.
D:	Sí, el cilindro está roto.	Ja, der Zylinder ist kaputt.
	Necesita uno nuevo.	Sie brauchen einen neuen.
EG:	¿Cuánto cuesta?	Was kostet das?
D:	Unas 10.000 pesetas.	Ungefähr 10.000 Pesetas.
	Quizás, unas 15.000 pesetas.	Vielleicht 15.000 Pesetas.
EG:	¿Cuánto cuesta aquella máquina nueva?	Was kostet diese neue Maschine dort drüben?
D:	Aquella cuesta 65.000 pesetas.	Die kostet 65.000 Pesetas.
EG:	Tengo que pensarlo.	Ich muß es mir überlegen.

Defectos · Fehler

Diálogo 3   Señora García (G), empleado (E)

G:	Buenas tardes.	Guten Abend.
	Le pasa algo a mi televisor.	Mit meinem Fernseher ist etwas passiert.
E:	¿Cuál es el problema?	Was ist das Problem?
G:	El color no es correcto.	Die Farben sind falsch.
E:	¿Algo más?	Sonst noch etwas?
G:	Sí, hace un ruido extraño.	Ja, er macht ein komisches Geräusch.
E:	Bien.	Ja, ich verstehe.
	Le envío a alguien inmediatamente.	Ich schicke sofort jemanden.
G:	¿Puede venir esta tarde?	Kann er heute abend kommen?
	No quiero perderme „Corrupción en Miami".	Ich möchte „Corrupción en Miami" nicht versäumen.
E:	Vamos a ver qué se puede hacer.	Ich sehe, was ich tun kann.
G:	Gracias. Adiós.	Ja, danke. Auf Wiederhören.

¿Cómo se dice? · Wie man's sagt

1. Cómo expresar su interés.
Wie Sie Ihr Bedauern ausdrücken.

Lo siento	sinceramente.
	de verdad.
	mucho.

2. Cómo se dice que algo esta roto.
Wie Sie ausdrücken, daß etwas kaputt ist.

He	roto	un plato.
		un jarrón.

El	coche cortacésped	esta estropeado.
La	fusible cilindro batería	no funciona.

Algo le pasa a mi	televisión. doche.

Ejercicios · Übungen

Ejercicio 1

Escuche el diálogo en el cassette.

Hören Sie sich den Dialog auf der Cassette an.

Dependiente: Buenos días, señor(a).
Turista: ¿Puede ayudarme, por favor?
Algo le pasa a mi secador de pelo.

Dependiente: ¿Cuál es el problema?
Turista: Hace un ruido extraño.
Dependiente: Ya.
Turista: ¿Puede arreglarlo?
Dependiente: Veremos lo que se puede hacer.
Turista: ¿Cuánto (tiempo) tardará en arreglarlo?
Dependiente: Venga mañana a la misma hora.
Turista: Gracias.

Tome las dos partes según las informaciones siguientes.

Übernehmen Sie nun beide Rollen anhand der unten gegebenen Informationen.

1. Su maquinilla de afeitar, no afeita bien.

Ihr Rasierapparat rasiert nicht richtig.

2. Su reloj se atrasa.

Ihre Armbanduhr geht nach.

3. Su máquina fotográfica no enfoca bien.

Ihre Kamera fokussiert nicht richtig.

Defectos · Fehler

Ejercicio 2

Si su coche sufre una avería, tendrá que telefonear para que le ayuden. Lea este diálogo como modelo.

Wenn Ihr Auto eine Panne hat, müssen Sie unter Umständen telefonieren, um Hilfe herbeizuholen. Lesen Sie den folgenden Modelldialog.

Oficial RACE: Real Automóvil Club. Buenos días. ¿Puedo asistirle?

Conductor: Buenos días, ¿puede ayudarme por favor?

Oficial RACE: ¿Qué le pasa?

Conductor: Tengo una avería.

Oficial RACE: ¿Dónde está usted?

Conductor: Estoy entre Tarragona y Reus.

Oficial RACE: ¿Qué tipo de coche tiene?

Conductor: Un Volkswagen Polo.

Oficial RACE: ¿Cuál es su nombre, por favor?

Conductor: Mi nombre es Herzog. HERZOG.

Oficial RACE: ¿Qué le pasa a su coche, señorita Herzog?

Conductor: El ventilador esta roto.

Oficial RACE: ¿Es usted socia del Real Automóvil Club?

Conductor: No, pero soy socia del ADAC alemán.

Oficial RACE: Permanezca en su coche y enviaremos a alguien lo más pronto posible.

La parte del Oficial del RACE está grabada en el cassette. Usted tome la parte de la turista de acuerdo con la información de abajo.

Spielen Sie jetzt die Rolle der Touristin entsprechend der unten gegebenen Informationen, und überprüfen Sie Ihre Antworten mit Hilfe der Cassette.

1. Su Mercedes 190 sufre una avería entre Bilbao y San Sebastián. Usted cree que la batería está descargada.

2. Su Audi 100 sufre una avería entre Zamora y Valladolid. El radiator está roto.

3. Su Ford Sierra sufre una avería entre Lérida y Gerona. El motor hace un ruido extraño.

Defectos · Fehler UNIDAD 23

Ejercicio 3

A veces ocurren accidentes y tiene que pedir disculpas amablemente.

Mißgeschicke passieren manchmal, und dann müssen Sie sich höflich entschuldigen.

Ejemplo:

Lo siento | sinceramente
de verdad | que haya roto una taza.
mucho |

Ahora trate de disculparse por los siguientes accidentes.

Entschuldigen Sie sich jetzt für die folgenden Mißgeschicke.

a) Sie haben eine Vase zerbrochen (un jarrón roto).
b) Sie haben Wein auf das Tischtuch geschüttet (ha manchado el mantel con vino).
c) Sie haben Ihren Haustürschlüssel verloren (ha perdido las llaves de su casa).
d) Sie haben ein Loch in den Bettüberwurf gebrannt (ha quemado un agujero en la colcha del hotel).
e) Sie haben das Badewasser überlaufen lassen (ha dejado correr el agua del baño hasta rebosar).
f) Sie sind auf die Katze getreten (ha pisado al gato).

Escuche esto · Hören Sie zu

Hören Sie sich nun Teil 1 des 3. Hörspiels an.

Escena tres

Una feliz noticia

Sección uno

1. ¿Qué quiere organizar Tomás?
   Was möchte Tomás unternehmen?

2. ¿Cómo se llama el novio de Carmela?
   Wie heißt Carmelas Freund?

3. ¿Le gusta a Tomás el novio de Carmela?
   Mag Tomás Carmelas Freund?

Enfermedades · Krankheit

In dieser Lektion lernen Sie

- zu sagen, daß Sie krank sind.
- die Symptome einer Krankheit zu beschreiben.
- nach Mitteln gegen eine Krankheit zu fragen.

Diálogos · Dialoge

Diálogo 1   Felicidad (F), farmacéutico (Far)

F:	(En la farmacia:)	(In der Apotheke:)
	Por favor.	Entschuldigen Sie.
	¿Tiene algo para un trastorno de estómago?	Haben Sie etwas gegen einen verdorbenen Magen?
Far:	¿Qué es exactamente lo que le pasa?	Was ist denn genau passiert?
F:	Tengo un poco de diarrea y un terrible dolor de cabeza.	Ich habe einen leichten Durchfall. Und ich habe schlimme Kopfschmerzen.
Far:	¿Cuándo empezó esto?	Wann begann es?
F:	Durante la noche.	Es begann während der Nacht.
Far:	Le voy a dar algo para la diarrea.	Ich gebe Ihnen etwas gegen den Durchfall.
F:	Gracias.	Danke.
Far:	Mejor que compre aspirinas para su dolor de cabeza.	Und gegen die Kopfschmerzen sollten Sie Aspirin kaufen.
F:	¿Cuántas debo tomar?	Wie viele sollte ich einnehmen?
Far:	Siga las instrucciones en el paquete.	Die Hinweise sind auf der Packungsbeilage.

Diálogo 2   Paco (P), doctor (Dr)

Dr:	Bien. Vamos a ver. ¿Qué le pasa?	Nun, was ist los?
P:	Creo que me he torcido el tobillo.	Ich glaube, ich habe meinen Knöchel verrenkt.
Dr:	Ya. ¿Tiene dolor?	Ich verstehe. Haben Sie Schmerzen?
P:	Sí, es muy doloroso.	Es ist sehr schmerzhaft, ja.

Enfermedades · Krankheit

Dr:	¿Puede describirlo?	*Wie würden Sie die Schmerzen beschreiben?*
P:	Me duele cuando ando.	*Es tut weh, wenn ich laufe.*
Dr:	Ya.	*Ich verstehe.*
	La enfermera le pondrá una venda.	*Die Krankenschwester wird einen Verband auflegen.*
P:	Gracias.	*Danke schön.*
Dr:	Tiene usted que estar en cama un par de días.	*Sie müssen ein paar Tage im Bett bleiben.*
	Y no más fútbol.	*Und keinen Fußball mehr.*
P:	No, doctor.	*Nein, Herr Doktor.*

¿Cómo se dice? · Wie man's sagt

1. En el médico.
Beim Arzt.

a) Cómo decir que está enfermo.
Wie Sie sagen, daß Sie krank sind.

¿Qué le	pasa? ocurre?		Me siento	enfermo. mareado. mal. débil.

b) Cómo describir los síntomas.
Wie Sie Symptome beschreiben.

einige Körperteile:

¿Tiene dolor?	Me duele	la cabeza.	Kopf
		el diente.	Zahn
		la espalda.	Rücken
		el pecho.	Brust
		el brazo.	Arm
		el dedo.	Finger
		el estómago.	Magen
		la pierna.	Bein
		la rodilla.	Knie
		el pie.	Fuß
		el dedo del pie.	Zeh

Enfermedades · Krankheit

| ¿Dónde le duele? | Tengo mucho dolor | en mi ...
aquí. |

einige Krankheiten:

| Tengo | dolor de cabeza.
dolor de oído.
dolor de dientes.
dolor de estómago.
un trastorno de estómago.
un resfriado.
una tos.
fiebre.
dolor de garganta.
la gripe.
diarrea. | Kopfschmerzen
Ohrenschmerzen
Zahnschmerzen
Bauchschmerzen
verdorbener Magen
Erkältung
Husten
Fieber
Halsentzündung
Grippe
Durchfall |

| ¿Cuándo empezó | el dolor de garganta?
el dolor?
esto? | Empezó | anoche.
ayer.
hace 3 días. |

¿Cuándo empezó esto?   Empezó anoche.

Das Präteritum berichtet von einem abgeschlossenen Geschehen in der Vergangenheit.

Die Vorstellung beginnt (Präsens) oft um 21.00 Uhr.
El Show a menudo empieza a las 21.00.

Gestern begann (Präteritum) sie um 22.00 Uhr.
Ayer empezó a las 22.00.

Beginnt (Präsens) die Vorstellung um 21.00 Uhr?
¿Empieza el show a las 21.00?

Begann (Präteritum) die Vorstellung gestern um 21.00 Uhr?
¿Empezo el show a las 21.00, ayer?

Enfermedades · Krankheit

> **!** ■
>
> Die regelmäßigen Verben des Präteritums lauten folgendermaßen:
>
> Verben auf **-ar**   **-er**
> z. B. **Comprar** = *kaufen*   z. B. **Comer** = *essen*
>
> | | |
> |---|---|
> | 1. **Compré** | 1. **Comí** |
> | 2. **Compraste** | 2. **Comiste** |
> | 3. **Compró** | 3. **Comió** |
> | 3. **Usted compró** | 3. **Usted comió** |
> | 4. **Compramos** | 4. **Comimos** |
> | 5. **Comprasteis** | 5. **Comisteis** |
> | 6. **Compraron** | 6. **Comieron** |
> | 6. **Ustedes compraron** | 6. **Ustedes comieron** |
>
> Verben auf **-ir**
> z. B. **Salir** = *weggehen*
>
> 1. **Salí**
> 2. **Saliste**
> 3. **Salió**
> 3. **Usted salió**
> 4. **Salimos**
> 5. **Salisteis**
> 6. **Salieron**
> 6. **Ustedes salieron**

2. En la farmacia.

In der Apotheke.

¿Tiene algo para	un dolor de garganta? un trastorno de estómago? para la gripe? para la diarrea?

Enfermedades · Krankheit

Ejercicios · Übungen

Ejercicio 1

Diga que estas partes del cuerpo le duelen. Si quiere, primero escuche la pronunciación en el cassette.

Sagen Sie, daß Ihnen die folgenden Körperteile weh tun. Wenn Sie wollen, hören Sie sich zuerst die Aussprache auf der Cassette an.

1. su cabeza
2. su pierna
3. su pie
4. su mano
5. su espalda

6. su brazo
7. su estómago
8. su oído
9. su rodilla
10. su diente

Ejemplo: Me duele la cabeza o tengo dolor de cabeza.

Ejercicio 2

Que diría usted si:

Was sagen Sie, wenn:

1. Sie Zahnschmerzen haben?
2. Sie zu viele Kirschen gegessen haben?
3. Sie am vorherigen Abend zu viel Wein getrunken haben?
4. Sie Husten haben?
5. Sie Fieber haben?
6. Ihr Ohr schmerzt?
7. Ihr Fuß gerötet ist?
8. Sie Durchfall haben?
9. Sie auf Ihr Knie gefallen sind?

Ejemplo: Me duele la muela o tengo dolor de muelas.

Ejercicio 3

Tome la parte del paciente en el siguiente diálogo. Lea la parte del doctor. Escuche el modelo en el cassette.

Spielen Sie die Rolle des Patienten im folgenden Dialog. Überlegen Sie, was der Patient sagt, und lesen Sie die Rolle des Doktors. Hören Sie sich das Mustergespräch auf der Cassette an.

Enfermedades · Krankheit

Paciente

1. Salude al doctor.
3. Diga que tiene un dolor de garganta.
5. Diga que empezó hace dos días.

Doctor

2. ¿Vamos a ver que le pasa?

4. ¿Cuándo empezó?

6. Le daré algo para su dolor de garganta.

Ahora tome las dos partes según las informaciones siguientes.

Nun übernehmen Sie beide Rollen anhand der unten gegebenen Informationen.

a) Usted ha tenido dolor de espalda desde hace tres semanas.
b) Usted ha tenido diarrea desde ayer.
c) Usted ha tenido una tos desde hace una semana.
d) Usted ha tenido fiebre desde hace dos días.

Escuche esto · Hören Sie zu

Hören Sie sich jetzt Teil 2 und 3 des 3. Hörspiels an, und beantworten Sie die folgenden Fragen.

Escena tres

Una feliz noticia

Sección dos

1. ¿Cómo va Mario a todas partes?
   Wie reist Mario normalerweise?

2. ¿Dónde hay una discoteca?
   Wo gibt es eine Diskothek?

3. ¿A qué hora quiere Carmela ver a Tomás?
   Wann will Carmela Tomás sehen?

Enfermedades · Krankheit

Sección tres

1. ¿Qué le pasa a la moto de Mario?
   Was ist mit Marios Motorrad passiert?

2. ¿Qué tipo de moto es?
   Welches Modell ist es?

3. ¿Cuánto costará un indicador de gasolina?
   Wieviel wird ein Tankanzeiger kosten?

Vacaciones · Urlaub

In dieser Lektion lernen Sie

- über (Zukunfts-)Pläne zu sprechen.

Diálogos · Dialoge

Diálogo 1   Pedro Duarte (PD), Enrique Gil (EG)

PD: ¿A dónde vas a ir de vacaciones este año?	Wo wirst du dieses Jahr deinen Urlaub verbringen?
EG: Voy a ir a Francia.	Ich fahre nach Frankreich.
PD: ¿Vas a ir a un hotel?	Wirst du in einem Hotel wohnen?
EG: No, vamos a tomar la caravana.	Nein, wir nehmen den Wohnwagen.
PD: Qué buena idea.	Das ist eine gute Idee.
¿Vais a estar en el norte o en el sur?	Werdet Ihr in Nordfrankreich bleiben oder im Süden?
EG: Sí el tiempo es bueno, vamos a estar en Bretaña.	Wenn das Wetter gut ist, bleiben wir in der Bretagne.
Pero si no, iremos a la Costa Azul.	Aber wenn nicht, fahren wir an die Côte d'Azur.
PD: Bueno, espero que lo paséis bien.	Also, alles Gute. (Viel Vergnügen.)
EG: Gracias.	Vielen Dank.
Les vacances, les vacances!	Les vacances, les vacances!
PD: Ya, sí ...	Ja, ja ...

Voy a ir a un hotel.	Ich werde in ein Hotel gehen.
¿Vas a estar en un hotel?	Wirst du in einem Hotel sein?

Diálogo 2   Ana Roca (AR), empleado de turismo (T)

T: Buenas tardes.	Guten Tag.
AR: Buenas tardes.	Guten Tag.
T: ¿Qué desea?	Was wünschen Sie?
AR: ¿Quiero ir a París.	Ich möchte nach Paris fahren.
T: Sí, señora.	Ja.
¿Por cuánto tiempo?	Für wie lange?
AR: Solamente por unos pocos días.	Oh, nur für einige Tage.
T: ¿Va usted en tren o en avión?	Fahren Sie mit dem Zug? Oder fliegen Sie?

Vacaciones · Urlaub

AR:	Bueno, si no es muy caro voy en avión.	*Also, wenn es nicht zu teuer ist, fliege ich.*
T:	Sí señora.	*Ja.*
	El viaje de ida y vuelta a París cuesta 40.000 pesetas.	*Der Flug nach Paris hin und zurück kostet 40.000 Pesetas.*
AR:	¿Y cuánto cuesta por tren?	*Was kostet es mit dem Zug?*
T:	Por tren cuesta unas 22.000 pesetas.	*Mit dem Zug kostet es ungefähr 22.000 Pesetas.*
AR:	Voy en tren, entonces.	*Dann fahre ich mit dem Zug.*
T:	Sí, señora.	*Ja.*

¿Cómo se dice? · Wie man's sagt

1. Preguntando acerca de sus planes.

Wie Sie nach (Zukunfts-)Plänen fragen.

¿Va usted		a estar	en casa en Alemania	este año?
¿Va	él	a ir	al sur a Marbella	
	ella	a jugar	al fútbol al tenis	mañana?

¿Qué va	usted él ella	a hacer?

Yo	voy		estar en casa.
Él Ella	va	a	ir a Francia. jugar al tenis.
Nosotros	vamos		visitar amigos.

2. Cómo expresar una condición.

Wie Sie eine Bedingung ausdrücken.

Si	el tiempo es bueno		voy a ir a Francia.
	no es demasiado	caluroso caro	

Vacaciones · Urlaub

Ejercicios · Übungen

Ejercicio 1

Aquí hay unos medios de transporte: *Hier sind einige Transportmittel:*

ir en avión	*mit dem Flugzeug*
en tren	*mit dem Zug*
en barco	*mit dem Schiff*
en coche	*mit dem Auto*

Usted va a visitar estos lugares. Usted va a viajar con estos medios de transporte dados abajo. *Sie werden diese Orte besuchen und die folgenden Transportmittel benutzen.*

> Ejemplo: Londres – avión
> El año proximo voy a visitar Londres.
> Voy a ir en avión.

Ahora es su turno.

1. Londres – avión
2. Islandia – barco
3. Paris – coche
4. Roma – coche
5. Viena – tren
6. Bornholm – barco
7. Copenhague – tren
8. El Cairo – avión

Ejercicio 2

Escuche el diálogo en el cassette. Ahora hable acerca de sus planes para las vacaciones. El cassette tiene una grabación con la parte A con espacios para que usted inserte la parte B. *Hören Sie sich den Dialog auf der Cassette an. Dann sprechen Sie über Ihren eigenen Urlaub. Rolle A ist auf der Cassette, für Ihre Rolle B enthält der zweite Dialog Lücken.*

Parte A

1. ¿Dónde va usted a ir de vacaciones este año?

3. ¿Cuánto tiempo va a estar?

Parte B

2. Diga adónde va a ir.

4. Diga cuánto tiempo va a estar.

Vacaciones · Urlaub

5. ¿Va a ir solo/a?

7. ¿Cómo va a viajar?

9. ¿Qué va a hacer durante sus
vacaciones?

6. Diga con quién va a ir.

8. Diga como va a viajar.

10. Diga que intenta hacer
durante sus vacaciones.

Escuche esto · Hören Sie zu

Hören Sie sich jetzt Teil 4 des 3. Hörspiels an – so oft Sie mögen – und versuchen Sie, die Informationen herauszuhören, nach denen gefragt wird.

Escena tres

Una feliz noticia

Sección cuatro

1. ¿Qué le pasa a Carmela?
   Was ist mit Carmela los?

2. ¿Dónde tiene que ir Ramón?
   Wohin muß Ramón gehen?

3. ¿Por qué tiene que ir Rosa a la gasolinera?
   Warum muß Rosa zur Tankstelle gehen?

Invitaciones · Einladungen   UNIDAD 26

In dieser Lektion lernen Sie
- eine Einladung auszusprechen.
- eine Einladung höflich auszuschlagen.

Diálogos · Dialoge

Diálogo 1   Felicidad (F), Paco (P)

F:	Digame.	*Hallo?*
P:	Hola. ¿Eres tú, Felicidad?	*Hallo, bist du es, Felicidad?*
F:	Sí.	*Ja.*
	¿Qué tal, Paco?	*Hallo, Paco.*
P:	¿Qué haces mañana por la noche?	*Was machst du morgen abend?*
F:	Mañana? …	*Morgen?*
	Vamos a ver.	*Laß mich nachdenken.*
	Nada.	*Nichts.*
P:	Hay un concierto de música fólklorica en el Calderón.	*Im „Calderón" ist ein Volksmusik-konzert.*
	¿Te gustaría ir?	*Möchest du hingehen?*
F:	Sería estupendo.	*Das wäre sehr schön.*
	Muchas gracias.	*Vielen Dank.*
P:	Nos encontraremos a las 7.30.	*Ich treffe dich um 7.30 Uhr.*
F:	Bien. ¿Dónde?	*O.K. Wo?*
P:	A la entrada del Calderón.	*Am Eingang.*
F:	Vale. A la entrada del Calderón a las 7.30.	*O.K. Am Eingang um 7.30 Uhr.*
	Me hace mucha ilusión.	*Ich freue mich darauf.*
	Adiós.	*Auf Wiederhören.*
P:	Adiós, Felicidad.	*Auf Wiederhören, Felicidad.*
	Hasta mañana.	*Bis morgen.*

Diálogo 2   Ana Roca (AR), Constanza (C)

AR:	Digame.	*Hallo.*
C:	Hola, Ana.	*Hallo, Ana.*
	¿Eres tú?	*Bist du es?*
AR:	¿Quién habla?	*Wer ist am Apparat? (Wer ist das, der spricht?)*
C:	Soy yo, Constanza.	*Ich bin's, Constanza.*

147

Invitaciones · Einladungen

AR:	Que alegría saber de ti, Constanza.	Constanza, wie schön, von dir zu hören.
	¿Dónde estás?	Wo bist du?
C:	Estoy aquí en Sevilla con Hugo.	Ich bin jetzt in Sevilla mit Hugo.
	Él está aquí de negocios.	Er ist geschäftlich hier.
AR:	Maravilloso.	Das ist fabelhaft.
	¿Qué tal estáis?	Wie geht es Euch beiden?
C:	Estamos bien.	Uns geht's gut.
AR:	Constanza, ¿qué hacéis mañana por la noche?	Constanza, was macht Ihr morgen abend?
C:	Mañana, déjame ver.	Morgen, laß mich nachdenken.
	Nada. ¿Por qué?	Nichts, warum?
AR:	Hay una representación del ‚Alcalde de Zalamea‘ de Calderón de la Barca en el teatro.	Im Theater ist eine Aufführung von ‚Alcalde de Zalamea‘ von Calderón de la Barca.
	¿Os gustaría ir?	Möchtet Ihr (mit)kommen (gehen?)
C:	Sería magnífico.	Das wäre schön.
	Muchas gracias.	Vielen Dank.
AR:	Nos encontraremos en el teatro a las 7 en punto.	Wir treffen uns um 7 Uhr am Theater.
C:	Espera un momento.	Moment mal.
	Lo siento, no podemos ir.	Wir können nicht kommen.
	Tengo que ver a unos amigos de Hugo.	Ich treffe einige Freunde von Hugo.
AR:	Qué pena. Quizás otro día.	Oh, das ist wirklich schade. Ein anderes Mal vielleicht.
C:	Sí, otro día será.	Ja, ein anderes Mal.
AR:	Adiós, entonces.	Auf Wiederhören, dann.
C:	Adiós.	Auf Wiederhören.

¿Cómo se dice? · Wie man's sagt

1. Preguntando si puede aceptar una invitación.

Wie Sie fragen, ob jemand frei ist, eine Einladung anzunehmen.

¿Qué vas a hacer		mañana?	
¿Estás	ocupado	esta noche?	Nada. (¿Por qué?)
	libre	el fin de semana?	¿Qué piensas?

2. Cómo decir lo que quiere hacer.

Wie Sie fragen, was Sie tun möchten.

Hay	un concierto una película una representación del Alcalde de Zalamea	en el teatro Eslava.

Magnífico.
Muchas gracias.

3. Cómo decir que no puede ir.

Wie Sie sagen, daß Sie verhindert sind.

Lo siento,	estoy no estoy	ocupado. libre.
	tengo	un compromiso. que ir a Bilbao.
	no puedo	ir.

Qué pena.
Quizás otro día.

Invitaciones · Einladungen

Ejercicios · Übungen

Ejercicio 1

Hay tres puntos de partida marcados con un asterisco. Siga las flechas y vea cuántas conversaciones puede hacer.

Drei Anfangspunkte sind jeweils mit Sternchen gekennzeichnet. Folgen Sie den Pfeilen, und sehen Sie, wie viele Gespräche Sie führen können.

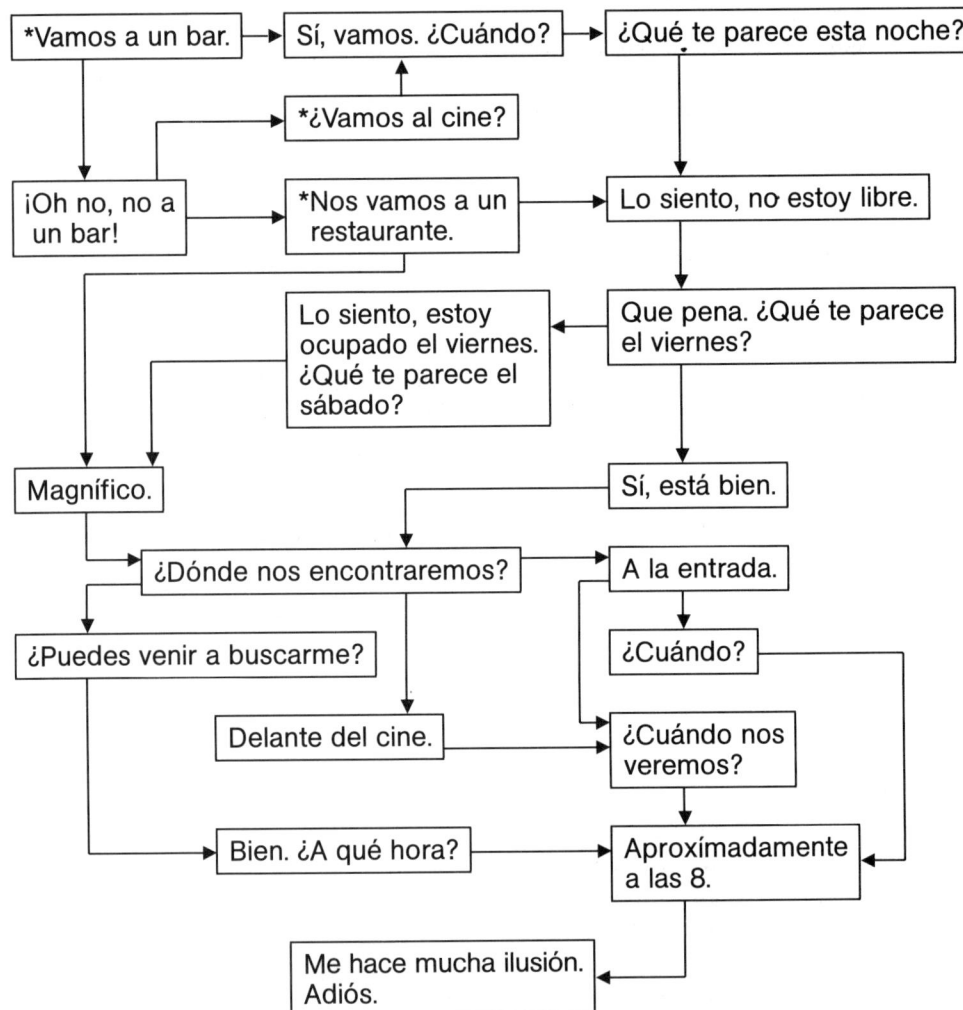

Invitaciones · Einladungen UNIDAD 26

Ejercicio 2

Su amigo/a le llama por teléfono para invitarle a salir. Lo que dice su amigo/a está grabado en el cassette. ¿Qué contesta usted?	*Ihr(e) Freund(in) ruft an, um Sie einzuladen. Was Ihr(e) Freund(in) sagt, ist auf der Cassette. Was sagen Sie?*

> Su amigo: ¿Qué haces mañana por la noche?
> Usted: .....
> Su amigo: Hay un concierto de musica fólklorica en el Calderón.
>   ¿Te gustaría ir?
> Usted: .....
> Su amigo: Nos veremos (encontraremos) a las 7.30.
> Usted: .....
> Su amigo: A la entrada del Calderón.
> Usted: .....
> Su amigo: Adiós.
> Usted: .....

Haga la conversación completa de nuevo. Esta vez sus amigos le invitan a un baile.	*Führen Sie ein ähnliches Gespräch. Dieses Mal laden Sie Ihre Freunde zum Tanzen ein.*
Haga la conversación de nuevo. Esta vez el baile es en la Sala Goya.	*Führen Sie ein ähnliches Gespräch. Dieses Mal ist der Tanzabend in der Sala Goya.*

Escuche esto · Hören Sie zu

Hören Sie sich jetzt Teil 5 und 6 des 3. Hörspiels an, und beantworten Sie die folgenden Fragen.

Escena tres

Una feliz noticia

Sección cinco

1. ¿Cómo se llama el doctor?
   Wie heißt der Doktor?
2. ¿Cuánta fiebre tiene Carmela?
   Welche Temperatur hat Carmela?
3. ¿Dónde estará Rosa trabajando todo el dia?
   Wo arbeitet Rosa den ganzen Tag?

Invitaciones · Einladungen

Sección seis

1. ¿Cuántos años tiene Mario?
   Wie alt ist Mario?

2. ¿Para cuándo es la boda?
   Wann ist die Hochzeit?

3. ¿Cuántos dormitorios tiene el piso?
   Wie viele Schlafzimmer hat die Wohnung?

Citas · Verabredungen

In dieser Lektion lernen Sie

● vorzuschlagen, etwas gemeinsam zu tun.
● Zeit und Ort für eine Verabredung zu vereinbaren.

Diálogos · Dialoge

Diálogo 1   Paco (P), José (J)

P:	Hola, José.	Hallo, José.
J:	(Quitándose el casco y secándose la frente.)	(Legt seinen Helm ab und wischt sich die Stirn.)
	Hola.	Hallo.
P:	¿Qué tal?	Wie geht's?
J:	Bah, no está mal.	Nicht schlecht.
	Menos mal que es viernes.	Es ist Freitag, Gott sei Dank.
P:	¿Estás libre mañana?	Hast du morgen frei?
J:	Sí, hasta las 8.	Ja, bis 8 Uhr.
P:	¿Qué te parece jugar al tenis?	Gehen wir Tennis spielen?
J:	¿Mañana?	Morgen?
P:	Sí.	Ja.
J:	Bien. ¿A qué hora?	O.K. Um wieviel Uhr?
P:	¿A eso de las 10.30?	Gegen 10.30 Uhr?
J:	10.30. Vale.	10.30 Uhr. In Ordnung.
P:	¿Nos encontramos en el club?	Wollen wir uns im Club treffen?
J:	Sí, está bien.	Ja, O.K.

Diálogo 2   Ana Roca (AR), Constanza (C)

AR:	Constanza, mañana hay carreras de caballos en el Hipódromo.	Constanza, morgen ist Pferderennen im Hipódromo.
	¿Vamos a ir?	Gehen wir hin?
C:	¿Tú y yo?	Du und ich?
AR:	Sí, las dos.	Ja, nur wir beide.
C:	Bien, ¿dónde quedamos?	Gut, wo treffen wir uns?
AR:	¿Quedamos en mi piso?	Wollen wir uns in meiner Wohnung treffen?
	Entonces podemos tomar el autobús.	Dann können wir mit dem Bus fahren (den Bus nehmen).
C:	Es una buena idea.	Das ist eine gute Idee.
	¿A qué hora voy?	Um wieviel Uhr soll ich kommen?

AR:	Oh, ven a eso de la una.	*Oh, komm gegen eins.*
C:	Vale.	*O.K., ein Uhr.*
	Hay una buena obra de teatro.	*Im Theater gibt es ein gutes Schauspiel.*
	¿Te gustaría ir?	*Möchtest du hingehen?*
AR:	Lo siento, pero no estoy libre.	*Ich fürchte, ich bin nicht frei.*
	Tengo que salir con Juan.	*Ich gehe mit Juan aus.*
	Me ha invitado a cenar.	*Er hat mich zum Abendessen eingeladen.*
C:	Espero que lo pases bien.	*Hoffentlich hast du einen schönen Abend.*

Diálogo 3   Señora García (G), Leonor (L)

L:	Dígame.	*Hallo!*
G:	¿Eres tú, Leonor?	*Bist du es, Leonor?*
L:	Sí, hola Valentina.	*Ja. Hallo, Valentina.*
G:	¿Cómo estás?	*Wie geht's dir?*
L:	Yo estoy muy bien, gracias.	*Danke, sehr gut.*
	¿Y tú?	*Und dir?*
G:	Yo me encuentro muy bien.	*Ich fühle mich sehr wohl.*
	Hace un día estupendo, ¿no crees?	*Es ist ein schöner Tag, nicht wahr?*
L:	Sí que lo es.	*Ja (ist es).*
G:	¿Vamos a dar un paseo por el campo?	*Wollen wir im Park spazieren-gehen?*
L:	Sí, que buena idea.	*Das ist eine gute Idee.*
	Me gustaría ir a dar un paseo.	*Ja. Ich würde gerne spazieren-gehen.*
	¿A qué hora nos encontramos?	*Um wieviel Uhr treffen wir uns?*
G:	¿Qué te parece dentro de 20 minutos?	*In 20 Minuten?*
L:	Sí, está bien.	*Ja, in Ordnung.*
	En 20 minutos.	*In 20 Minuten.*
	Gracias por invitarme.	*Danke schön für die Einladung.*
G:	De nada.	*Nichts zu danken.*
	Nos vemos pronto.	*Wir sehen uns gleich.*
L:	Sí, en 20 minutos.	*Ja, in 20 Minuten.*
G:	Hasta entonces.	*Bis dann!*
L:	Adiós.	*Auf Wiederhören.*

Citas · Verabredungen

¿Cómo se dice? · Wie man's sagt

1. Cómo hacer una cita.
Wie Sie Verabredungen treffen.

Cita = *ein Termin mit Freunden*

a) Cómo proponer hacer algo juntos.
Wie Sie vorschlagen, etwas zusammen zu tun.

Hay	carreras un concierto una obra de teatro	esta noche. mañana.

¿Vamos a ¿Te gustaría	ir?	Oh, qué buena idea. Sería estupendo. Lo siento, no estoy libre.

¿Vamos a	jugar al tenis ir a dar un paseo	esta noche?

b) Cómo proponer una hora.
Wie Sie den Zeitpunkt vorschlagen.

Te espero	en	20 minutos. media hora.	Vale. Está bien.
Nos reuniremos	a las	dos en punto. 5.30.	No, es un poco temprano/tarde.

¿Cuándo ¿A qué hora	nos encontramos?	A las 6.30.

c) Cómo proponer un lugar.
Wie Sie den Treffpunkt vorschlagen.

¿Nos encontraremos	delante del teatro? en el club? en mi/tu piso?	Sí, vale. ¿Dónde está eso?

¿Dónde nos encontramos? – En el club.

Citas · Verabredungen

Ejercicios · Übungen

Ejercicio 1

Imagine que alguien le pregunta a que hora van a encontrarse. Sugiera una hora apropiada.	*Stellen Sie sich vor, jemand fragt, wann Sie sich treffen wollen. Schlagen Sie einen angemessenen Zeitpunkt vor.*

Ejemplo: Amigo: ¿A qué hora nos encontramos?
Usted: Nos encontraremos a las 10 en punto.

Diga que se encontrará con su amigo a las horas siguientes.	*Sagen Sie, Sie wollen Ihren Freund/ Ihre Freundin zu den folgenden Zeiten treffen.*

a) 11.00   c) 12.30   e) 14.45   g) 16.00
b) 17.15   d) 19.30   f) 19.45   h) 20.00

Ejercicio 2

Imagine que alguien le pregunta donde van a encontrarse. Sugiera un lugar apropiado.	*Stellen Sie sich vor, Sie werden gefragt, wo Sie sich treffen wollen. Schlagen Sie einen entsprechenden Ort vor.*

Ejemplo: Amigo: ¿Dónde nos encontraremos?
Usted: ¿Nos encontramos en el teatro?

Diga que usted se encontrará con su amigo en los lugares siguientes.	*Sagen Sie, Sie wollen Ihren Freund/ Ihre Freundin an den folgenden Orten treffen.*

a) cine   b) estación   c) parada del autobús
d) bar   e) en la esquina del Retiro   f) en el café Sirena
                       y calle Cibeles

Citas · Verabredungen

Ejercicio 3

Este diálogo se encuentra en la cassette. Escúchelo atentamente.

Diese Unterhaltung ist auf der Cassette. Hören Sie sie sich sorgfältig an.

Pedro: ¿Qué haces mañana?
Juana: Nada, ¿por qué?
Pedro: Hay una buena película en el Amaya.
¿Te gustaría ir?
Juana: Estupendo.
¿Dónde quedamos?
Pedro: ¿Quedamos en el bar Albeniz?
Juana: No estoy segura donde está.
Pedro: Está al final de la calle Balmes en la esquina de Gracia.
Juana: Bien. ¿A qué hora quedamos?
Pedro: A las 7.30.
Juana: Hasta luego.

Haga conversaciones similares usando la información siguiente.

Nun führen Sie ähnliche Unterhaltungen unter Verwendung der folgenden Informationen.

a) Amaya – calle San Pedro/Medinaceli – 20.00.
b) Correos – Plaza Chamberi – 17.30.

Escuche esto · Hören Sie zu

Hören Sie sich nun Teil 7 und 8 des 3. Hörspiels an, und versuchen Sie wieder zunächst nur die Informationen herauszuhören, nach denen gefragt wird.

Escena tres

Una feliz noticia

Sección siete

1. ¿Que tal el trabajo de Mario?
   Wie ist Marios Arbeit?

2. ¿Dónde van Carmela y Mario de luna de miel?
   Wohin fahren Carmela und Mario auf Hochzeitsreise?

3. ¿Cómo van a ir al cámping Carmela y Mario?
   Wie kommen Carmela und Mario auf den Campingplatz?

Citas · Verabredungen

Sección ocho

1. ¿Cómo se llama el cámping?
   Wie heißt der Campingplatz?

2. ¿Cuánto tiempo estarán Carmela y Mario en el cámping?
   Wie lange werden Carmela und Mario auf dem Campingplatz bleiben?

3. ¿Dónde está el cámping?
   Wo ist der Campingplatz?

Ropa · Bekleidung

In dieser Lektion lernen Sie

• einige Wendungen zum Einkauf von Kleidungsstücken und Geschenken.

Diálogos · Dialoge

Diálogo 1   Ana Roca (AR), dependienta (D)

D:	¿Qué desea?	*Kann ich Ihnen helfen?*
AR:	Quisiera un par de guantes.	*Ja, ich suche ein Paar Handschuhe.*
D:	Sí, señora. ¿De qué número?	*Jawohl. Welche Größe?*
AR:	Del número 7.	*Ich habe Größe 7.*
D:	Aquí tiene unos del número 7.	*Hier sind einige in Größe 7.*
AR:	Oh no.	*Ach nein.*
	Yo los quiero de piel.	*Ich möchte welche in Leder.*
D:	Sí, señora.	*Jawohl.*
	Aquí tiene unos de piel del número 7.	*Hier sind einige Lederhandschuhe in Größe 7.*
AR:	¿Me los puedo probar?	*Kann ich sie anprobieren?*
D:	Naturalmente, señora.	*Natürlich, gnädige Frau.*
AR:	Creo que necesito este tipo de guante, pero un número más grande.	*Ich glaube, ich möchte solche, aber eine Nummer größer.*
D:	Sí, señora.	*Ja.*
	Aquí tiene unos del número 7 1/2.	*Hier ist Größe 7 1/2.*
AR:	Sí, éstos me gustan.	*Ja, sie sind sehr schön.*
	¿Tiene éstos en azul?	*Haben Sie diese Größe, aber in blau?*
D:	Lo siento mucho, señora, pero no los tenemos en azul.	*Es tut mir leid. Wir haben sie nicht in blau.*
AR:	Ya. Los dejo entonces.	*Ach so. Dann lasse ich es.*
	Adiós.	*Auf Wiedersehen.*
D:	Adiós, señora.	*Auf Wiedersehen.*

Diálogo 2   Enrique Gil (EG), dependienta (D)

EG:	Buenas tardes.	*Guten Tag.*
D:	Buenas tardes, señor.	*Guten Tag.*
EG:	Estoy buscando algo para mi esposa.	*Ich suche etwas für meine Frau.*

Ropa · Bekleidung

D:	¿Ha pensado en algo?	*Haben Sie an etwas Bestimmtes gedacht?*
EG:	Ella tiene ya muchas joyas.	*Sie hat schon ziemlich viel Schmuck.*
D:	¿Qué le parece un perfume?	*Wie wäre es mit einem Parfüm?*
EG:	¿Qué recomienda usted?	*Was können Sie mir empfehlen?*
D:	„Maderas de Oriente" esta muy de moda de momento.	*„Maderas de Oriente" ist im Augenblick sehr beliebt.*
EG:	¿Puedo probarlo?	*Kann ich es probieren?*
D:	Sí, claro.	*Jawohl.*
EG:	(Oliendo:) Mmm. Me gusta. ¿Cuánto es?	*(Riecht:) Mmm. Das gefällt mir. Was kostet es?*
D:	500 pesetas.	*Eine Unze 500 Pesetas.*
EG:	Entonces deme un frasco.	*Ich nehme eine Flasche.*
D:	Sí señor. Gracias.	*Jawohl. Vielen Dank.*

¿Cómo se dice? · Wie man's sagt

1. Cómo preguntar por un artículo de ropa.

Wie Sie nach Kleidungsstücken fragen.

¿Tiene usted	un vestido? un jersey? una corbata?	
	un par de	zapatos? unas medias?

2. Cómo describir lo que quiere.

Wie Sie beschreiben, was Sie möchten.

¿Qué color	está usted buscando?	Algo en	rojo. amarillo. azul oscuro. lana. piel.
¿Qué talla ¿Qué tela	necesita? quiere?		

Yo necesito	la talla	34.
Yo tomo		36.
Yo quiero		38.

Ropa · Bekleidung

3. Cómo preguntar por algo diferente.
Wie Sie nach etwas anderem fragen.

Yo creo que necesito	este tipo,	pero	una talla	más pequeña. más grande.
Tiene usted			en	azul. verde. nilón. seda.

4. Cómo se dice que necesita un consejo.
Was Sie sagen, wenn Sie Beratung wünschen.

Estoy buscando	algo	para	mi esposa. un bebé.
	un regalo		una joven. un caballero.

Otras frases para ir de compras: *Einige weitere nützliche Wendungen:*

¿Puedo probarlo?   *Kann ich es (sie/ihn) probieren?*
¿Puedo probarlo/probarlos?   *Kann ich es (sie/ihn) anprobieren?*
Lo tomo.   *Ich nehme es (sie/ihn).*
Quiere envolverlo ¿por favor?   *Würden Sie es (sie/ihn) bitte einpacken?*
¿Cuánto es?   *Was kostet es (sie/er)?*
¿Cuánto cuestan?   *Wieviel kosten sie?*
No creo que lo vaya a tomar.   *Ich glaube, ich nehme es (sie/ihn) nicht.*
Estoy mirando solamente.   *Ich lasse es (sein).*
   Ich sehe mich nur mal um.

Ropa · Bekleidung

Ejercicios · Übungen

Ejercicio 1

Imagine que usted es un hombre de negocios visitando Barcelona. Usted ha encontrado una bonita tienda en el Paseo de Gracia. La dependienta le ofrece muchas cosas y usted pregunta el precio de cada una de ellas. Sin embargo, usted piensa en un regalo para su esposa y solamente compra cosas apropiadas para ella.

Stellen Sie sich vor, Sie sind als Geschäftsmann auf Besuch in Barcelona. Sie haben eine sehr schöne Boutique in dem Paseo de Gracio gefunden. Die Verkäuferin bietet Ihnen viele Dinge an, und Sie fragen jeweils nach dem Preis. Da Sie jedoch an ein Geschenk für Ihre Frau denken, kaufen Sie nur solche Dinge, die für Ihre Frau geeignet sind.

Ejemplo: Dependienta: Aquí tiene usted una falda muy bonita.
Usted: ¿Cuánto vale?
Dependienta: 2.600 pesetas.
Usted: La tomo.

Dependienta: Esta corbata es muy bonita.
Usted: ¿Cuánto vale?
Dependienta: 1.300 pesetas.
Usted: No, gracias.
                    Lo dejo.

Ahora haga conversaciones similares.

Nun führen Sie ähnliche Gespräche.

Dependienta: 1. Aquí tiene un bonito par de calcetines. *Socken*
2. ¿Puedo sugerirle este collar? *Halskette*
3. ¿Le gusta este chaleco? *Damenweste*
4. ¿Qué le parece esta blusa de seda? *Seidenbluse*
5. ¿Y unos pendientes? *Ohrringe*
6. Aquí tiene un bonito par de gemelos. *Manschettenknöpfe*

Ejercicio 2

Estudie este modelo de conversación cuidadosamente. Está en el cassette también.

Schauen Sie sich dieses Mustergespräch sorgfältig an. Es ist auch auf der Cassette.

Ropa · Bekleidung

Dependienta: ¿Puedo ayudarle?
Cliente: Estoy buscando un jersey.
Dependienta: ¿Qué talla necesita?
Cliente: Necesito la talla 40.
Dependienta: ¿Qué material prefiere?
Cliente: Lana.
Dependienta: ¿Qué color desea?
Cliente: Azul claro.
Dependienta: Este es muy elegante.
Cliente: Sí, me gusta éste.
               ¿Cuánto cuesta?

Aquí hay diferentes tipos de ropa que usted desea comprar. Tome su parte en la conversación.	*Hier sind einige Kleidungsstücke, die Sie kaufen möchten. Übernehmen Sie Ihre Rolle in dem Lückengespräch auf der Cassette.*

1. Una falda de algodón – talla 42 – rojo.
   (No se olvide de pedir el precio.)

2. Una blusa de seda – talla 38 – color rosado.

Ejercicio 3

Imagine que usted es una clienta en una boutique. Usted esta comprando un par de pantalones. ¿Puede usted aportar su parte en la conversación? Hay una conversación en el cassette, también.	*Stellen Sie sich vor, Sie sind Kundin in einer Boutique. Sie kaufen eine Hose. Können Sie Ihre Rolle in dem Lückengespräch übernehmen? Auf der Cassette ist auch ein entsprechendes Gespräch.*

Dependienta	**Cliente**
Buenas tardes, ¿qué desea?	
	Sie suchen eine Hose.
Sí, señora. ¿Qué talla?	
	Größe 26.
¿Qué color está buscando, señora?	
	Rot oder braun
Aquí tiene un bonito par de pantalones rojos.	
	Mögen Sie nicht.

Ropa · Bekleidung

¿Qué le parece este par en
marrón?

Gefällt Ihnen – möchten Sie
anprobieren.

Naturalmente, señora.
El probador esta allí.

Zu klein – etwas größer.

Estoy mirando. No, lo siento
mucho, señora. Es la única talla
que tenemos en marrón.

Sie bedanken und verabschieden
sich.

Escuche esto · Hören Sie zu

*In dieser Lektion beginnt ein neues Hörspiel. Hören Sie sich Teil 1 so lange
an, bis Sie die folgenden Fragen beantworten können.*

Escena cuatro

Cristóbal Colón

Sección uno

1. ¿En qué zona de Barcelona hay una estatua de Cristóbal Colón?
   In welchem Teil Barcelonas ist die Statue von Christopher Columbus?

2. ¿Nació Cristóbal Colón en Barcelona?
   Wurde Christopher Columbus in Barcelona geboren?

3. ¿Cuándo se reconquistó Granada?
   Wann hat er Granada zurückerobert?

Telefoneando · Telefonieren

In dieser Lektion lernen Sie
- sich am Telefon zu melden.
- nach jemandem zu fragen.
- eine Nachricht zu hinterlassen.

Diálogos · Dialoge

Diálogo 1   Ana Roca (AR), una voz

AR:	Oiga.	Hallo.
voz:	Dígame.	Hallo.
AR:	¿Puedo hablar con el señor Paz?	Kann ich bitte Señor Paz sprechen?
voz:	¿El señor Paz?	Señor Paz?
	Creo que se ha confundido de número.	Ich glaube, Sie haben sich in der Nummer geirrt.
AR:	¿Es el 241 81 00?	Ist das nicht die 241 81 00?
voz:	No. Éste es el 241 81 02.	Nein. Das ist die 241 81 02.
AR:	Siento haberle molestado.	Es tut mir leid, Sie gestört zu haben.
voz:	Está bien.	Das macht nichts.
	Adiós.	Auf Wiederhören.
AR:	Adiós.	Auf Wiederhören.

Diálogo 2   Enrique Gil (EG), una voz

voz:	Hola, Juan Santos al habla.	Hallo, Juan Santos (spricht).
EG:	¿Está Pedro Santos, por favor?	Ist Pedro Santos da (bitte)?
voz:	Un momento, por favor.	Moment bitte.
	No, lo siento.	Nein, ich fürchte, er ist im Moment
	No está aquí en este momento.	nicht hier.
EG:	¿Puede darle un mensaje por favor?	Würden Sie ihm bitte etwas aus- richten?
voz:	Sí. Naturalmente.	Ja, natürlich.
EG:	¿Puede decirle que telefonee a Enrique Gil cuando llegue?	Würden Sie ihn bitten, Enrique Gil anzurufen, wenn er zurück- kommt?
voz:	Enrique Gil.	Enrique Gil.
	Sí. Se lo diré.	Ja, ich werde ihn bitten, das zu tun.

Telefoneando · Telefonieren

EG:	Gracias.	*Danke schön.*
voz:	De nada.	*Keine Ursache.*
EG:	Adiós.	*Auf Wiederhören.*
voz:	Adiós.	*Auf Wiederhören.*

Diálogo 3 Paco (P), Jaime (J)

J:	Dígame.	*Hallo.*
P:	Soy Paco Lopéz.	*Hier Paco Lopéz.*
	¿Puedo hablar con Mariano?	*Kann ich Mariano bitte sprechen?*
J:	¿Con quién?	*Wen?*
P:	¿Puedo hablar con Mariano Barrios?	*Kann ich bitte Mariano Barrios sprechen?*
J:	Mariano no está.	*Mariano ist nicht da.*
P:	¡Qué lata!	*Das ist wirklich ärgerlich.*
J:	Lo siento mucho, pero no puedo hacer nada.	*Es tut mir leid, aber ich kann daran nichts ändern.*
P:	¿Puede dejarle un mensaje?	*Kann ich eine Nachricht hinterlassen?*
J:	Un momento.	*Moment bitte.*
P:	¿Puede decirle que me telefonee?	*Würden Sie ihn bitten, mich anzurufen?*
J:	¿Quién habla, por favor?	*Mit wem spreche ich?*
P:	Es Paco Lopéz al habla.	*Mit Paco Lopéz.*
J:	¿Puede deletrearlo por favor?	*Können Sie das bitte buchstabieren?*
P:	P-A-C-O L-O-P-É-Z.	*P-A-C-O L-O-P-É-Z.*
J:	¿Y cuál es su número?	*Und wie ist Ihre Telefonnummer?*
P:	Mi número es el 204 27 54.	*Meine Nummer ist 204 27 54.*
J:	Bien. Le diré a Mariano que le llame por teléfono.	*O.K. Ich werde Mariano bitten, Sie anzurufen.*
P:	Muchas gracias. Adiós.	*Vielen Dank. Auf Wiederhören.*
J:	Adiós.	*Auf Wiederhören.*

Telefoneando · Telefonieren

¿Cómo se dice? · Wie man's sagt

1. Cómo decir quien es usted.

Wie Sie sagen, wer Sie sind.

Hola,	Jaime Santos	al habla.
	Maria Barrios	

2. Cómo preguntar para hablar con alguien.

Wie Sie darum bitten, mit jemandem sprechen zu können.

¿Puedo	hablar con	el Dr. Díaz	por favor?
¿Es posible		la señora Ruiz	

Un momento, por favor.
Lo siento … no está.
Puede telefonear más tarde?
No hay un señor … aquí.
Se ha equivocado de número.

3. Cómo dejar un mensaje.

Wie Sie eine Nachricht hinterlassen.

¿Puedo dejar	un recado, por favor?

Sí, naturalmente.
Un momento.

Puede usted por favor	decirle	a él	que …
	preguntarle	a Mariano	por …
		a ella	

Sí,	le diré a él/ella.
	le preguntaré a él/ella.

Telefoneando · Telefonieren

Ejercicios · Übungen

Haciendo llamadas telefónicas
En los ejercicios siguientes vamos a pedirle que haga varias llamadas telefónicas a estos números. Pruebe hacerlas, quizás con un compañero. Entonces compruebe sus respuestas en el cassette.

Telefongespräche führen
In den folgenden Übungen werden wir Sie auffordern, verschiedene Telefongespräche mit den angegebenen Nummern zu führen. Versuchen Sie sie, wenn möglich mit einem Partner, durchzuführen und überprüfen Sie dann Ihre Lösungen mit Hilfe der Cassette.

Ejercicio 1

El Corte Inglés
Plaza de Cataluña, 14
Barcelona. Tel. 93 – 302 12 12.

Rufen Sie El Corte Inglés an. Melden Sie sich. Sie möchten Maria Santos sprechen.

Ejercicio 2

Agencia ‚Mundo nuevo‘
Amistades – matrimonio
Gran Vía 86 – Edificio España
Madrid. Tel. 91 – 248 35 05

Rufen Sie Mundo nuevo an. Vergewissern Sie sich, daß Sie die richtige Nummer gewählt haben. Melden Sie sich. Sie möchten mit Señor Rafael López sprechen. Sie erfahren, daß Señor López nicht da ist. Sie möchten eine Nachricht hinterlassen.

Telefoneando · Telefonieren

Ejercicio 3

Oficina de Turismo
Torre de Madrid (Plaza de España)
Madrid. (Tel. 91 – 241 23 25)

*Sie möchten Señor Carillo anrufen. Melden Sie sich, und fragen Sie nach
ihm. Es meldet sich die Oficina de Turismo. Sie haben sich verwählt und
entschuldigen sich für die Störung.*

Ejercicio 4

Academia VOX. Español intensivo para extranjeros.
Gran Vía 59. Madrid.
Tel. 91 – 247 17 63

*Sie rufen die Academia VOX an. Vergewissern Sie sich, daß Sie die richtige
Nummer gewählt haben. Melden Sie sich. Sie möchten mit Señor Santos
sprechen. Er ist nicht da. Sie werden eine Nachricht hinterlassen.*

Ejercicio 5

Hotel Regente
Rambla de Catalunya, 76
Barcelona. Tel. 93 – 215 25 70

*Rufen Sie im Hotel Regente an. Sie möchten Señora Rodriguez sprechen.
Man teilt Ihnen mit, daß sie nicht da ist. Bitten Sie, daß sie später zurückruft.
Geben Sie Ihre eigene Telefonnummer an.*

Recibiendo llamadas telefónicas
En los siguientes ejercicios usted
recibirá llamadas telefónicas.
Concéntrese en su parte. Pero si
quiere puede tomar las dos partes
también. Compruebe sus respuestas
en el cassette.

Telefongespräche annehmen
*In den folgenden Übungen werden
Sie einige Telefonanrufe erhalten.
Konzentrieren Sie sich auf Ihre Rolle.
Wenn Sie jedoch möchten, können
Sie auch beide Rollen übernehmen.
Überprüfen Sie Ihre Antworten mit
Hilfe der Cassette.*

Telefoneando · Telefonieren

Ejercicio 6

Das Telefon klingelt. Sie melden sich. Die Anruferin möchte Señora Molina sprechen. Señora Molina ist nicht da. Sie fragen, ob die Anruferin eine Nachricht hinterlassen möchte.

Ejercicio 7

Das Telefon klingelt. Sie melden sich und fragen, wer am Apparat ist. Der Anrufer möchte mit Señorita Bernarda sprechen. Señorita Bernarda ist nicht da. Sie bitten den Anrufer, später zurückzurufen.

Ejercicio 8

Das Telefon klingelt. Die Anruferin möchte Señor López sprechen, den Sie nicht kennen. Sie vermuten, sie hat die falsche Nummer. Die Anruferin wiederholt die Nummer, die sie gewählt hat. Sie sagen Ihre Telefonnummer und teilen der Anruferin mit, daß sie sich verwählt hat.

Merke: In Spanien meldet man sich am Telefon immer mit: „¡Dígame!", und nicht mit dem Namen oder der Telefonnummer.

Escuche esto · Hören Sie zu

Hören Sie sich nun Teil 2 und 3 des 4. Hörspiels an, und beantworten Sie die folgenden Fragen.

Escena cuatro

Christobal Colón

Sección dos

1. ¿Cuántas carabelas compró Colón?
   Wie viele Karavellen hat Columbus gekauft?

2. ¿En qué carabela fue Colón?
   In welcher Karavelle fuhr Columbus?

3. ¿Cuándo salieron de España?
   Wann verließen sie Spanien?

Pérdidas · Verlust

In dieser Lektion lernen Sie

- einen Verlust oder Diebstahl zu melden.
- zu sagen, wo oder wann Sie etwas verloren haben.
- einen Gegenstand zu beschreiben.

Diálogos · Dialoge

Diálogo 1   Ana Roca (AR), empleado de la oficina de objetos perdidos (E)

AR:	¿Puede ayudarme, por favor?	*Können Sie mir bitte helfen?*
E:	Sí, señorita.	*Ja.*
AR:	He perdido mi maleta.	*Ich habe meinen Koffer verloren.*
E:	¿Cómo es?	*Wie sieht er aus?*
AR:	Es de piel.	*Er ist aus Leder.*
E:	¿De qué color?	*Welche Farbe?*
AR:	Es azul.	*Er ist blau.*
E:	¿Es nueva?	*Ist er neu?*
AR:	Sí, muy nueva.	*Ja, er ist ganz neu.*
	Y tiene una cremallera.	*Und er hat einen Reißverschluß.*
E:	¿Es ésta?	*Ist er das?*
AR:	Ay, sí.	*Oh, ja.*
	Muchas gracias.	*Vielen Dank.*

Diálogo 2   Enrique Gil (EG), camarero (C)

EG:	Oh, perdone.	*Entschuldigen Sie.*
	Me ha olvidado de mi máquina fotográfica.	*Ich habe meinen Fotoapparat vergessen.*
	¿La tiene usted?	*Haben Sie ihn?*
C:	¿Qué tipo de máquina es?	*Was für ein Apparat ist es?*
EG:	Es una Leica vieja.	*Es ist eine alte Leica.*
C:	¿Tiene un estuche?	*Hat sie eine Tasche?*
EG:	Sí, tiene un estuche de piel.	*Ja, sie hat eine Ledertasche.*
C:	¿De qué color?	*Welche Farbe?*
EG:	Marrón.	*Sie ist braun.*
C:	¿Es ésta?	*Ist sie das?*
EG:	Oh, sí.	*Oh, ja.*
	Muchas gracias.	*Vielen Dank.*

Pérdidas · Verlust

Diálogo 3   Señora García (G), incargado (I)

G:	(Muy preocupada:) Oh, incargado.	(Besorgt:) Herr Wachtmeister.
I:	Comisario, señora. Comisario Rivera.	Kommissar, gnädige Frau. Kommissar Rivera.
G:	Lo siento comisario. He perdido mi perro.	Es tut mir leid, Kommissar. Ich habe meinen Hund verloren.
I:	¿Cómo se llama su perro?	Ihren Hund? Wie heißt er?
G:	Tizón. Se llama Tizón.	Tizón. Er heißt Tizón.
I:	Muchos perros se llaman Tizón, señora. ¿Qué tipo de perro es?	Viele Hunde heißen Tizón. Was für ein Hund ist es?
G:	Es un caniche. Un caniche negro.	Es ist ein Pudel. Ein schwarzer Pudel.
I:	Tenemos muchos caniches, señora.	Wir haben mehrere Pudel hier.
G:	Pero Tizón viene cuando le llamo.	Aber Tizón kommt, wenn ich ihn rufe.
I:	La mayoría de los perros vienen cuando se les llama, señora.	Die meisten Hunde kommen, wenn man sie ruft.
G:	Pero solamente mi Tizón viene cuando yo le llamo.	Aber nur mein Tizón kommt, wenn ich ihn rufe.
I:	Bien señora.	Ist schon recht.
G:	(Llamando:) Tizón! Tizón! Allí está. Oh gracias, comisario.	(Ruft:) Tizón! Tizón! Da ist er. Oh, vielen Dank, Kommissar.

Pérdidas · Verlust

¿Cómo se dice? · Wie man's sagt

> **!** Wenn man über das Thema „Verlust oder Diebstahl" spricht, benutzt man folgende Verben. Da ein Verlust oder ein Diebstahl immer in der Vergangenheit liegt, wenn man darüber spricht, brauchen Sie die Vergangenheitsformen:
>
> | Infinitiv (infinitivo) | | Präteritum (pretérito) | Perfektum (perfecto) |
> |---|---|---|---|
> | **perder** | *verlieren* | **perdió** | **perdido** |
> | **olvidar** | *vergessen* | **olvidó** | **olvidado** |
> | **tomar** | *nehmen* | **tomó** | **tomado** |
> | **robar** | *stehlen* | **robó** | **robado** |
> | **poner** | *(hin)stellen, legen* | **puso** | **puesto** |
> | **ver** | *sehen* | **vio** | **visto** |
> | **dejar** | *(zurück)lassen* | **dejó** | **dejado** |
> | **tener** | *haben* | **tuvo** | **tenido** |
>
> Fragen:
>
> | ¿Dónde | vio su máquina fotográfica? |
> |---|---|
> | ¿Cuándo | perdió su cartera? |
>
> | Wo | haben Sie Ihren Fotoapparat gesehen? |
> |---|---|
> | Wann | haben Sie Ihr Portemonnaie verloren? |
>
> **He perdido mi máquina fotográfica.**
> *Ich habe meinen Fotoapparat verloren.*
>
> **Ayer perdí mi máquina fotográfica.**
> *Ich habe meinen Fotoapparat gestern verloren.*

Pérdidas · Verlust

1. Cómo dar cuenta de una pérdida o robo.

Wie Sie über einen Verlust oder Diebstahl berichten.

Yo he	perdido olvidado	mi nuestro/a(s)	máquina fotográfica. pasaporte. maleta. llaves. bolso. cheques de viaje.
Alguien ha	tomado robado		

2. Cómo decir donde ha perdido algo.

Wie Sie den Ort des Verlustes angeben.

¿Dónde lo	pusó? vio últimamente? perdió?

Yo	lo dejé lo vi lo tuve	en	el restaurante. el metro. el autobús.
Nosotros	lo dejamos lo vimos lo tuvimos		la playa. la mesa.

3. Cómo decir cuando ha perdido algo.

Wie Sie den Zeitpunkt des Verlustes angeben.

¿Cuándo	perdió vio	su	maleta? bolso?

Yo	lo la	vi tuve perdí	ayer.
Nosotros	lo la	vimos tuvimos perdimos	hace 10 minutos. la semana pasada.

Pérdidas · Verlust

4. Cómo describir lo que ha perdido.

Wie Sie den verlorenen Gegenstand beschreiben.

¿Puede describirlo? ¿Puede describirlos? ¿Puede describir la máquina fotográfica?	Es Son	de	piel. goma. plata. plástico.

	estado (Zustand)	color (Farbe)	talla (Größe)	tipo (Form)
Es	muy nuevo/a/s moderno/a/s	blanco/a/s	grande/s	corto/a/s largo/a/s
Son	bastanta viejo/a/s	marrón	pequeño/a/s	redondo/a/s cuadrado/a/s

Ejercicios · Übungen

Ejercicio 1

Diga que ha perdido las siguientes cosas.

Sagen Sie, daß Sie die folgenden Gegenstände verloren haben.

1. pasaporte
2. maleta
3. llaves
4. bolso
5. cheques de viaje
6. paraguas
7. encendedor
8. reloj de pulsera

Ejercicio 2

Estudie las conversaciones siguientes. Están en el cassette.

Lesen Sie die folgenden Gespräche. Sie sind auch auf Cassette.

Usted: Por favor, he perdido mi maleta.
Empleado: ¿Puede describirla?
Usted: Es nueva.
Empleado: ¿Dónde la perdió?
Usted: En el metro.
Empleado: ¿Es está su maleta?
Usted: Oh sí, esta es. Gracias.

Usted: Por favor, he perdido mis gafas.
Empleado: ¿Puede describirlas?
Usted: Son nuevas.
Empleado: ¿Dónde las perdió?
Usted: En el autobús número 14.
Empleado: ¿Son estas sus gafas?
Usted: Oh sí, lo son. Gracias.

Pérdidas · Verlust

Tome su parte en conversaciones similares, asumiendo que usted ha perdido los artículos siguientes.	*Übernehmen Sie Ihre Rolle in ähnlichen Gesprächen. Sie haben die folgenden Gegenstände verloren.*

Paraguas – nuevo – autobús número 73.
Cartera – muy nueva – servicio de señoras.
Bolso – piel – café.
Bolsa – el carnet de conducir y llaves del coche – autobús.

Ejercicio 3

OFICINA DE OBJETOS PERDIDOS			
	LUNES	**MARTES**	**MIERCOLES** **JUEVES**
Objeto encontrado:	Bolso	Bolsa	Paraguas Reloj de pulsera
Color:	Marrón	Blanca	Negro Oro
Estado:	Viejo	Nueva	Nuevo Nuevo
Contenido:	Pasaporte Gafas de sol Dinero suelto	Botella de vino Seis huevos Barra de pan Llaves de casa Cartera	
Encontrado:	Museo del Prado	Fuera de Simago	Estación de Atocha Hotel Roy

Escuche la conversación siguiente en el cassette. Mire al información arriba; decida, que es lo que ha perdido y complete la conversación.	*Hören Sie sich das folgende Gespräch auf der Cassette an. Dann schauen Sie sich die Informationstafel an, und wählen Sie einen Gegenstand, den Sie verloren haben. Nun ergänzen Sie das Gespräch entsprechend.*

Pérdidas · Verlust

Empleado: ¿Puedo ayudarle?
Usted: Sí, he perdido mi maleta.
Empleado: ¿De qué color es?
Usted: Es marrón.
Empleado: ¿Es nueva?
Usted: Sí, es completamente nueva.
Empleado: ¿Puede decirme que hay en ella?
Usted: Toda mi ropa está en ella.
Empleado: ¿Puede decirme donde la perdió?
Usted: En el museo de Bellas Artes.
Empleado: ¿Es ésta?
Usted: Oh sí, muchas gracias.

Escuche esto · Hören Sie zu

Hören Sie sich nun die letzten beiden Teile des 4. Hörspiels an, und beantworten Sie die folgenden Fragen.

Escena cuatro

Christobal Colón

Sección tres

1. ¿Cuánto tiempo navegaron?
   Wie lange segelten sie?

2. ¿Cuándo descubrió tierra Colón?
   Wann stieß Columbus auf Land?

3. ¿Cómo se llamaba el marinero que vio tierra?
   Wie hieß der Seemann, der Land sah?

Sección cuatro

1. ¿Cuándo regresó Colón a España?
   Wann kehrte Columbus nach Spanien zurück?

2. ¿Cuántos viajes hizo Colón a América?
   Wie oft reiste Columbus nach Amerika?

3. ¿Cuándo murió Colón?
   Wann starb Columbus?

Servicios · Dienstleistungen

In dieser Lektion lernen Sie
● Dinge zur Reparatur oder in die Reinigung zu geben.

Diálogos · Dialoge

Diálogo 1   Felicidad (F), dependiente (D)

F:	Buenos días.	*Guten Morgen.*
D:	Buenos días.	*Guten Morgen.*
F:	Quisiera que me reparase esta radio, por favor.	*Ich möchte dieses Radio reparieren lassen.*
D:	¿Puedo verla?	*Kann ich es sehen?*
	¿Qué le pasa?	*Was ist damit?*
F:	Hace un ruido extraño.	*Es macht ein komisches Geräusch.*
D:	¿Dónde la compró?	*Wo haben Sie es gekauft?*
F:	La compré aquí.	*Ich habe es hier gekauft.*
D:	¿Tiene la garantía?	*Haben Sie den Garantieschein?*
F:	No lo siento, no la tengo.	*Nein, ich fürchte, ich habe ihn nicht.*
D:	Haré todo lo posible, pero no le puedo prometer nada.	*Ich werde mein Bestes tun, aber ich kann nichts versprechen.*
F:	Bien.	*Ist schon gut.*
	¿Puede tenerla lista para la semana próxima?	*Können Sie es bis nächste Woche fertig haben?*
D:	No se lo puedo prometer.	*Ich kann es nicht versprechen.*
	Pero haré todo lo posible.	*Ich werde mein Bestes tun.*
F:	¿Cuánto cree que va a costar?	*Wieviel wird es kosten, glauben Sie?*
D:	No lo sé exactamente.	*Das weiß ich nicht genau.*
	Entre 500 y 600 pesetas.	*Zwischen 500 und 600 Pesetas.*
F:	¡Uy! Vale.	*Oh je. Ist gut.*

Servicios · Dienstleistungen

¿Cómo se dice? · Wie man's sagt

1. Cómo preguntar para dejar limpiar o reparar cosas.
Wie Sie Dinge in die Reinigung oder zur Reparatur geben.

Quisiera tener	mi esta	camisa máquina fotográfica	limpia/o/s.
	estos	pantalones zapatos	reparada/o/s. zurcida/o/s.
		radio	

2. Cómo describir los defectos.
Wie Sie allgemeine Mängel/Defekte beschreiben.

¿Qué le pasa	a	esto?

está roto   – *ist kaputt*
no marcha   – *geht nicht mehr*
no funciona   – *funktioniert nicht*
hace un ruido extraño – *macht ein komisches Geräusch*
tiene una mancha   – *hat einen Flecken*

3. Cómo preguntar cuándo estará listo.
Wie Sie fragen, wann es fertig sein wird.

¿Puede tenerlo listo	mañana? a las 5? la semana próxima?

Servicios · Dienstleistungen

Ejercicios · Übungen

Ejercicio 1

Estas frases parece que se han mezclado. ¿Puede usted separarlas? La traducción alemana le puede ayudar.

Diese Sätze scheinen durcheinandergeraten zu sein. Können Sie sie zuordnen? Die deutsche Übersetzung kann Ihnen dabei helfen.

Quiero tener mi piano revelado.   *(entwickeln)*
Quiero tener mi traje reparados.   *(reparieren)*
Quiero tener mis zapatos cortado.   *(schneiden)*
Quiero tener esta película planchado.   *(bügeln (Hemden))*
Quiero tener mi pelo arreglada.   *(ausbessern)*
Quiero tener esta camisa planchada.   *(bügeln)*
Quiero tener esta radio afinado.   *(stimmen)*

Ejercicio 2

Usted ha tenido un accidente vuelta a casa. Se cayó de su bicicleta. Toda su ropa está sucia y se ha roto muchas cosas. Usted tiene que tener las cosas reparadas. Usted va a varias tiendas. ¿Qué dice usted?

Auf dem Nachhauseweg hatten Sie einen Unfall und sind vom Rad gefallen. Ihre ganze Kleidung ist schmutzig, und alle Sachen sind kaputt. Sie müssen den Schaden wieder beheben. Sie gehen zu den verschiedenen Geschäften. Was sagen Sie?

1. Mi abrigo está muy sucio. Quiero que lo limpien.
2. Mi reloj está roto. Quiero que lo reparen.
3. Mi sombrero está sucio. Quiero ...
4. Mi máquina fotográfica está rota.
5. Mi camisa está sucia.
6. Mis pantalones están arrugados.

Servicios · Dienstleistungen

Ejercicio 3

Imagínese que usted es una persona muy perezosa. Su amigo Andrés es muy activo y hace las cosas él mismo. Usted en cambio quiere que se lo hagan todo.

Stellen Sie sich vor, Sie sind wirklich faul. Ihr Freund Andrés ist sehr aktiv und tut alles selbst. Sie möchten, daß alles für Sie getan wird.

Ejemplo: Andrés: Voy a lavar mi coche.
Usted: Quiero que me laven el coche.

Escuche en el cassette lo que Andrés va a hacer. Entonces usted puede ordenar que le hagan las cosas.

Hören Sie sich auf der Cassette an, was Andrés alles tun wird. Dann können Sie dieselben Dinge auf Ihre bequeme Art und Weise erledigen lassen.

Andrés: Voy a lavar el coche.
Voy a limpiar las ventanas.
Voy a lavar mi camisa.
Voy a arreglar la cocina.
Voy a hacer la cama.
Voy a planchar mis pantalones.
Voy a limpiar mis zapatos.
Voy a cepillar mi traje.
Voy a reparar el cortacésped
Voy a poner un plomo.

Escuche esto · Hören Sie zu

Hören Sie sich das 5. Hörspiel, Teil 1, an, und versuchen Sie, die Informationen herauszuhören, nach denen gefragt wird.

Escena cinco

De vacaciones

Sección uno

1. ¿Cómo se llama el presentador de „La hora punta"?
Wie heißt der Moderator von „La hora punta"?

Servicios · Dienstleistungen

2. ¿Cuántos invitados hay en el estudio?
Wie viele Gäste sind im Studio?

3. ¿Cuántos años tiene Victoria?
Wie alt ist Victoria?

1. ¿Cuántos hijos tiene Luis?
Wie viele Kinder hat Luis?

2. ¿Qué le gusta hacer a Luis en la playa?
Was tut Luis am Strand?

3. ¿Qué descuento les hacen a los empleados de la fábrica de Luis?
Wieviel Ermäßigung erhalten die Angestellten in Luis' Fabrik?

Accidentes · Unfälle

In dieser Lektion lernen Sie

- Unfälle zu melden.
- Unfallvorgänge zu beschreiben.

Diálogos · Dialoge

Diálogo 1   Policía (P), un hombre (H), una mujer (M)

P:	¿Es usted el conductor de este coche, señor?	Sind Sie der Fahrer dieses Autos?
H:	Sí.	Ja.
P:	Es usted el conductor de este coche, señora?	Sind Sie die Fahrerin dieses Autos?
M:	Sí, lo soy.	Ja, das bin ich.
P:	¿Puede decirme lo que ha pasado?	Können Sie mir sagen, was passiert ist?
M:	Estaba yo conduciendo por el Paseo de la Castellana cuando ví a un niño en el paso cebra.	Ich bin den Paseo de la Castellana entlang gefahren, als ich einen Jungen auf dem Zebrasteifen sah.
P:	¿Qué estaba haciendo él?	Was machte er?
M:	Estaba cruzando la calle, y yo frené.	Er ging über die Straße und ich bremste.
P:	¿Es eso todo, señora?	Ist das alles?
M:	Bueno, este hombre iba detrás de mí y chocó conmigo. Conducia demasiado deprisa.	Nun, dieser Mann fuhr hinter mir und ist aufgefahren. Er ist zu schnell gefahren.
H:	(Indignado:) Eso no es verdad. Yo iba bastante despacio.	(Empört:) Das stimmt nicht. Ich bin ganz langsam gefahren.

Diálogo 2   Policía (P), un hombre (H), una mujer (M)

P:	¿Puede decirme lo que ha pasado, señor?	Können Sie mir sagen, was passiert ist?
H:	Sí. Yo estaba conduciendo por el Paseo de la Castellana.	Ja. Ich bin den Paseo de la Castellana entlang gefahren.
P:	¿A qué velocidad iba usted?	Wie schnell sind Sie gefahren?
H:	Yo iba bastante despacio. A unos 45 kilómetros por hora.	Ich bin ziemlich langsam gefahren. Ungefähr 45 Kilometer (pro) Stunde.

Accidentes · Unfälle

P:	¿Iba detrás del coche de la señora?	Sie sind hinter dem Auto dieser Dame hergefahren?
H:	Sí.	Ja.
	Ella estaba delante de mí, a mi izquierda.	Sie war vor mir, links von mir.
P:	¿Iba usted muy cerca de ella?	Sind Sie nah an sie herangefahren?
H:	No, ella estaba bastante lejos de mí.	Nein, sie war ziemlich weit weg von mir.
P:	¿A qué distancia?	Wie weit?
H:	A unos 10 ó 13 metros.	Ungefähr 10 bis 13 Meter.
M:	Eso no es verdad.	Das stimmt nicht!
	Iba muy cerca de mí.	Er ist sehr dicht hinter mir hergefahren.
P:	Perdone, señora.	Entschuldigen Sie, gnädige Frau.
	Pero estoy hablando con este caballero.	Ich spreche mit diesem Herrn.
M:	Sí, naturalmente.	Ja, natürlich.
P:	¿Qué pasó entonces, señor?	Was ist dann passiert?
H:	Esta señora de repente se desvió a la derecha.	Diese Dame schwenkte plötzlich nach rechts.
	Yo frené inmediatamente, pero choqué contra ella.	Ich bremste so schnell wie möglich, aber ich fuhr auf.

¿Cómo se dice? · Wie man's sagt

1. Cómo decir donde estaba y que estaba haciendo cuando ocurrió el accidente.

Wie Sie sagen, wo Sie zum Zeitpunkt des Unfalls waren und was Sie gerade taten.

Yo Él Ella	estaba	en en	la calle Pizarro. el paso de cebra.
	iba estaba conduciendo	por ...	la acera.
Nosotros	estábamos	dando la vuelta hacia ... cruzando.	
Ellos	estaban	adelantando siguiendo	al	autobús. coche.
		conduciendo detrás	de la	bicicleta.

2. Cómo decir qué pasó (de repente).
Wie Sie berichten, was dann (plötzlich) geschah.

Un Ese	coche hombre autobús niño	(de repente)	cruzó la calle. se paró. salió de la esquina. dio la vuelta a la derecha.

Ejercicios · Übungen

Ejercicio 1

Imagine que usted tiene que contestar a las preguntas de un policía acerca de donde estaba usted cuando ocurrió el accidente. Use la información siguiente.

Stellen Sie sich vor, Sie haben die Fragen eines Polizisten zu beantworten, der wissen will, wo Sie waren, als ein Unfall geschah. Benutzen Sie die folgenden Informationen.

Ejemplo: 1) Calle Campos – acera
Yo estaba en la acera de calle Campos.
2) Calle Carrillo/Nueva
Yo estaba en la esquina de calle Carrillo y Nueva.

a) Avenida Paralelo/Urgell
b) Calle Recoletos – acera
c) Calle Montera – junto a Jardines
d) Calle Valdés – acera
e) Calle de la Iglesia/calle de Trafalgar
f) Calle Victoria – acera

Ejercicio 2

Ahora usted estaba viajando en un coche.

Dieses Mal waren Sie mit dem Auto unterwegs.

Ejemplos: 1) Calle Prim
Yo estaba conduciendo por calle Prim.
2) Calle Montera – Calle Jardines
Yo estaba doblando la esquina de calle Montera a Jardines.

Accidentes · Unfälle

a) Calle Almirante
b) Calle Ballesteros/calle Paredes
c) Calle Abades
d) Calle Sierpe
e) Calle Almadén/Calatrava
f) Calle Huertas/Lavapiés

Ejercicio 3

En el cassette usted escuchará la parte del policía en la conversación. Estudie cuidadosamente sus preguntas para que usted determine lo que va a decir; entonces usted tome su parte en la conversación en el cassette.

Auf der Cassette hören Sie, was der Polizist in diesem Gespräch sagt. Schauen Sie sich seine Fragen gründlich an, um herauszufinden, was Sie sagen möchten. Dann sprechen Sie Ihre Rolle in die Lücken der Cassette.

Policía

¿Qué pasa aquí?
¿Puede decirme dónde estaba usted cuando ocurrió el accidente?

¿A dónde iba usted?

¿Qué pasó entonces?

¿Y qué ocurrió?

¿Qué tipo de coche era?

¿Vio usted la matrícula?

Usted

Sie waren auf dem Bürgersteig.

Sie gingen zum Bahnhof.

Ein Radfahrer kam um die Ecke.

Das Auto hat den Radfahrer umgefahren.

Ein Porsche.

Leider, nein.

Accidentes · Unfälle

Escuche esto · Hören Sie zu

Hören Sie sich Teil 2 und 3 des 5. Hörspiels an, und versuchen Sie wieder, zunächst nur einige Informationen herauszuhören.

Escena cinco

De vacaciones

Sección dos

1. ¿Cuándo se va de vacaciones Beatriz?
   Wann fährt Beatriz in Urlaub?

2. ¿Cuántos hermanos tiene Beatriz?
   Wie viele Brüder und Schwestern hat Beatriz?

3. ¿Qué hace Beatriz durante las vacaciones?
   Was tut Beatriz während ihres Urlaubs?

Sección tres

1. ¿Dónde va Fernando de vacaciones?
   Wohin fährt Fernando in Urlaub?

2. ¿Qué ciudad de Estados Unidos ha visitado Fernando?
   Welche Stadt in den USA hat Fernando besucht?

3. ¿Qué idiomas habla Fernando?
   Welche Sprachen spricht Fernando?

Vacaciones · Urlaub

In dieser Lektion lernen Sie

● über Geschehnisse in der Vergangenheit zu berichten.

Diálogos · Dialoge

Diálogo 1   Señora García (VG), Leonor (L)

VG: Mi querida Leonor. ¿Tuviste unas buenas vacaciones?	*Leonor, mein Lieber. Hast du einen schönen Urlaub gehabt?*
L: No muy buenas.	*Nicht sehr gut.*
VG: Oh, ¿por qué no?	*Oh, warum nicht?*
L: El tiempo fue terrible.	*Das Wetter war furchtbar!*
VG: Oh, lo siento.	*Oh, das tut mir aber leid.*
L: La habitación del hotel era muy ruidosa.	*Das Hotelzimmer war schrecklich laut.*
VG: ¡Qué pena!	*Ach, wie schade.*
L: Y tuve que tener una habitación doble en vez de una individual.	*Und ich hatte ein Doppelzimmer, kein Einzelzimmer.*
VG: ¡Ay!	*Oh je, oh je.*
L: Y era muy cara también.	*Und der Preis war wirklich zu hoch.*
VG: ¡Oh, Dios mío!	*Oh je, oh je.*
L: Y el ascensor no funcionaba y las escaleras eran muy empinadas.	*Und der Lift funktionierte nicht, und die Treppe war so steil.*
VG: Oh, ¡cuánto lo siento!	*Oh, das tut mir aber leid.*
L: Y los otros huéspedes no eran muy simpáticos.	*Und die anderen Gäste waren nicht sehr freundlich.*
VG: ¡Qué mala suerte! Vamos a tomar un café y te sentirás mejor.	*Oh je, wie schade. Nun trink eine schöne Tasse Kaffee, und dann wirst du dich wohler fühlen.*
L: Gracias.	*Vielen Dank.*

Diálogo 2   Paco (P), Felicidad (F)

P: ¿Has tenido unas buenas vacaciones, Felicidad?	*Hattest du einen schönen Urlaub, Felicidad?*
F: Sí, magníficas.	*Ja, er war großartig.*
P: ¿El hotel era bueno?	*War das Hotel gut?*

Vacaciones · Urlaub   UNIDAD 33

F:	Sí, teniamos una habitación esplendida con un balcón.	*Ja, wir hatten ein Super-Zimmer mit Balkon.*
P:	¿Teníais una buena vista?	*Hattest du eine gute Aussicht?*
F:	Sí, teníamos vista al mar.	*Ja, wir hatten Blick auf das Meer.*
P:	Felicidad, ¡tú estás estupenda y tan morena!	*Felicidad, du siehst wunderbar aus. Und so braun.*
	¿Qué tal el tiempo?	*War das Wetter gut?*
F:	Tuvimos un tiempo muy bueno.	*Wir hatten sehr gutes Wetter.*
P:	¿Hacía mucho calor?	*War es warm?*
F:	Sí, mucho.	*Ja, sehr.*
	Al mediodia hacía demasiado calor.	*Mittags war es manchmal zu heiß.*
P:	¿Qué tal la comida?	*Und das Essen?*
F:	La comida era excelente y muy barata.	*Das Essen war ausgezeichnet und sehr billig.*

¿Cómo se dice? · Wie man's sagt

Cómo explicar las vacaciones del año pasado.
Wie Sie von Ihrem letzten Urlaub berichten.

1. Cómo decir a donde fue.
Wie Sie sagen, wo Sie waren.

Yo fui	a	la Costa del Sol. los Alpes. la Costa Brava.
Nosotros fuimos		Italia. Francia.

2. Cómo describir su alojamiento.
Wie Sie Ihre Unterkunft beschreiben.

Yo estuve	en un	(buen) hotel. campamento. apartamento.
Nosotros estuvimos	a	media pensión.

189

Vacaciones · Urlaub

Yo	tuve	pensión completa.
		media pensión.
Nosotros	tuvimos	una buena vista.
		un balcón.

3. Cómo describir el tiempo.

Wie Sie das Wetter beschreiben.

Yo	nunca	tuve	chaparrones.
	casi nunca		lluvia.
			viento.
Nosotros	a veces	tuvimos	tormenta.
	a menudo		niebla.
			nieve.

Nunca		sol.
Casi nunca	hizo	frío.
A veces		calor.
A menudo		

4. Cómo resumirlo.

Wie Sie ein Gesamturteil abgeben.

La	comida	fue	muy barato/a.
	habitación		muy caro/a.
	hotel		excelente.
El			(bastante) bueno/a.
			malo/a.
			terrible.

Vacaciones · Urlaub

Ejercicios · Übungen

Ejercicio 1

Imagínese que usted fue a los países siguientes.

Stellen Sie sich vor, Sie waren in den folgenden Ländern.

Ejemplo: Italia.
            Yo fui a Italia.

a) Italia
b) Grecia
c) España
d) Gales

e) Francia
f) Dinamarca
g) Los Pirineos
h) Yugoeslavia

Ejercicio 2

¿Y el tiempo? No cambió nada.

Berichten Sie, wie das Wetter war und ob es sich änderte.

Ejemplo: Es war jeden Tag stürmisch.
            Tuvimos tormenta cada día.

a) Die Sonne hat jeden Tag geschienen.
b) Es hat jeden Tag geregnet.
c) Es war jeden Tag windig.
d) Es war jeden Tag neblig.
e) Es hat jeden Tag geschneit.

Ejercicio 3

Escuche la conversación en el cassette.
¿Puede usted hacer las preguntas de Paco?

Hören Sie sich das Gespräch auf der Cassette an. Können Sie Pacos Fragen übernehmen?

Paco: ¿Has tenido unas buenas vacaciones, Felicidad?
Felicidad: Sí, magníficas.
Paco: .....
Felicidad: Sí, tuvimos una habitación espléndida con un balcón.
Paco: .....
Felicidad: Sí, teníamos una vista al mar.

Vacaciones · Urlaub

Paco: .....
Felicidad: Gracias.
           Tuvimos un tiempo muy bueno.
Paco: .....
Felicidad: La comida era excelente y muy barata.

Ejercicio 4

En el cassette usted escuchará varias preguntas acerca de sus vacaciones el verano pasado. Asumiendo que usted es una de las personas indicadas abajo, dé sus respuestas a las preguntas que le van hacer.

Auf der Cassette werden Sie verschiedene Fragen über Ihren letzten Urlaub im Sommer hören. Übernehmen Sie die Rolle einer der unten aufgeführten Personen, und antworten Sie entsprechend.

1. ¿Dónde fue de vacaciones el año pasado?
2. ¿Dónde estuvo?
3. ¿Qué tal el tiempo?
4. ¿Cómo era la comida?

a) El señor Vila:
   Italien – Campingplatz – heiß – ausgezeichnet.

b) La señora Salazar:
   Schottland – Hotel – Schauer – ziemlich gut.

c) El señor y la señora Pérez:
   Griechenland – Selbstversorger – Appartement – Sonne – billig.

Vacaciones · Urlaub UNIDAD 33

Escuche esto · Hören Sie zu

Hören Sie sich zum Abschluß Hörspiel 6 an, und beantworten Sie die folgenden Fragen.

Escena seis

Don Quijote de la Mancha

1. ¿Que opina Pedro del libro „Don Quijote de la Mancha"?
   Welche Meinung hat Pedro über das Buch
   „Don Quijote de la Mancha"?

2. ¿Que piensa Pedro de Sancho Panza?
   Wie denkt Pedro über Sancho Panza?

3. ¿Y que e parece Dulcinea?
   Und was hält er von Dulcinea?

Desayunando · Frühstücken

In dieser Lektion lernen Sie
● einige Besonderheiten des spanischen Frühstücks kennen.
● wie man verneint.

Diálogo · Dialog

Diálogo   Julia (J), Miguel (M), camarero (C)

C:	¿Qué desean los señores?	*Sie wünschen?*
J:	Yo quiero desayunar un chocolate con churros.	*Ich hätte gerne eine heiße Schokolade mit «Churros» zum Frühstück.*
M:	Para mí, un café con leche y una tostada con mantequilla y mermelada.	*Für mich einen Milch-Kaffee und einen Toast mit Butter und Marmelade.*
C:	Ahora mismo.	*Sofort.*
M:	Creía que no tenías hambre.	*Ich dachte, du hättest keinen Hunger.*
J:	No tengo mucha hambre, pero es que hace mucho tiempo que no como churros.	*Ich habe nicht viel Hunger, aber seit langem habe ich schon keine «Churros» mehr gegessen.*
C:	Lo siento señora, pero no me quedan churros. ¿Quiere alguna otra cosa, una tostada, unas magdalenas?	*Es tut mir leid, aber es sind keine «Churros» mehr da. Möchten Sie irgendwas anderes, einen Toast, einige «Magdalenas»?*
J:	No gracias, no quiero tomar nada. Tampoco quiero ya el chocolate. Tráigame un café cortado, ... y sin azúcar, con sacarina. No tomo nunca churros porque tienen mucha grasa, y precisamente ahora que tengo ganas ... ya no quedan churros.	*Nein danke, ich möchte nichts. Die heiße Schokolade möchte ich auch nicht. Bringen Sie mir einen Kaffee «cortado», ...und ohne Zucker, mit Süßstoff ... ich esse eigentlich nie «Churros», weil sie sehr fettig sind, und gerade jetzt, wo ich Lust darauf habe ..., sind keine mehr da.*
M:	Bueno mujer, no es tan grave.	*Na ja, ist nicht so schlimm.*

> **!** Ein spanisches Frühstück unterscheidet sich von einem deutschen: Statt Brötchen mit Marmelade, Käse oder Aufschnitt und evtl. einem gekochten Ei essen die Spanier nur sehr wenig zum Frühstück. Man trinkt Espresso mit viel Milch (Milch-Kaffee, mit warmer Milch), und man ißt Toast mit Butter und Marmelade, „Magdalenas" (kleine Biscuit-Törtchen), oder etwas Süßes, ... auf alle Fälle aber sehr wenig. In einer Cafeteria bestellt man den Kaffee **solo** *(schwarz)*, **cortado** *(schwarz mit sehr wenig Milch)* oder **con leche** *(gleiche Menge Kaffee wie Milch)*.
> *churros = fritierter Spritzteig.*

Desayunando · Frühstücken

Die Verneinung steht im Spanischen immer vor dem Verb. Weil jedoch Negationen wie **nichts, niemand, nie,** usw. meist nach dem Verb stehen, wird „**no**" vor dem Verb eingefügt.
Nadie sabe eso, oder, no sabe nadie eso. Das heißt, doppelte Verneinung ist nicht Bejahung! Für „**kein**" steht meistens nur das Wort „**no**" (NO: NICHT, KEIN).

nada: nichts
nadie: niemand
tampoco: auch nicht

ninguno: kein (aber ningún churro)
nunca: nie
ni siquiera: nicht einmal

Ejercicios · Übungen

Ejercicio 1

Conteste negativamente.

Beantworten Sie die folgenden Fragen mit no.

Ejemplo: ¿Tomas una cerveza? (vino). No, no tomo una cerveza, tomo vino.

1. ¿Tiene usted hambre? (sed)
2. ¿Tomas un café solo? (cortado)
3. ¿Aprende Pedro español? (chino)
4. ¿Desea usted tomar algo? (nada)
5. ¿Desayunas siempre en la cafetería? (a veces)

Ejercicio 2

Conteste a las siguientes preguntas.

Beantworten Sie die folgenden Fragen.

1. ¿Hay alguien en casa? (nadie)
2. ¿A quién le gustan los churros? (nadie)
3. Ana no tiene tiempo para ir al cine. ¿Y tú? (tampoco)
4. Yo no tengo las llaves del coche, ¿y tú? (tampoco)
5. ¿Qué habéis hecho el domingo? (nada)
6. ¿Desea usted alguna cosa más? (nada)
7. ¿Han estado alguna vez en Alemania? (nunca)
8. ¿Trabaja usted también los sábados? (nunca)
9. ¿Te ha prestado las 5000 pesetas? (ni siquiera 500)
10. ¿Ha terminado usted el trabajo? (ni siquiera para empezarlo)

(Hier sind mehrere Antworten möglich)

De camino · Unterwegs

In dieser Lektion lernen Sie
● das Plusquamperfekt, die vorzeitige Vergangenheitsform zu benutzen.

Diálogo · Dialog

Diálogo Miguel (M), empleada (E), Andrés (A) y Julia (J)

M: Un billete de ida y vuelta para Barcelona, por favor.	Eine Rückfahrkarte nach Barcelona, bitte.
E: Son 750 pts.	Das macht 750 Pesetas.
M: Quinientas, seiscientas, setecientas y setecientas cincuenta pesetas.	Fünfhundert, sechshundert, siebenhundert und siebenhundertfünfzig.
E: Aquí tiene su billete.	Hier, Ihr Fahrschein.
M: Gracias.	Danke.
(Ya en el tren.)	(Im Zug.)
M: Uf, casi no llego.	Puh, gerade noch geschafft.
A: Sí, es verdad, pero espero que tu esfuerzo no haya sido en vano.	Ja, stimmt, aber ich hoffe, deine Mühe war nicht umsonst.
M: ¿Por qué dices eso?	Wieso?
A: Ayer llegué al trabajo con dos horas de retraso. ¿Seguro que no has oido las noticias?	Gestern kam ich zwei Stunden zu spät zur Arbeit. Du hast bestimmt die Nachrichten nicht gehört?
M: No. Ayer tuve el día libre y decidimos ir a visitar a mis suegros, porque hacía mucho tiempo que no los habíamos visto. Regresamos a casa bastante tarde.	Nein. Ich hatte gestern einen freien Tag, und wir haben beschlossen, meine Schwiegereltern zu besuchen, weil wir sie schon sehr lange nicht mehr gesehen hatten. Wir waren erst sehr spät zurück.
J: ¿Así es que no sabes nada de las bombas que explotaron ayer en Barcelona?	Also hast du nichts von den Bomben gehört, die gestern in Barcelona explodiert sind?
M: Me he acostumbrado tanto a esas amenazas de bomba que seguramente no le he prestado atención.	Ich habe mich so an diese Bombendrohungen gewöhnt, daß ich wahrscheinlich nicht darauf geachtet habe.
J: Esta vez tuvieron que cerrar todas las estaciones.	Dieses Mal mußten sie alle Hauptbahnstationen schließen.
M: Pero, ¿por qué?	Aber wieso?

De camino · Unterwegs

J: Bueno, primero había explotado una bomba en la estación central y como uno de ETA había anunciado por teléfono que había otra preparada, pues entonces decidieron cerrar las otras estaciones.

Also, zuerst explodierte eine Bombe im Zentralbahnhof, und weil ein Anrufer der ETA telefonisch angekündigt hatte, es wäre noch eine weitere geplant, entschlossen sie sich, auch andere Bahnhöfe zu schließen.

A: Tan pronto como adivinaron que la persona que había llamado había utilizado un código de ETA, desalojaron todas las estaciones.

Ja, und sobald sie herausgefunden hatten, daß der Anrufer einen echten ETA-Kode benutzt hatte, wurden die anderen Stationen evakuiert.

J: Y como consecuencia todos nosotros llegamos ayer demasiado tarde al trabajo.

Und die Folge davon war, daß wir gestern alle zu spät zur Arbeit kamen.

M: ¿De verdad? Pues esperemos que hoy no ocurra lo mismo.

Wirklich? Na, dann wollen wir mal hoffen, daß es heute keine Probleme gibt.

! Wenn man über Ereignisse berichtet, die vor der Vergangenheit liegen, von der man spricht, verwendet man dafür das PLUSCUAMPERFECTO. Es wird aus der Vergangenheit von haber, und zwar aus dem Imperfecto, und dem Partizip Perfekt des dazugehörigen Verbs gebildet (yo había comido, *ich hatte gegessen*).

(yo)	**había**	tomado,	comido,	partido
(tú)	**habías**	tomado,	comido,	partido
(él)	**había**	tomado,	comido,	partido
(ella)	**había**	tomado,	comido,	partido
(usted)	**había**	tomado,	comido,	partido
(nosotros)	**habíamos**	tomado,	comido,	partido
(vosotros)	**habíais**	tomado,	comido,	partido
(ellos)	**habían**	tomado,	comido,	partido
(ellas)	**habían**	tomado,	comido,	partido
(ustedes)	**habían**	tomado,	comido,	partido

De camino · Unterwegs

Ejercicios · Übungen

Ejercicio 1

Relacione las siguientes oraciones según el ejemplo.

Fügen Sie die folgenden Sätze dem Beispiel entsprechend zusammen.

Ejemplo: Llegamos al cine. La película ya había empezado.
Quando llegamos al cine la película ya había empezado.

1. Fuimos a casa de Andrés. Ya había salido.
2. Vi a Julia por la tarde. Ya se había cortado el pelo.
3. Conocí a Miguel. Ya se había comprado un coche.
4. Llegamos a la estación. El tren ya había salido.
5. Llamé a Isabel. Ya se había levantado.
6. Se encontró a Andrés. Ya había subido al tren.
7. Fuimos al restaurante. Ya había cerrado.
8. Llamó por teléfono. Ya había estallado la bomba.

Ejercicio 2

Relacione las siguientes oraciones según el ejemplo.

Fügen Sie die folgenden Sätze dem Beispiel entsprechend zusammen.

Ejemplo: Cuando llega ya hemos comido.
Cuando llegó, ya habíamos comido.

1. Cuando llama ya nos hemos ido.
2. Cuando llega a la estación ya ha salido el tren.
3. Cuando compra el billete ya ha mirado el horario de trenes.
4. Cuando se encuentra con Julia ya ha subido al tren.
5. Cuando habla con Julia ya ha hablado con Andrés.
6. Cuando llegan ya han estallado las bombas.
7. Cuando estalla la bomba la policía ya ha desalojado la estación.
8. Cuando llegan al trabajo los compañeros ya han empezado.

Teatro · Theater

In dieser Lektion lernen Sie

- Zeitangaben zu machen.
- Theaterkarten zu bestellen.

Diálogo · Dialog

Diálogo   Miguel (M), Laura (L), taquillera (T)

L:	Oiga, ¿es el teatro Liceo?	*Hallo, Theater Liceo?*
T:	Sí, dígame.	*Ja, bitte.*
L:	Mire, quería saber sí representan hoy la obra de Garcia Lorca. Sabe usted, esa obra sobre la que hicieron luego una película.	*Ich wüßte gerne, ob das Stück von Garcia Lorca heute gespielt wird. Wissen Sie, das, was später verfilmt worden ist?*
T:	¿„Bodas de Sangre"?	*„Bodas de Sangre"?*
L:	Sí, exacto, creo que es esa. Se trata de un matrimonio gitano y la película la dirigió Carlos Saura.	*Ja, ich glaube, das ist es. Es handelt von zwei Zigeunern, einem Ehepaar, und der Film war von Carlos Saura.*
T:	Sí, es „Bodas de Sangre". La obra se estrena hoy y se representa hasta el 21 de abril.	*Ja, das ist „Bodas de Sangre". Das wird heute gespielt und dann noch bis zum 21. April.*
L:	¿Cuánto cuestan las entradas?	*Und was kosten die Karten?*
T:	Hay entradas de 800 a 1000 ptas. en los palcos y de 1500 a 2000 en el patio de butacas.	*Karten gibt es von 800 bis 1000 Pesetas in den Seitenrängen und von 1500 bis 2000 im Parkett.*
L:	No, en realidad lo que yo quería saber era si todavía quedan entradas para hoy.	*Nein, eigentlich hätte ich gerne gewußt, ob für heute abend noch Karten zu bekommen sind.*
T:	Sí, todavía hay entradas, pero desgraciadamente sólo de las más caras.	*Ja, es gibt noch Karten, aber leider nur noch in der höchsten Preisklasse.*
L:	De acuerdo. Entonces me gustaría reservar dos entradas para la función de esta noche.	*O.K. Dann würde ich gerne zwei Karten reservieren.*
T:	Muy bien. ¿Me dice su nombre, por favor?	*Ja, sicher. Wenn Sie mir bitte noch Ihren Namen sagen würden?*
L:	Laura Sánchez. S-A-N-C-H-E-Z.	*Laura Sánchez. S-A-N-C-H-E-Z.*
T:	De acuerdo, señora Sánchez. Ne se olvide de venir a recoger las entradas, como muy tarde media hora antes del comienzo de la función.	*In Ordnung, Señora Sánchez, könnten Sie die Karten hier bis spätestens eine halbe Stunde vor Vorstellungsbeginn abholen?*

L:	Es decir, ¿hasta las 9:30?	*Das heißt, also bis 9.30 Uhr?*
T:	Exacto.	*Ja, genau.*
L:	Bien, muchas gracias. Adiós.	*Gut, vielen Dank.*
T:	Adiós.	*Wiedersehen.*
M:	¡Hola!	*Hallo!*
L:	¡Hola!, ¿Qué tal el trabajo?	*Hallo! Wie war die Arbeit?*
M:	Lo de siempre. ¿Te has acordado de llamar al teatro?	*Das Übliche. Hast du daran gedacht, im Theater anzurufen?*
L:	Sí, claro. Esta noche vamos a ir al Liceo a ver „Bodas de Sangre", de García Lorca.	*Ja, wir gehen heute abend in das Stück von García Lorca, es heißt „Bodas de Sangre".*
M:	Estupendo, ¿y a qué hora empieza?	*Sehr gut, wann fängt es denn an?*
L:	Empieza a las 10.	*Es beginnt um 10.00 Uhr.*
M:	Entonces salimos de casa sobre las 9:15, creo yo.	*Dann fahren wir gegen 9.15 Uhr los, denke ich?*
L:	No, tenemos que salir a las 8:45 porque tenemos que recoger las entradas en taquilla antes de las 9:30.	*Nein, wir sollten um 8.45 Uhr fahren, weil wir zuerst die Karten abholen müssen, vor 9.30 Uhr.*
M:	Entonces es mejor salir un poco antes.	*Dann sollten wir sogar noch früher fahren.*
L:	Vale, de acuerdo.	*In Ordnung.*
M:	¿Te parece que nos tenemos que poner ropa un poco más elegante?	*Meinst du, wir sollten uns schick anziehen?*
L:	En fin ...	*Na ja ...*
M:	Después podemos ir a tomar unas copas, si tienes ganas ...	*Wir könnten nachher in eine Kneipe gehen, wenn du Lust hast?*
L:	Me parece una buena idea.	*Das scheint mir eine gute Idee zu sein.*

!

La hora = *Die Uhrzeit*

¿Qué hora es?		**Wie spät ist es?**
Es la una		*Es ist ein Uhr.*
Es la una y	cinco,	*Es ist fünf nach eins.*
	diez.	*zehn*
	cuarto.	*Viertel*
	media!!!	*Es ist halb zwei!!!*
Son las dos menos	veinte.	*Es ist zwanzig vor zwei.*
	cuarto.	*Viertel*
	diez.	*zehn*
	cinco.	*fünf*
Son las dos en punto.		*Es ist genau zwei Uhr.*
¿A qué hora comienza?		*Um wieviel Uhr fängt es an?*
Empieza a las diez.		*Es fängt um zehn Uhr an.*

Teatro · Theater

Ejercicios · Übungen

Ejercicio 1

Conteste a las siguientes preguntas.	*Beantworten Sie die folgenden Fragen.*

Ejemplo: ¿Qué hora es? Son las 15.45.

1. ¿Qué hora es? 17.00
2. ¿Qué hora es? 16.05
3. ¿Qué hora es? 9.15

4. ¿Qué hora es? 13.20
5. ¿Qué hora es? 12.35
6. ¿Qué hora es? 23.45

Ejercicio 2

Construya oraciones según el ejemplo.	*Bilden Sie Sätze nach dem gegebenen Beispiel.*

Ejemplo: 1500 pesetas, 7.30.
        Las entradas cuestan 1500 pesetas y la función comienza a las 7.30.

1. 800 pesetas, 10.00
2. 1000 pesetas, 8.15
3. 2000 pesetas, 9.45

4. 375 pesetas, 10.30
5. 5000 pesetas, 9.30

Ejercicio 3

Hable con la taquillera utilizando los datos que aparecen entre paréntesis.	*Sprechen Sie mit der Frau an der Kasse, indem Sie die in Klammern gegebene Information benutzen.*

Ejemplo:

T: Teatro Calderón, dígame.
X: ¿Quería reservar dos entradas para «La vida es sueño», para la función de esta noche?
T: ¿De qué precio quiere las entradas?
X: ¿Cuánto cuestan las entradas de butaca?
T: 2000 pesetas.
X: Vale, ¿me reserva dos entradas para esta noche?
T: Está bien. ¿Me puede decir su nombre?
X: García. G-A-R-C-I-A

1.   («Fuente Ovejuna», butaca, Reynoso)
T: Teatro Calderón, dígame.
X: ...
T: ¿De qué precio quiere las entradas?
X: ...
T: 2000 pesetas.
X: ...
T: Está bien. ¿Me puede decir su nombre?
X: ...

Teatro · Theater

2. («Peribáñez», palco, Suarez)
T: Teatro Calderón, dígame.
X: …
T: ¿De qué precio quiere las entradas?
X: …
T: 1500 pesetas.
X: …
T: Está bien. ¿Me puede decir su nombre?
X: …

3. («El mejor alcalde, el Rey», palco, López)
T: Teatro Calderón, dígame.
X: …
T: ¿De qué precio quiere las entradas?
X: …
T: 1500 pesetas.
X: …
T: Está bien. ¿Me puede decir su nombre?
X: …

4. («El caballero de Olmedo», butaca, Ramos)
T: Teatro Calderón, dígame.
X: …
T: ¿De qué precio quiere las entradas?
X: …
T: 2000 pesetas.
X: …
T: Está bien. ¿Me puede decir su nombre?
X: …

5. («La dama boba», palco, Rodriguez)
T: Teatro Calderón, dígame.
X: …
T: ¿De qué precio quiere las entradas?
X: …
T: 1500 pesetas.
X: …
T: Está bien. ¿Me puede decir su nombre?
X: …

La opinión · Die Meinung

In dieser Lektion lernen Sie
● weitere Möglichkeiten zur Meinungsäußerung kennen.
● Ihre eigenen Ansichten auszudrücken.

Diálogo · Dialog

Diálogo   Juan (J), Cristina (C)

J:	¿Has leido el artículo sobre el proyecto de un viaje tripulado a Marte?	Hast du den Artikel über die Pläne für einen bemannten Flug zum Mars gelesen?
C:	Sí, lo he leido esta mañana.	Ja, den habe ich heute morgen gelesen.
J:	¿Qué te parece?	Was hältst du davon?
C:	Si quieres saber mi opinión creo que deberían dedicar más dinero a la investigación espacial. En el artículo dicen, no sé dónde, que en los últimos años han reducido los medios a la mitad. A mí me parece que no muestran gran interés por los viajes espaciales.	Wenn du mich fragst, sollten sie mehr Geld für die Weltraumforschung ausgeben. Es hieß irgendwo in dem Artikel, daß die Mittel im letzten Jahr um die Hälfte reduziert wurden. Ich glaube, sie zeigen nicht genug Interesse an der Raumfahrt.
J:	Sí, es verdad.	Ja, das stimmt.
C:	Y con la Comunidad Europea sucede lo mismo. En mi opinión tampoco han mostrado interés desde hace bastantes años.	Und mit der Europäischen Gemeinschaft ist es das gleiche. Meiner Meinung nach haben sie daran auch seit etlichen Jahren kein Interesse gezeigt.
J:	Pienso que desde que somos miembros de la Comunidad Europea existe una mayor preocupación por estos temas, y sobre todo por una colaboración con los demás países miembros de la Comunidad Europea!	Ich denke, daß es, seitdem wir Mitglied in der EG sind, größeres Interesse an diesen Themen gibt, insbesondere wegen einer Zusammenarbeit mit den anderen Mitgliedsländern der Europäischen Gemeinschaft.
C:	Cierto, y mi impresión es que si existe un proyecto común entre Europa y EEUU para realizar un viaje tripulado a Marte, también va a haber una participación española.	Genau. Und ich habe den Eindruck, daß, falls es wirklich ein gemeinsames Projekt zwischen Europa und Amerika für einen bemannten Flug zum Mars gibt, auch Spanien daran beteiligt sein wird.

203

La opinión · Die Meinung

 Es gibt auch im Spanischen mehrere Wendungen, seine Meinung zum Ausdruck zu bringen: **Creo que, en mi opinión, ma parece que, a mí me parece que, opino que, pienso que, mi impresión es que, a mi parece, lo veo bien/mal** ... Einige davon kommen in dem Dialog vor, den Sie gerade gehört haben.

Ejercicios · Übungen

Ejercicio 1

Conteste según la información que está entre paréntesis.

Antworten Sie, indem Sie die in Klammern gegebene Information benutzen.

Ejemplo: ¿Qué opina de los españoles? (simpáticos)
Opino que son simpáticos.

1. ¿Qué opina de los vuelos espaciales? (necesarios)
2. ¿Qué piensa de un proyecto de vuelo tripulado a Marte? (muy peligroso)
3. ¿Cree que España tiene que participar en estos proyectos? (Sí)
4. ¿Qué piensa de una colaboración entre Europa y EEUU? (bien, hay menos gastos)
5. Juan opina que desde la entrada en la CE el gobierno está más interesado en estos proyectos. ¿En su opinión es cierto?
6. ¿Cree que el proyecto europeo tiene futuro? (Sí, estar totalmente convencido)
7. ¿Qué impresión tiene de los toreros? (muy valientes)
8. ¿Cuál es su parecer sobre los cursos de idiomas? (muy útiles)
9. ¿Qué opina de la polución atmosférica? (uno de nuestros grandes problemas)
10. ¿Qué le parece la comida española? (excelente)
11. ¿Qué piensa de los programas de televisión? (Bien, prefiere el cine)

Werden diese Meinungsäußerungen negativ (ich glaube nicht, ich meine nicht, usw.), so muß das Verb einen anderen Modus annehmen, nämlich den SUBJUNTIVO

Beispiel: «Opino que están bien», aber «no opino que estén bien»

Presente de Subjunctivo:

	Verben auf -ar tom-ar	Verben auf -er com-er	Verben auf -ir escrib-ir
yo	tom-**e**	com-**a**	escrib-**a**
tù	tom-**e-s**	com-**a-s**	escrib-**a-s**
èl	tom-**e**	com-**a**	escrib-**a**
ella	tom-**e**	com-**a**	escrib-**a**
Ud.			
nosotros	tom-**e-mos**	com-**a-mos**	escrib-**a-mos**
vosotros	tom**é-is**	com**á-is**	escrib-**á-is**
ellos	tom-**e-in**	com-**a-n**	escrib-**a-n**
ellas	tom-**e-n**	com-**a-n**	escrib-**a-n**
ustedes	tom-**e-n**	com-**a-n**	escrib-**a-n**

Ejercicio 2

Conteste negativamente.   *Geben Sie eine negative Antwort.*

1. ¿Cree que los vuelos a Marte son necesarios?
2. ¿Piensa que un vuelo tripulado a Marte es peligroso?
3. ¿Cree que España tiene que participar en estos proyectos?
4. ¿Cree que la colaboración entre Europa y EEUU ocasiona menos gastos?
5. Juan opina que desde la entrada en la CE el gobierno está más interesado en estos proyectos. ¿En su opinión es cierto?
6. ¿Le parece que el proyecto europeo tiene futuro?
7. ¿Cree que va a ir a Francia este verano?
8. ¿Piensa que los españoles comen demasiado?
9. ¿Le parece que el problema de la polución atmosférica se puede solucionar fácilmente?
10. ¿Piensa que la televisión es buena para los niños?

La entrevista · Vorstellung

In dieser Lektion lernen Sie
● den Gebrauch von desde, desde hace, hace ... que y hace.

Diálogo · Dialog

Diálogo   Miguel Sánchez (MS), Jefe del Departamento de Personal (DP)

DP: Buenos días, señor ...	*Guten Morgen, Señor, ehm ...*
MS: Sánchez, mi apellido es Sánchez.	*Sánchez. Mein Familienname ist Sánchez.*
DP: Sí. Siéntese, por favor. Señor Sánchez tengo aqui su solicitud, pero desería hacerle unas preguntas, si me lo permite.	*Ja, bitte setzen Sie sich, Señor Sánchez, ich habe Ihre Bewerbung hier vor mir liegen, und ich möchte Ihnen zunächst einmal einige Fragen stellen, wenn Sie erlauben.*
MS: Por supuesto.	*Ja, natürlich.*
DP: En su solicitud sólo aparecen las iniciales de su nombre, ¿cuál es su nombre completo?	*Ich habe hier nur die Anfangsbuchstaben Ihres Vornamens, wie heißen Sie mit vollem Namen?*
MS: Miguel Angel Sánchez Iglesias.	*Miguel Angel Sánchez Iglesias.*
DP: En su solicitud figura que vive en Salamanca.	*In Ihrer Bewerbung steht, daß Sie in Salamanca wohnen.*
MS: Sí, nos trasladamos allí hace tres años.	*Ja, wir sind vor drei Jahren dorthin gezogen.*
DP: ¿Está usted casado?	*Und Sie sind verheiratet?*
MS: Sí estoy casado desde hace diez años y tenemos dos niños.	*Ja, ich bin jetzt seit zehn Jahren verheiratet, und wir haben zwei Kinder.*
DP: Ahora quiero hacerle unas preguntas sobre su experiencia profesional. ¿Cuánto tiempo hace que trabaja en la empresa actual?	*Und jetzt möchte ich Ihnen ein paar Fragen zu Ihren beruflichen Erfahrungen stellen. Wie lange arbeiten Sie schon für Ihren jetzigen Arbeitgeber?*
MS: Hace tres años que trabajo en „Novitas", desde que nos trasladamos a Salamanca.	*Ich arbeite seit drei Jahren für „Novitas", seit wir nach Salamanca gezogen sind.*
DP: ¿Y por qué quiere cambiar de trabajo?	*Und warum möchten Sie Ihre Stelle wechseln?*

La entrevista · Vorstellung

MS: Colaboro desde hace dos años en un proyecto de relaciones públicas, pero no veo ninguna expectativa de ascenso en la empresa.

Ich arbeite seit drei Jahren an einem PR-Projekt mit, aber ich sehe keine weiterführenden Aufstiegschancen in meiner jetzigen Firma.

DP: Es decir, que usted desea tener mayor responsabilidad.

Also möchten Sie mehr Verantwortung übernehmen?

MS: Sí, es cierto, y además espero adquirir más experiencia en el campo de las relaciones públicas.

Ja, das stimmt, und ich hoffe, daß ich mehr Erfahrung im PR-Bereich sammeln kann.

DP: ¿Me podría contar algo de ese proyecto en el que trabaja?

Könnten Sie mir ein bißchen mehr über dieses PR-Projekt erzählen?

MS: Tengo que organizar conferencias de prensa, planificar los actos públicos, escribir y traducir los textos y los folletos de publicidad.

Ich muß Pressekonferenzen organisieren, Öffentlichkeitsarbeit planen, Texte für Werbebroschüren schreiben und übersetzen.

DP: Parece muy interesante, y estoy seguro de que nuestra empresa le puede ofrecer la oportunidad que está buscando.

Oh, das hört sich sehr interessant an, und ich bin sicher, daß unsere Firma Ihnen die Chance bietet, nach der Sie suchen.

MS: Me alegra oir eso. ¿Me podría explicar exactamente cuál sería mi función?

Das zu hören freut mich. Könnten Sie mir genau erklären, welche Funktion ich dann hätte?

DP: Naturalmente ...

Aber natürlich ...

Der Gebrauch von **desde hace, hace que, desde** und **hace** läßt sich im Vergleich mit **vor** und **seit** erklären:

Seit + Zeitraum
Hace diez años **que** trabajo aqui.
Trabajo aquí **desde hace** diez años.   Ich arbeite hier seit zehn Jahren.

Seit + Zeitpunkt
Trabajo aquí **desde** 1981.   Ich arbeite hier seit 1981.

Vor + Zeitraum (Sp. Verb immer in der Vergangenheit)
Nos trasladamos aquí **hace** tres años.   *Wir sind vor drei Jahren umgezogen.*

La entrevista · Vorstellung

Ejercicios · Übungen

Ejercicio 1

Conteste a las siguientes preguntas utilizando desde hace, hace ... que, desde o hace.

Beantworten Sie die folgenden Fragen, indem Sie desde hace, hace ... que, desde oder hace benutzen.

1. ¿Cuánto tiempo hace que trabaja en esta empresa? (5 años)
2. ¿Desde cuándo vive en Salamanca? (1987)
3. ¿Cuándo empezaste a fumar? (dos años)
4. ¿Desde cuándo tienes coche? (el verano pasado)
5. ¿Cuándo cambiaste de trabajo por última vez? (siete años)
6. ¿Desde cuándo no habláis con vuestros padres? (una semana)
7. ¿Desde cuándo hablas español? (dos años)
8. ¿Cuánto tiempo hace que no vas al cine? (tres meses)
9. ¿Cuánto tiempo hace que no lees un libro? (cuatro meses)

En la peluquería · Beim Friseur

In dieser Lektion lernen Sie
- einige beim Friseur wichtige Begriffe.
- die Steigerung der Adjektive kennen.

Diálogo · Dialog

Diálogo   Asunción Rico (A), peluquera (P)

A:	Buenos días.	*Guten Morgen.*
P:	Buenos días, señora Rico.	*Guten Morgen, Señora Rico.*
A:	Tengo hora para las 10.	*Ich habe einen Termin für 10 Uhr.*
P:	Por supuesto, Señora Rico. Por favor, siéntese un momento, vengo enseguida.	*Natürlich, Señora Rico. Bitte nehmen Sie doch dort schon einmal Platz, ich komme sofort.*
P:	Bueno, ¿qué quiere que le haga? ¿Quiere el pelo un poco más corto que de costumbre, quizá? ¿O prefiere una permanente?	*So, Señora Rico. Wie möchten Sie Ihr Haar haben? Ein bißchen kürzer als sonst, vielleicht? Oder eine leichte Dauerwelle?*
A:	Todavía no lo sé exactamente. Creo que un poco más rizado me queda mejor, es más moderno. Pero no quiero el pelo corto, córteme sólo las puntas.	*Ich weiß es noch nicht genau. Vielleicht könnten Sie es welliger machen, das steht mir besser. Aber ich möchte keine kurzen Haare, schneiden Sie mir bitte nur die Spitzen.*
P:	Entonces podemos hacer un moldeado. Es más suave que una permanente normal. La permanente es peor para el pelo. Y tampoco estaría mal un poco de color. ¿Qué le parece si le tiño el pelo de un tono más rubio claro o más castaño? Ahora están de moda estos colores.	*Dann können wir eine leichte Dauerwelle machen. Sie ist leichter als die normale Dauerwelle. Die normale Dauerwelle ist schlechter für das Haar. Und ein wenig Farbe wäre auch nicht schlecht. Was halten Sie davon, wenn ich Ihr Haar etwas heller blond oder kastanienbraun färbe? Diese Farben liegen jetzt im Trend.*
A:	El corte de pelo más moderno y más bonito que he visto ha sido hace poco en una revista. La modelo tenía el pelo más rizado y más castaño que la chica de esa foto.	*Den schönsten und modernsten Haarschnitt, den ich gesehen habe, war vor kurzem in einer Zeitschrift abgebildet. Das Modell hatte das Haar welliger, kastanienbrauner als die Dame auf dem Foto dort.*
P:	Tiene usted razón. La semana pasada eligieron a esa modelo como la más atractiva de toda España.	*Sie haben recht. Diese Dame wurde letzte Woche zum attraktivsten Model in Spanien gewählt.*

209

Man sagt im Spanischen: „Me he cortado el pelo". *„Ich habe mir das Haar geschnitten"*, und nicht *„Ich habe mir die Haare schneiden lassen"*.

Die Steigerung des Adjektivs:

Esta peluquería es cara.	*Dieser Friseur ist teuer.*
Esta es más cara.	*Dieser ist teurer.*
Esta peluquería es muy cara.	*Dieser Friseur ist sehr teuer.*
Esta peluquería es carísima.*	*Dieser Friseur ist sündhaft teuer.*
Esta es más cara todavía.	*Dieser ist noch teurer.*
Es la (peluquería) más cara (de todas).	*Er ist der teuerste (Friseur) (von allen).*

*Der Elativ drückt eine absolute Steigerung bildhaft aus.

Excepciones (Ausnahmen):

bueno, mejor, el/la mejor   pequeño, menor, el/la menor
malo, peor, el/la peor   grande, mayor, el/la mayor

Ejercicios · Übungen

Ejercicio 1

Utilice la forma en -ísimo/a.   *Bilden Sie die Form mit ísimo/a.*

Ejemplo: María es muy guapa. Es guapísima.

1. Luis es muy simpático.
2. Miguel es muy moreno.
3. Carlos y Luis son muy nerviosos.
4. Ana y Carmen son muy elegantes.
5. Esta ciudad es muy tranquila.

Ejercicio 2

Compare.   *Vergleichen Sie.*

Emplejo: alto: José, Miguel, Alfonso.
       José es alto. Miguel es más alto. Alfonso es el más alto.

1. Simpático: Luis, José, Juan.
2. Bueno: el libro azul, el libro verde, el libro amarillo.
3. Una ciudad interesante: Gerona, Santander, Madrid.
4. Difícil: el alemán, el ruso, el chino.
5. Una peluquería mala: «Pelo's» «La mode», «Colores».

En la peluquería · Beim Friseur   UNIDAD 39

Ejercicio 3

Compare.   *Vergleichen Sie.*

Ejemplo: María tiene el pelo corto. Isabel, Cecilia.
   Isabel tiene el pelo más corto, pero Cecilia tiene el pelo más corto
   de todas. Tiene el pelo cortísimo.

1. Pedro tiene el pelo largo.
   Javier, Alfonso.
2. María es rubia. Isabel, Cecilia.
3. Pedro es moreno. Javier,
   Alfonso.

4. Alfonso es simpático.
   Antonio, Miguel y Javier.
5. Julia es guapa. Laura, Amalia
   y Marisa.

El banco · Die Bank

In dieser Lektion lernen Sie

● die beim Einlösen von Schecks gebräuchlichen Gespräche zu führen.
● Relativsätze zu bilden.

Diálogo · Dialog

Diálogo   Andrés (A), empleado del banco (B), directora (D)

B:	Buenos días ¿qué desea?	*Guten Morgen, kann ich Ihnen helfen?*
A:	Quería cobrar este cheque.	*Ja, ich möchte diesen Scheck einlösen.*
B:	Oh, lo siento, es un cheque cruzado y no puedo abonárselo en efectivo.	*Oh, es tut mir leid, dies ist ein Verrechnungsscheck, und ich kann ihn wirklich nicht auszahlen.*
A:	Pero si sólo quiero sacar dinero de la cuenta corriente de mi mujer.	*Aber ich möchte doch nur Geld vom Korrentkonto meiner Frau abheben.*
B:	Lo siento pero así no es posible. Usted necesita un cheque al portador, ¿o tiene usted una tarjeta de crédito?	*Es tut mir leid, aber das ist nicht möglich. Sie brauchen einen Barscheck, oder vielleicht haben Sie eine Kreditkarte?*
A:	No, bueno, no la llevo conmigo, pero estoy seguro de que hay un medio de sacar dinero de la cuenta de mi mujer con este cheque.	*Nein, nicht dabei, aber ich bin sicher, daß es einen Weg gibt, um mit diesem Scheck Geld vom Konto meiner Frau abzuheben.*
B:	Si me disculpa un momento, voy a consultar a la directora, regreso enseguida.	*Wenn Sie mich bitte für eine Minute entschuldigen wollen, spreche ich darüber mit der Direktorin, ich bin sofort zurück.*
A:	Sí, gracias.	*Ja, bitte, tun Sie das.*
B:	Disculpe señora Maza, tengo un cliente que quiere cobrar un cheque cruzado. ¿Podría hablar usted con él?	*Entschuldigen Sie, Frau Maza, ich habe einen Kunden, der einen Verrechnungsscheck einlösen will. Könnten Sie einmal mit ihm sprechen?*
D:	Sí, por supuesto. ¿Donde está?	*Ja, natürlich, wo ist er?*
B:	Es el hombre que tiene una cazadora gris y que está junto a la ventanilla.	*Es ist der Mann, der den kurzen grauen Blouson trägt und dort drüben am Schalter steht.*
D:	¿Uno que es alto y que tiene las manos metidas en los bolsillos, que está hablando con el señor Pérez?	*Der Große mit den Händen in den Taschen, der gerade mit Herrn Pérez spricht?*
B:	Sí, ese es.	*Ja, das ist er.*

El banco · Die Bank   UNIDAD 40

D: De acuerdo, no se preocupe, yo me ocupo de él.

Ah, ja. Keine Sorge, ich übernehme das.

D: Buenos días. Ya entiendo su problema, pero creo que sólo tenemos una posibilidad, pues no abonamos en efectivo cheques cruzados. Usted puede transferir el dinero a su cuenta y sacar después el dinero con un cheque a su nombre.

Guten Morgen, ich verstehe Ihr Problem, aber ich glaube, wir haben nur eine Möglichkeit, denn wir lösen keine Verrechnungsschecks ein. Sie könnten das Geld mit diesem Scheck auf Ihr Konto einzahlen und dann einen auf Sie selbst ausgestellten Barscheck ausschreiben, um das Geld abzuheben.

A: Esto sería estupendo si tuviera aún cheques, pero no es así. ¿Podría extenderme un nuevo talonario de cheques, por favor?

Das wäre gut, wenn ich noch Schecks hätte, das ist aber nicht der Fall. Könnten Sie mir vielleicht ein neues Scheckheft ausstellen?

D: Claro, eso no es ningún problema, pero va a tardar media hora más o menos, porque tienen que imprimir su número de cuenta. Si es tan amable de esperar. Puede sentarse allí o volver más tarde.

Ja, das ist kein Problem, es wird aber etwa eine halbe Stunde dauern, weil wir die Nummern aufdrucken müssen. Wollen Sie sich solange dort drüben hinsetzen oder vielleicht später wiederkommen?

A: Gracias, voy a volver en media hora.

Danke. Ich werde in einer halben Stunde zurückkommen.

Ejercicios · Übungen

Ejercicio 1

Hable con el empleado del banco utilizando la información que está entre paréntesis.

Sprechen Sie mit dem Bankangestellten, indem Sie die in Klammern gegebene Information benutzen.

Ejemplo: (cobrar un cheque)

B: ¿Qué desea?
X: Quería cobrar este cheque.
B: Por favor, firme aquí y luego vaya a la ventanilla nr. 5.
X: Muchas gracias.
B: De nada.

1.   (cobrar un cheque)
B: ¿Qué desea?
X:
B: Por favor, firme aquí y luego vaya a la ventanilla nr. 5.
X:
B: De nada.

2. (cambiar 100 marcos en pesetas)

3. (transferir 20 000 pesetas a otra cuenta)

4. (cobrar un Eurocheque)

5. (sacar 25 000 pesetas de su cuenta)

> Die spanischen Relativsätze werden meist mit **„que"** eingeleitet.
> „Que" bezieht sich sowohl auf Personen als auch auf Sachen:
> El hombre que cobra el cheque, el dinero que tengo en el monedero.
> Das Verb muß nicht unbedingt am Ende des Satzes stehen, und wenn
> eine Präposition vor „que" steht, wird zusätzlich der Artikel des
> Substantivs, auf das sich „que" bezieht, vorangestellt. Beispiel: El dinero
> **con el que** compro ... Las chicas **de las que** te hablo, etc.

Ejercicio 2

Una las siguientes frases utilizando el relativo „que".

Fügen Sie folgende Sätze zusammen, indem Sie das Relativpronomen „que" benutzen.

1. La chica está junto a la ventanilla. Quiere cobrar un cheque.
2. El empleado es alto. Hablé con el ayer.
3. Estamos delante del banco. Es el Banco de Bilbao.
4. Quiere cambiar el dinero. Tiene guardado el dinero en el monedero.
5. Faltan unos cheques. Con esos cheques pagué los muebles.
6. Alfonso trabaja en un banco. Es un banco alemán.
7. Tengo dinero en una cuenta corriente. La cuenta es de mi mujer.
8. Ayer compré unos periódicos. Son interesantes.
9. Han llamado las chicas. Trabajan en un banco.

El horóscopo · Horoskop

In dieser Lektion lernen Sie

● Vergleiche zu ziehen.
● die spanischen Bezeichnungen für die Sternzeichen.

Diálogo · Dialog

Diálogo   Marisa (M), Asunción (A)

M:	Asuncíon, espera un momento, déjame ver qué pone en mi horóscopo antes de irnos. Aries, Tauro, Géminis, Cáncer, ... aquí está, Leo: „El futuro próximo prodría depararle algunos problemas familiares que va a poder solucionar. Su situación económica se va a mejorar, aunque no debe pedir prestado dinero a sus amigos. La mejor época para forjar planes para el futuro es a mitad de la semana". Vaya, no está mal.	*Warte einen Augenblick, Asuncíon, laß mich mal eben nachsehen, was in meinem Horoskop steht, bevor wir gehen: Widder, Stier, Zwilling, Krebs, ... aha, da ist es, Löwe: „Die nahe Zukunft könnte Ihnen einige familiäre Probleme bescheren, die sich aber bald wieder klären werden. Ihre finanzielle Situation wird sich verbessern, aber hüten Sie sich davor, Geld von Ihren Freunden zu leihen. Die beste Zeit, um Zukunfts- pläne zu schmieden, ist die Wochen- mitte". Oh, das hört sich gar nicht so schlecht an!*
A:	No, realmente no. Me pregunto si el mío es tan bueno como el tuyo. Sigue, lée el mío también en voz alta.	*Nein, wirklich nicht. Ich frage mich, ob meins genauso gut ist wie deins. Mach weiter, lies meins auch vor.*
M:	De acuerdo, ¿de qué signo eres?	*O.K., was ist dein Sternzeichen?*
A:	Soy Piscis.	*Ich bin Fisch.*
M:	Vale, Virgo, Libra, Escorpión, Sagitario, Capricornio, Acuario, Piscis, éste es: „Parece que va a tener una semana llena de sorpresas. Las llamadas y las cartas van a ser tan inesperadas como la visita de antiguos amigos. Si conserva la calma, todo va a ser muy grato para usted".	*Also dann, Jungfrau, Waage, Skorpion, Schütze, Steinbock, Wassermann, Fische, da ist es: „Sie scheinen eine Woche voller Überraschungen vor sich zu haben. Anrufe und Briefe können sich als ebenso unerwartet erweisen wie der Besuch alter Freunde. Wenn Sie die Ruhe bewahren, wird alles sehr erfreulich für Sie sein.*
A:	Vaya, parece que es tan bueno como el tuyo.	*Hm, das hört sich ja genau so optimi- stisch wie deins an.*

El horóscopo · Horoskop

M:	El mío es más optimista que el de la semana pasada.	*Meins ist diese Woche viel besser als letzte Woche.*
A:	Pero, ¿verdaderamente crees en los horóscopos?	*Glaubst du wirklich an Horoskope?*
M:	Depende. Si son buenos me gusta creer, si no, no. ¿Y tù?	*Es kommt darauf an. Wenn sie gut sind, glaube ich gerne daran, wenn nicht, dann glaube ich nicht daran. Und du?*
A:	Pienso que un signo es tan bueno como el otro. Y lo mismo ocurre con el horóscopo, o quizás debería decir que uno es tan impreciso como el otro.	*Wenn du mich fragst, ist ein Sternzeichen so gut wie das andere. Und das gleiche gilt für Horoskope, oder vielleicht sollte ich sagen, eines ist so ungenau wie das andere.*
M:	Entonces, ¿no crees en esto en absoluto?	*Also glaubst du überhaupt nicht daran?*
A:	Creo que un signo puede tener tanta suerte como cualquier otro.	*Ich glaube, ein Sternzeichen kann so viel Glück bringen wie jedes andere.*
M:	Sí claro, pero hay tantas personas que se dedican a esto … Tiene que haber algo de verdad.	*Ja, natürlich, aber es gibt so viele Menschen, die sich damit beschäftigen … es muß ein bißchen Wahrheit dahinter stecken.*
A:	Sí, pero también hay tantos estafadores … En fin, a mí también me gusta leerlo, pero sólo para divertirme. …	*Ja, aber es gibt auch so viele Betrüger … Na ja, ich lese es auch gerne, aber nur, um Spaß zu haben.*
M:	A mí gusta mucho …? Pero ahora tenemos que irnos tan rápidamente como podamos, o vamos a perder el autobús.	*Ich lese es sehr gerne … Aber jetzt müssen wir so schnell wie möglich gehen, sonst verpassen wir den Bus.*

! **La comparación.** *Der Vergleich.*

Im Spanischen vergleicht man mit den folgenden Vokabeln:

Más … que	*mehr … als*
Trabaja más que tú.	*Er arbeitet mehr als du.*
más amigos que	*mehr Freunde als*
más tarde que	*später als*
más bonito que	*schöner als*
tanto … como	*so viel … wie*
Trabaja tanto como tú.	*Er arbeitet so viel wie du.*
tanto/a (os/as) … como	*so viel(e) … wie*
tanto dinero como	*so viel Geld wie*
tanta sed como	*so viel Durst wie*

El horóscopo · Horoskop

tantos amigos como	*so viele Freunde wie*
tantas amigas como	*so viele Freundinnen wie*
tan ... como	*so ... wie*
Llega tan tarde como tú.	*Er kommt so spät wie du.*
Es tan simpático como tú.	*Er ist so nett wie du.*
menos ... que	*weniger ... als*
Trabaja menos que tú.	*Er arbeitet weniger als du.*
menos amigos que	*weniger Freunde als*
menos tarde que	*weniger spät als*
menos simpático que	*weniger nett als*

Ejercicios · Übungen

Ejercicio 1

	Dinero	Felicidad	Salud
Aries	$	**	!
Tauro	$	*	!!
Géminis	$	***	!
Cáncer	$$$	*	!!!
Leo	$	**	!
Virgo	$$	*	!
Libra	$	*	!!
Escorpión	$	**	!!!
Sagitario	$$$	*	!
Capricornio	$	***	!!
Acuario	$$	*	!!!
Piscis	$$$	**	!

Compare los signos del zodíaco según el cuadro anterior.

Vergleichen Sie die Sternzeichen anhand der Tabelle.

Ejemplo: Capricornio/Aries
　　　Los Capricornio van a ganar tanto dinero como los Aries.
　　　Los Capricornio van a ser más felices que los Aries.
　　　Los Capricornio van a tener más salud que los Aries.

1. Aries/Virgo
2. Tauro/Sagitario
3. Cáncer/Leo
4. Libra/Capricornio
5. Piscis/Escorpión
6. Géminis/Acuario
7. Acuario/Tauro
8. Virgo/Aries

Conducir · Auto fahren

In dieser Lektion lernen Sie

● einige Begriffe zum Autofahren.
● Reihenfolgen zu ordnen.
● Anweisungen mit der Befehlsform zu geben.

Diálogo · Dialog

Diálogo   Asunción Rico (A), profesor (P)

P:	Señora Rico, ¿es su primera hora, verdad?	*Dies ist Ihre erste Fahrstunde, nicht wahr, Señora Rico?*
A:	Sí, y tengo que decirle que estoy muy nerviosa.	*Ja, und ich muß sagen, daß ich ein bißchen aufgeregt bin.*
P:	Pero mujer, no tiene que estar nerviosa. Primeramente siéntese aquí, después póngase cómoda y relájese. Un momento, no por esa parte, señora Rico, hoy va usted al volante.	*Sie brauchen aber gar nicht nervös zu sein. Setzen Sie sich zuerst einmal hin, enspannen Sie sich, und machen Sie es sich bequem. Halt, nicht diese Seite, Señora Rico, Sie übernehmen heute das Steuer.*
A:	Ah, claro, es verdad.	*Ah, ja, natürlich.*
P:	¿Hace mucho tiempo que quería usted aprender a conducir?	*Wie lange wollen Sie schon selbst fahren lernen?*
A:	Creo que desde siempre, pero desde que los niños van al colegio me lo he propuesto en serio.	*Ich glaube, ich wollte schon immer selber fahren lernen, aber seitdem die Kinder in der Schule sind, habe ich es mir fest vorgenommen.*
P:	Entonces, vamos a intentarlo, ¿vale? A su derecha tiene la palanca de cambios, con la que cambia las marchas. Para esto, tiene que pisar con el pie izquierdo este pedal, que es el del embrague. A su lado está el del freno y el de la derecha es el acelerador. Ahora el coche está en punto muerto y usted tiene que girar la llave de contacto para arrancar el coche.	*Dann wollen wir mal, O.K.? Zu Ihrer Rechten ist der Schalthebel, mit dem Sie die Gänge wechseln. Um das zu tun, müssen Sie mit Ihrem linken Fuß dieses Pedal hier treten, das ist die Kupplung. Daneben ist das Brems- pedal und rechts das ist das Gaspedal. Im Moment ist der Wagen im Leerlauf, und Sie müssen mit dem Schlüssel die Zündung einschalten, um das Auto zu starten.*

218

Conducir · Auto fahren

A: ¿Qué tengo que hacer ahora? ¿Y qué significan todos estos indicadores en el salpicadero? ¿Éste es el cuentakilómetros?

Was muß ich jetzt tun? Und was sind das alles für Anzeigen vor mir am Armaturenbrett? Ist das der Tachometer?

P: Exactamente. Y éste es el indicador de la gasolina. A la izquierda del volante está la palanca de los intermitentes que va a utilizar usted ahora mismo. Pero primeramente tiene que mirar por el espejo retrovisor para ver si viene algún coche. Si no viene nadie, dé el intermitente de la izquierda. Pise el embrague y al mismo tiempo el acelerador ...

Ja, genau. Und das ist die Benzinanzeige. Links neben dem Lenkrad finden Sie den Blinkerschalter, den Sie jetzt betätigen werden. Sehen Sie aber zuerst in den Spiegel, um zu sehen, ob ein Auto kommt. O.K., wenn die Straße frei ist, schalten Sie den linken Blinker ein. Treten Sie jetzt die Kupplung, und geben Sie gleichzeitig Gas ...

A: ¿Así?

So?

P: Sí, muy bien, pero gire un poco el volante para ir por la carretera. Muy bien, venga, vamos allá.

Ja, sehr gut, aber drehen Sie das Lenkrad ein bißchen, so daß wir auf die Straße fahren. O.K., gut gemacht, und los geht's ...

! Um eine Reihenfolge zu beschreiben, benutzt man im Spanischen u.a. die folgenden Ausdrücke, die Sie schon im Dialog gehört haben: **primeramente ... después ... finalmente.** Oder **primero ... después ... finalmente.** Oder: **en primer lugar ..., en segundo lugar ..., en tercer lugar ..., ... en ultimo lugar.**

Außerdem haben Sie hier die dritte Person der Befehlsform kennengelernt.

Verben auf **-ar**	Verben auf **-er**	Verben auf **-ir**
tom-ar	com-er	escrib-ir
tome (usted)	**coma** (usted)	**escriba** (usted)
tomen (ustedes)	**coman** (ustedes)	**escriban** (ustedes)

Bei reflexiven Verben:
lavarse
lávese (usted)
lávense (ustedes)

Conducir · Auto fahren

Ejercicios · Übungen

Ejercicio 1

Utilice el imperativo en la tercera persona del singular.

Benutzen Sie die Befehlsform in der dritten Person Singular.

Ejemplo: sentarse, ponerse cómoda, relajarse.
Primero siéntese, después póngase cómoda y finalmente relájese.

1. Entrar en el coche, sentarse, ponerse cómodo.
2. Cerrar la puerta, abrocharse el cinturón (de seguridad), arrancar.
3. Pisar el embrague, pisar el acelerador, mirar por el retrovisor.

4. Meter la primera marcha, soltar el embrague, acelerar.
5. Cambiar la marcha, girar a la derecha, frenar.

Ejercicio 2

Utilice el imperativo en la tercera persona del plural.

Benutzen Sie die Befehlsform in der dritten Person Plural.

Ejemplo: sentarse, ponerse cómoda, relajarse.
Primeramente siéntense, después pónganse cómodas y finalmente relájense.

1. Entrar en el coche, sentarse, ponerse cómodo.
2. Cerrar la puerta, abrocharse el cinturón de seguridad, arrancar.
3. Pisar el embrague, pisar el acelerador, mirar por el retrovisor.

4. Meter la primera marcha, soltar el embrague, acelerar.
5. Cambiar la marcha, girar a la derecha, frenar.

Arreglando · Renovieren UNIDAD 43

In dieser Lektion lernen Sie

● Präpositionen, die Sie während des ganzen Kurses schon mehr oder weniger bewußt verwendet haben.

Diálogo · Dialog

Diálogo   Miguel (M), Laura (L), Andrés (A)

L:	Miguel, llaman a la puerta. ¿Puedes abrir tú, que estás al lado?	*Miguel, es hat geklingelt, würdest du bitte die Tür aufmachen?*
M:	Claro. Hola Andrés, ¿qué tal te va?	*Natürlich. Hallo, Andrés. Wie geht's dir?*
A:	Aquí estoy, como os prometi.	*Hallo Miguel, hier bin ich, wie ich euch versprochen habe.*
M:	Formidable. Gracias por venir a ayudarnos a arreglar la casa.	*Das ist wirklich prima. Danke, daß du rübergekommen bist, um uns beim Renovieren zu helfen.*
A:	Nada hombre. Siempre hago lo que puedo por los amigos.	*Das macht nichts. Für meine Freunde tue ich immer, was ich kann.*
M:	Sí, es que hay mucho que hacer. El deshollinador nos ha dicho que uno de los ladrillos que están detrás de la chimenea está suelto y que una de las tejas está rota.	*Ja, und es gibt viel zu tun. Der Schorn-steinfeger sagte, daß ein Stein am Kamin lose und ein Ziegel auf dem Dach zerbrochen sei.*
A:	Puedo intentar repararlo, si quieres.	*Ich kann versuchen, das in Ordnung zu bringen, wenn du willst.*
L:	Hola Andrés, ¿lo harías, de verdad?	*Hallo Andrés, würdest du das tun?*
A:	Hola Laura. Claro, vamos a ver qué puedo hacer. ¿Como puedo subir al tejado?	*Hallo Laura. Sicher, mal sehen, was ich machen kann. Wie komme ich da rauf?*
M:	Subes por la escalera hasta el desván, y allí arriba, enfrente de la puerta hay una ventana. Puedes salir al tejado por la ventana. La teja rota la puedes tirar al jardín que está detrás de la casa. Si no, se podría caer sobre los rosales que tenemos delante de la casa, o encima de alguien.	*Du gehst die Treppe rauf bis auf den Speicher. Da oben, gegenüber der Tür, ist ein Fenster. Du kannst durch das Fenster aufs Dach steigen. Den kaputten Dachziegel kannst du in den hinteren Garten werfen. Andern-falls könnte er auf die Rosen fallen, die wir vor dem Haus haben, oder gar irgendwelche Leute.*

Arreglando · Renovieren

A: De acuerdo. Voy a tener cuidado.

In Ordnung, ich bin vorsichtig.

M: Mientras tanto, nosotros vamos a empezar con la sala de estar. Primero vamos a empapelar la pared de la derecha y después vamos a pintar la de la izquierda, que ya está empapelada.

In der Zwischenzeit fangen wir an, das Wohnzimmer zu renovieren. Zuerst werden wir die rechte Wand tapezieren und dann die linke Wand streichen, die schon tapeziert ist.

A: Aha, ¿veo que os habéis comprado una moqueta nueva?

Und ihr habt euch einen neuen Teppichboden gekauft, wie ich sehe.

L: Sí, es casi el doble de gruesa que la vieja, y además es muy pesada.

Ja, der ist fast doppelt so groß wie der alte. Und er ist sehr schwer.

M: Bien, pinceles, brochas, cubos, rodillos, pintura, papel, cola, navaja, tijeras. Ya está todo encima de la mesa. Vamos a empezar.

Gut, Pinsel, Quaste, Eimer, Rollen, Farbe, Tapete, Kleister, Messer, Schere, alles ist schon auf dem Tisch. Fangen wir an.

A: Vale, yo voy a subir al tejado.

O.K., ich bin auf dem Dach.

L: Bien, nosotros estamos dentro de la casa, ten cuidado, no te caigas.

Und wir sind hier drinnen, sei vorsichtig, fall' nicht runter.

A: No, tranquilos, no os preocupéis por mí.

Nein, macht euch um mich keine Sorgen.

Ejercicios · Übungen

Ejercicio 1

Conteste a las preguntas según el diálogo.

Beantworten Sie die Fragen, dem Dialog entsprechend.

1. ¿Dónde está Miguel?
2. ¿Qué ladrillo está suelto?
3. ¿Dónde está la teja?
4. ¿Por dónde sube Andrés al desván?
5. ¿Dónde está la ventana?
6. ¿El jardín está delante de la casa?
7. ¿Los rosales están dentro de la casa?

Ejercicio 2

¿Qué es lo contrario de?

Was ist das Gegenteil von?

1. ¿Qué es lo contrario de «dentro»?
2. ¿Qué es lo contrario de «delante de»?
3. ¿Qué es lo contrario de «a la izquierda de»?
4. ¿Qué es lo contrario de «con»?
5. ¿Qué es lo contrario de «encima de»?
6. ¿Qué es lo contrario de «sobre»?
7. ¿Qué es lo contrario de «a la derecha de»?

Cocinando · Kochen

In dieser Lektion lernen Sie

● ein typisch spanisches Gericht zuzubereiten.
● jemanden zu etwas aufzufordern.

Diálogo · Dialog

Diálogo   María (M), Asunción (A)

M:	¿Qué has dicho que quieres cocinar?	*Was hast du gesagt, was du kochen möchtest?*
A:	Paella.	*Paella.*
M:	Mmm, ¡qué rica!	*Mm, das schmeckt gut.*
A:	Bueno, vamos a ver si me queda bien.	*Na ja, mal sehen, ob ich sie gut kochen kann.*
M:	Dime, ¿qué se necesita exactamente para la paella?	*Sag mir, was braucht man genau für die Paella?*
A:	Espera, aquí tengo la receta. Para ocho personas necesitamos los siguientes ingredientes: 600 gr. de arroz, doble cantidad de caldo o de agua, aceite de oliva ..., un cuarto de kg. de gambas, un calamar, almejas ... un cuarto también.	*Warte, hier habe ich das Rezept. Für acht Personen brauchen wir folgende Zutaten: etwa 600 gr. Reis, die doppelte Menge Bouillon oder Wasser, Olivenöl ..., ein Pfund Garnelen, einen Tintenfisch, Muscheln ... auch ein Pfund.*
M:	Oye, pero ¿la paella no se hace también con carne?	*Hör mal, aber die Paella wird doch auch mit Fleisch gemacht, oder?*
A:	Mujer, espera un momento, todavía no he terminado.	*Moment, Moment, ich bin noch nicht fertig.*
M:	Perdona.	*Entschuldige.*
A:	300 gr. de rape, medio pollo, unas rajitas de chorizo, un pimiento verde, otro rojo, fresco o de lata, una lata pequeña de guisantes, una cebolla pequeña, dos tomates, azafrán, ajo, perejil y sal.	*300 gr. Seeteufel, ein halbes Hähnchen, ein paar Scheiben Paprikawurst, eine grüne Paprikaschote, eine rote, entweder frisch oder aus der Dose, eine kleine Dose junge Erbsen, eine kleine Zwiebel, zwei Tomaten, Safran, Knoblauch, Petersilie und Salz.*
M:	¿Puedo ayudarte? ¿Me enseñas cómo se hace?	*Kann ich dir helfen? Zeigst du mir, wie das geht?*

Cocinando · Kochen

A: Claro. Pica la cebolla, los
      pimientos y los tomates.
      Natürlich. Hack' die Zwiebel, die
      Paprika und die Tomaten.

M: ¿Y tú qué vas a hacer?
      Und was wirst du tun?

A: Como el caldo ya lo tengo listo,
      voy a sacarlo del frigorífico
      y después voy a echar el
      aceite en la sartén para freirlo
      todo.
      Weil ich die Bouillon schon fertig habe,
      werde ich sie aus dem Kühlschrank
      holen und danach das Öl in die
      Pfanne geben, um alles zu fritieren.

M: ¿Enciendo el fuego?
      Soll ich den Herd anmachen?

A: Sí, enciéndelo.
      Ja, mach ihn an.

A: Echa primero la cebolla.
      Gib zuerst die Zwiebel hinein.

M: ¡Qué bien huele!
      Mm, das riecht gut!

A: Ahora añade los tomates y el
      pimiento y después el
      calamar, el rape y el arroz.
      Jetzt gib auch die Tomaten, den
      Paprika und danach den Tintenfisch,
      den Seeteufel und den Reis dazu.

M: Ya está todo más o menos frito.
      ¿Y ahora?
      Es ist alles schon ein bißchen durch.
      Und jetzt?

A: Muévelo más. Ten cuidado, no se
      puede pegar. Ahora echa el
      caldo y el resto de los ingre-
      dientes, menos las gambas
      que van al final.
      Rühre es noch mehr. Paß auf, es darf
      nicht anbrennen. Gib jetzt die
      Bouillon dazu. Und dann den Rest
      der Zutaten, nur die Garnelen nicht,
      die kommen ganz zum Schluß.

M: ¿Y ya está!
      Und das war alles?

A: Sí, sólo hay que sazonarla al
      final, pero como ves no
      tenemos que batir huevos,
      ni que pelar verdura,
      y tampoco necesitamos
      encender el horno.
      Ja, man muß sie nur am Ende würzen,
      aber wie du siehst, müssen wir
      weder Eier schlagen, noch Gemüse
      schälen, und den Backofen brauchen
      wir auch nicht anzumachen.

!

In Lektion 42 wurde die höfliche Form des Imperativs (Befehlsform)
geübt, das heißt die dritte Person. Jetzt lernen Sie den Imperativ der
zweiten Person kennen.

Verben auf **-ar**	Verben auf **-er**	Verben auf **-ir**
tom-ar	com-er	escrib-ir
tome (usted)	**coma** (usted)	**escriba** (usted)
tomen (ustedes)	**coman** (ustedes)	**escriban** (ustedes)
toma (tú)	**come** (tú)	**escribe** (tú)
tomad (vosotros)	**comed** (vosotros)	**escribid** (vosotros)

Die Pronomina für Akk. oder Dat. (sie, ihn, es, Sie, ihr, ihm, Ihnen)
werden nachgestellt und an das Verb gehängt. Beispiel: Toma la
cebolla. Tómala.

Cocinando · Kochen

Ejercicios · Übungen

Ejercicio 1

Utilice el imperativo.　　　　　　　*Bilden Sie den Imperativ.*

Ejemplo: tomar. Toma, tomad.

1. Mirar.
2. Esperar.
3. Pelar.
4. Comer.
5. Beber.

6. Batir.
7. Escribir.
8. Pedir!!
9. Perdonar.
10. Echar.

Ejercicio 2

Utilice el imperativo.　　　　　　　*Bilden Sie den Imperativ.*

Ejemplo: Tomar el vino. Toma el vino.

1. Preparar los ingredientes.
2. Encender el fuego.
3. Echar la cebolla.
4. Pelar las patatas.
5. Sazonar la carne.

6. Batir el huevo.
7. Beber la cerveza.
8. Picar los pimientos.
9. Añadir el arroz.
10. Mover los ingredientes.

El invitado · Der Gast

In dieser Lektion lernen Sie
• und wiederholen Sie die Funktionen der Modalverben.

Diálogo · Dialog

Diálogo Miguel (M), Laura (L) y su sobrino Antonio (A)

L:	¡Hola Antonio, qué alegria verte!	*Hallo Antonio, schön, dich zu sehen.*
A:	¡Hola tía Laura!	*Hallo, Tante Laura.*
M:	¡Bienvenido a Salamanca!	*Willkommen in Salamanca!*
A:	¡Hola tío! Es estupendo que me pueda quedar estas dos semanas en vuestra casa.	*Hallo, Onkel Miguel, es ist prima, daß ich diese zwei Wochen bei euch bleiben kann.*
L:	Nosotros también nos alegramos mucho de tenerte aquí.	*Wir freuen uns auch darauf.*
M:	A mí ya se me han ocurrido algunas ideas de lo que podemos hacer juntos. Podríamos ir a la piscina y también al circo. ¿Y qué te pareceria si nos vamos un día a los toros? ¿Te gustaría?	*Mir ist schon viel eingefallen, was wir zusammen tun könnten. Wir könnten ins Schwimmbad gehen und auch in den Zirkus. Und was hältst du davon, wenn wir an einem Tag zu einem Stierkampf gehen? Würde dir das gefallen?*
A:	Estupendo, me parece todo fenomenal.	*Wunderbar, ich finde das alles ganz toll.*
M:	Incluso podríamos hacer una excursión a la montaña, a la Sierra de Gredos.	*Wir könnten sogar einen Ausflug in die Berge machen, in die «Sierra de Gredos».*
L:	Sube conmigo, te voy a enseñar tu habitación.	*Komm mit mir nach oben, ich zeige dir dein Zimmer.*
A:	De acuerdo. ¿Llevo mi maleta?	*O.K. Soll ich meine Tasche mitnehmen?*
M:	No, déjala ahí mismo. Te la subo yo más tarde.	*Nein, laß sie ruhig stehen. Ich bringe sie dir später nach oben.*
A:	Oh, gracias, pero no es necesario, ya la llevo yo. (Suben.)	*Oh, danke, aber das ist nicht nötig, ich nehme sie schon mit. (Sie gehen nach oben.)*
L:	Bueno, ya hemos llegado. Esta es tu habitación, Antonio.	*So, da sind wir. Das ist dein Zimmer, Antonio.*
A:	Me gusta muchísimo.	*Oh, das gefällt mir sehr gut.*
L:	Sí, pero huele un poco a cerrado. Debería haber abierto la ventana. Creo que un poco de aire fresco no estaría mal.	*Ja, aber es riecht ein bißchen muffig hier. Ich hätte das Fenster aufmachen sollen, ich glaube, ein wenig frische Luft wäre nicht schlecht.*
A:	¡Qué árbol más bonito hay ahí afuera! Casi se puede trepar desde aquí.	*Das ist aber ein schöner Baum da draußen. Man kann von hier fast rauf klettern.*

M:	No, no debes hacerlo. ¿Sabes lo que le pasó a tu primo el año pasado?	*Nein, das darfst du nicht. Weißt du, was deinem Cousin letztes Jahr passiert ist?*
A:	No, ¿qué le paso?	*Nein, was denn?*
M:	Cuando trepaba al árbol, se rompió una rama, y tu primo se cayó y se torció un pie.	*Als er auf diesen Baum kletterte, brach einer der Äste ab, und er fiel hinunter und verstauchte sich den Fuß.*
A:	¿De verdad? Bueno, te prometo que no voy a trepar al árbol.	*Wirklich? Na gut, ich verspreche, nicht raufzuklettern.*
L:	Estas son las mantas de tu cama, dos toallas y jabón. El cuarto de baño está justo al salir, a la derecha. Es para ti solo, nosotros utilizamos el de abajo.	*Hier sind die Decken für dein Bett, zwei Handtücher und ein Stück Seife. Das Badezimmer ist gleich rechts nebenan. Du hast es ganz für dich allein, wir benutzen das Bad unten.*
A:	Gracias tía.	*Danke, Tante.*
L:	Ah, y comemos a las 2:30, así es que si te quieres refrescar un poco, nos vemos después abajo.	*Ah, und das Mittagessen ist um 2.30 Uhr, also, wenn du dich noch ein bißchen frisch machen willst, sehen wir uns dann unten.*
A:	Creo que no necesito tanto tiempo. Pero tengo que llamar a mis padres porque pueden estar nerviosos.	*Ich glaube, daß ich nicht so viel Zeit brauche. Aber ich muß meine Eltern anrufen, weil sie vielleicht schon nervös sind.*
M:	Muy bien. Podemos llamar antes de la comida.	*In Ordnung. Wir können vor dem Essen anrufen.*

Ejercicios · Übungen

Ejercicio 1

¿Qué podríamos hacer este fin de semana?	*Was könnten wir am Wochenende machen?*

Ejemplo: ir a la piscina. Podríamos ir a la piscina.

1. Visitar a tus padres.
2. Cenar en un buen restaurante.
3. Hacer una excursión.
4. Quedarnos en casa.
5. Jugar al fútbol.

Ejercicio 2

Forme oraciones con „tener que".	*Bilden Sie Sätze mit „tener que".*

Ejemplo: La lavadora está estropeada. Tenemos que arreglarla.

1. Queremos aprender español (estudiar).
2. Queremos ir en tren a Madrid (comprar los billetes).
3. Isabel ha perdido su pasaporte (hacer otro).
4. El coche de la señorita Herzog ha sufrido una avería (telefonear al RACE).
5. La señora García ha perdido su perro (ir a la policía).

La televisión · Fernsehen

In dieser Lektion lernen Sie

● die Unterschiede zwischen Presente Continuo und Presente.

Diálogo · Dialog

Diálogo   Laura (L), Juan (J), Miguel (M)

L:	¿Qué estás haciendo?	*Was tust du gerade?*
M:	Estoy leyendo el periódico, para ver qué hay esta noche en la tele.	*Ich lese die Zeitung, um herauszu- finden, was heute abend im Fernsehen ist.*
L:	Reponen „El hotel Fawlty". Me gustaría volver a ver esta serie.	*„Hotel Fawlty" wird wiederholt. Das möchte ich mir ansehen.*
J:	¿Pero qué programa es ese, nunca había oido hablar de él.	*Was ist denn „Hotel Fawlty", habe ich noch nie gehört.*
L:	¿Qué? ¿Lo estás diciendo en serio? Es una de las series más divertidas de la televisión, creo que la rodaron a mediados de los setenta.	*Was? Ist das dein Ernst? Das ist eine der amüsantesten Unterhaltungs- serien im Fernsehen, ich glaube Mitte der siebziger Jahre gedreht.*
J:	¿En qué cadena la están emitiendo, en la primera, en la segunda o en las privadas?	*In welchem Programm läuft sie, im ersten, zweiten oder in einem privaten?*
L:	Es una serie de la primera cadena.	*Es ist eine Serie im ersten Programm.*
J:	¿Y de qué se trata?	*Und worum geht es da?*
M:	Bueno, en realidad de los dueños de un hotel, Basil y Sybil Fawlty, el personal del hotel y los huéspedes. Basil y Sybil dirigen el hotel, pero siempre está pasando algo nuevo.	*Na ja, eigentlich um die Hotelbesitzer Basil und Sybil Fawlty, ihr Personal und ihre Gäste. Basil und Sybil führen das Hotel, aber irgend etwas geht immer schief.*
J:	¿Por ejemplo?	*Zum Beispiel?*
M:	Recuerdo un capítulo titulado „El inspector" o algo por el estilo, en el que Basil trata a sus huéspedes muy poco amablemente.	*Ich erinnere mich an eine Folge, die hieß „Der Inspektor" oder so ähnlich, in der Basil seine Gäste sehr unfreundlich behandelt.*

L: Sí, y Sybil le advierte que hay tres inspectores de hostelería en la ciudad. Entonces trata a todos los posibles huéspedes de una forma exageradamente amable, por si acaso son los inspectores. Tan pronto como averiguan que sus huéspedes no son los inspectores, vuelve a tratarlos fatal.

Ja, und Sybil warnt ihn, daß drei Hotelinspektoren in der Stadt seien. Und dann behandeln sie alle möglichen Gäste über die Maßen freundlich, für den Fall, daß sie die Hotelinspektoren wären. Sobald sie herausgefunden haben, daß ihre Gäste nicht die Inspektoren sind, fangen sie wieder an, sie sehr schlecht zu behandeln.

J: Parece que está bien.

Hört sich gut an.

L: Está fenomenal. Eres demasiado joven como para haber abierto muchas botellas de vino, pero ver a Basil cuando lo está haciendo es para morirse de risa. ¿Qué capítulo ponen esta noche?

Ist es auch. Du bist noch nicht alt genug, um viele Weinflaschen entkorkt zu haben, aber Basil dabei zu sehen ist zum Schreien. Und welche Folge wird heute abend gezeigt?

M: Un momento, ... se titula „Los alemanes".

Eine Sekunde, ... die Folge heißt „Die Deutschen".

L: Oh, no me lo pierdo. Basil tiene que hacerse cargo del hotel él solo y ocurre todo tipo de desastres.

Oh, die mag ich auch. Basil muß das Hotel allein führen, und es kommt zu allen möglichen Katastrophen.

J: Creo que después de lo que estáis diciendo voy a quedarme con vosotros esta noche para ver la serie también.

Wenn ich euch so reden höre, glaube ich, daß ich heute abend bei euch bleibe, um die Serie auch zu sehen.

! Die Verlaufsform wird im Spanischen mit dem Verb **estar** und dem **gerundio** des dazugehörigen Verbs gebildet. Die Verlaufsform drückt die **Dauer** aus.

Gerundio:

tom-ar	com-er	part-ir
tom-ando	com-iendo	part-iendo

La televisión · Fernsehen

Ejercicios · Übungen

Ejercicio 1

Conteste a las siguientes preguntas.   *Beantworten Sie die folgenden Fragen.*

Ejemplo: ¿Qué estás haciendo? (ver la tele)
 Estoy viendo la tele.

1. ¿Qué estás haciendo?
 (hablar con Laura)
2. ¿Qué está haciendo el señor
 García? (escribir una carta)
3. ¿Qué están haciendo?
 (arreglando el jardín)

4 ¿Qué estáis haciendo?
 (ver la tele)
5. ¿Qué está haciendo usted?
 (trabajar)

Ejercicio 2

Forme el Gerundio.   *Bilden Sie die Gerundivform.*

1. ¿Qué haces?
2. Lee.

3. Cocinamos.
4. Llamo al médico.
5. ¿Escribes una carta?

SOLER + INFINITIV
Auf diese Weise wird im Spanischen ausgedrückt, was man gewöhnlich tut: Suelo tomar cerveza = Meistens trinke ich Bier. (Wörtlich im Deutschen: Ich pflege Bier zu trinken.)

Ejercicio 3

Conteste a las siguientes preguntas.   *Beantworten Sie die folgenden Fragen.*

Ejemplo: ¿Qué haces los lunes? tomar café con mis amigas.
 Suelo tomar café con mis amigas.

1. ¿Qué hace Miguel los martes?
 Arregla el jardín.
2. ¿Qué haces los miércoles?
 Ir a jugar al tenis.
3. ¿Qué hace usted los jueves?
 Quedarme en casa.

4. ¿Qué hacéis los viernes?
 Ir a la discoteca.
5. ¿Qué hacen ustedes los fines
 de semana? Visitar a nuestros
 padres.
6. ¿Qué tomas después de
 comer? Tomar un café.

El canguro · Der Babysitter

In dieser Lektion lernen Sie

● den Gebrauch von alguno – ninguno.
● das Verb gustar.

Diálogo · Dialog

Diálogo   Antonio (A), Julia (J), Marisa (M)

A:	(Suena.) ¿Vas a abrir tú?	(Es klingelt.) Machst du bitte die Tür auf?
J:	Claro. (Abre.) Ah, tú tienes que ser	Natürlich. (Öffnet.) Guten Tag, du
M:	Marisa, soy Marisa, la canguro con la que han hablado por teléfono.	mußt ... Marisa, ich bin Marisa, die Babysitterin, mit der Sie telefoniert haben.
J:	Ah, me lo he imaginado. Entra, Marisa. Parece que eres más joven de lo que pensaba, ¿has cumplido ya los dieciséis, verdad?	Ja, das habe ich mir gedacht. Komm rein, Marisa. Du siehst viel jünger aus, als ich dachte, du bist schon 16, nicht wahr?
M:	Por supuesto. Incluso he adquirido ya alguna experiencia cuidando bebés. Primero en casa y después en casa de amigos de mis padres, hasta que alguien me propuso que podía ganar así algún dinero.	Ja natürlich, und ich habe auch schon Erfahrung mit Babies. Zunächst zu Hause und dann für Freunde meiner Eltern, bis jemand vorschlug, ich sollte anfangen, ein bißchen Geld damit zu verdienen.
J:	Me parece muy bien. Bueno, Clara está durmiendo en su cuna y su papilla está en un biberón que he metido en el microondas. Si se despierta, puedes calentarlo medio minuto.	Aha, ich finde das sehr gut. Also, Clara schläft gerade in ihrer Wiege, und ihre Milch ist in einem Fläschchen, das ich in die Mikrowelle gestellt habe. Wenn sie aufwacht, kannst du sie in einer halben Minute warm machen.
M:	Muy bien. Eso no es ningún problema.	O.K., kein Problem.
J:	Si se despierta llorando puedes acunarla, porque le gusta mucho.	Wenn sie weinend aufwacht, kannst du sie wiegen, weil sie das sehr mag.
M:	Sí, aunque a algunos bebés les gusta más que los cojan en brazos.	Ja, obwohl viele Babies es besser finden, wenn man sie in die Arme nimmt.
J:	A Clara le encanta. Ah, y allí tienes algunos pañales.	Clara mag das sehr, sehr gerne. Ah, dort hast du ein paar Windeln.
M:	¿A qué hora creen que van a regresar? Mi madre quiere que esté en casa antes de las doce.	Und wann glauben Sie, daß Sie zurück sein werden? Meine Mutter möchte, daß ich vor Mitternacht zu Hause bin.
J:	Vamos a regresar sobre las once, como muy tarde a las once y cuarto. Mi marido te puede llevar a tu casa y así seguro que estás en casa antes de las doce de la noche.	Wir werden so um 11 Uhr zurück sein oder spätestens Viertel nach. Mein Mann kann dich dann nach Hause fahren, dann bist du auf alle Fälle vor zwölf zu Hause.

El canguro · Der Babysitter

M:	Es muy amable por su parte.	*Oh, das ist sehr nett von Ihnen.*
A:	Ah, mira ahí viene Antonio, mi marido. Antonio ésta es Marisa, la canguro.	*Aha, da kommt er, das ist Antonio, mein Mann. Das ist Marisa, unsere Babysitterin.*
A:	¡Hola Marisa! ¿Cómo estás?	*Hallo Marisa, wie geht es dir?*
M:	Muy bien, gracias.	*Sehr gut, danke.*
A:	Bueno, creo que es hora de marcharnos.	*Ich denke, wir sollten jetzt fahren.*
J:	Bien, ya voy. Marisa, ¿necesitas alguna cosa más?	*Ja gut, ich komme. Marisa, brauchst du noch etwas?*
M:	No, gracias, no necesito nada más.	*Nein danke. Ich brauche nichts mehr.*
J:	Coge lo que te guste de la nevera. Sobre aquella mesa tienes también unas patatas fritas. Puedes ver la tele o leer, ponte cómoda.	*Nimm dir aus dem Kühlschrank, was du magst, auf dem Tisch da drüben stehen ein paar Chips. Du kannst fernsehen oder lesen, mach es dir gemütlich.*
M:	Primero tengo que terminar los deberes; si Clara no se despierta, a lo mejor luego veo un poco la tele.	*Ich muß erst mal meine Hausaufgaben fertig machen, wenn Clara nicht wach wird. Vielleicht sehe ich später etwas fern.*
J:	Entonces, hasta luego Marisa.	*Also dann, bis später, Marisa.*
M:	Hasta luego.	*Tschüß.*

> **!** Beachten Sie: ¿Hay **algún** pañal? Sí, hay **algunos**. No, no hay **ninguno**.
> ¿Hay **alguna** toalla? Sí hay **algunas**. No, no hay **ninguna**.
>
> No hay **ningún** pañal en casa.
> No hay **ninguna** toalla en casa.

Ejercicios · Übungen

Ejercicio 1

Conteste a las siguientes preguntas.   *Beantworten Sie die folgenden Fragen.*

Ejemplo: ¿Tiene algún pañal? No, no tengo ninguno.

1. ¿Tienes alguna toalla?
2. ¿Has comprado alguna revista?
3. ¿Tienes algún libro de español en casa?
4. ¿Has visto alguna película española?
5. ¿Has hablado con algún médico?
6. ¿Tienes algún problema?
7. ¿Ha visitado algún museo?
8. ¿Han leido algún libro en español?
9. ¿Habéis escrito alguna carta?
10. ¿Habéis recibido alguna carta?

El canguro · Der Babysitter　　

Ejercicio 2

Conteste a las siguientes preguntas.　　*Beantworten Sie die folgenden Fragen.*

Ejemplo: ¿Qué has leído? revistas. He leído algunas revistas.

1. ¿Qué has comprado? toallas.
2. ¿Qué escribe Marisa? cartas.
3. ¿Qué han comido? manzanas.
4. ¿Qué tiene Julia? libros de español.

5. ¿Conoces España? ciudades.
6. ¿Qué necesita usted? bolígrafos.
7. ¿Qué hay en la cocina? electro-domésticos.
8. ¿Qué necesitan los bebés? pañales.

GUSTAR					
(a mí)	me	gusta **la paella**	(a mí)	me	gustan **los calamares**
(a ti)	te	gusta **la paella**	(a ti)	te	gustan **los calamares**
(a él)			(a él)		
(a ella)	le	gusta **la paella**	(a ella)	le	gustan **los calamares**
(a usted)			(a usted)		
(a nosotros)	nos	gusta **la paella**	(a nosotros)	nos	gustan **los calamares**
(a vosotros)	os	gusta **le paella**	(a vosostros)	os	gustan **los calamares**
(a ellos)			(a ellos)		
(a ellas)	les	gusta **la paella**	(a ellas)	les	gustan **los calamares**
(a ustedes)			(a ustedes)		

Me gustan las sorpresas = Las sorpresas **me gustan.**
Ich mag Überraschungen oder: *Die Überraschungen gefallen mir*.

Ejercicio 3

Conteste a las siguientes preguntas.　　*Beantworten Sie die folgenden Fragen.*

Ejemplo: ¿Te gustan las sorpresas? Me gustan mucho.

1. ¿Te gustan las películas de Saura?
2. ¿Le gustan a usted los animales?
3. ¿Les gustan a ellos estos libros?
4. ¿Os gustan las sorpresas?
5. ¿Te gusta la cerveza?

6. ¿Le gusta a ella la paella?
7. ¿Os gusta la comida italiana?
8. ¿Te gusta ir al cine?
9. ¿Le gusta a usted aprender español?
10. ¿Les gusta a ustedes cocinar?

La mudanza · Der Umzug

In dieser Lektion lernen Sie

● was bei der indirekten Rede besonders zu beachten ist, und üben sie anzuwenden.

Diálogo · Dialog

Diálogo   Cristina (C), Juan (J)

C: Mira, hay un camión ahí abajo „Mudanzas Martínez", tiene que ser el nuestro.

Oh, guck mal, der Lastwagen da unten, „Umzüge Martínez", das muß unserer ein.

J: Sí, voy a bajar a preguntar.

Ja, ich gehe mal runter, um zu fragen.

C: De acuerdo. El hombre de la mudanza me dijo que sería una gran ayuda si uno de nosotros pudiera indicarles qué es lo que deben hacer primero.

Ja gut. der Mann von der Möbelspedition sagte mir, es wäre eine große Hilfe, wenn einer von uns beiden sie herumführen und ihnen sagen könnte, was sie als erstes machen sollten.

J: Vale. Voy a mirar. (Sueno el teléfono.)

O.K., ich gehe eben runter. (Telefon schellt.)

C: Diga. Ah, hola Marisa ...

Hallo. Oh, hallo Marisa ...

J: ¿Quién era?

Wer war da am Telefon?

C: (Pausa.) Era Marisa. Me ha dicho que tendrá tiempo este fin de semana para ayudarnos con los muebles.

(Pause.) Oh, das war Marisa. Sie hat mir gesagt, sie wird dieses Wochenende Zeit haben, um uns mit den Möbeln zu helfen.

J: Ah, estupendo. Por cierto, ha sido muy amable de su parte ofrecerse a cuidar de Javier mientras nos trasladábamos. ¿Se está portando bien?

Das ist prima. Es war übrigens sehr nett von Marisa, sich anzubieten, auf Javier aufzupassen, während wir umziehen. Benimmt er sich anständig?

C: Sí, me dijo que no era ningún problema y me contó que ayer estuvo pintando con sus acuarelas. Mientras hablábamos jugaba en el jardín.

Ja, sie sagte, er wäre kein Problem, und erzählte mir, er hätte gestern Wasserfarbbilder gemalt. Während wir telefonierten, spielte er im Garten.

J: Me alegra oir eso.

Das höre ich gerne.

C: ¿Qué pasa con los obreros?

Was passiert denn mit den Männern da unten?

J: Les he pedido que vacíen primero el garaje, porque querían cargar primero algunas cosas, como las herramientas para el jardín, la podadora y cosas por el estilo.

Ich habe sie gebeten, mit dem Ausräumen der Garage anzufangen, denn sie sollten zunächst ein paar Sachen einladen, wie Gartengeräte, den Rasenmäher und so was.

La mudanza · Der Umzug   UNIDAD 48

C: ¿Qué han dicho de la cocina?

J: Estaban de acuerdo en dejar la cocina para lo último, para que se pueda enfriar el horno. Uno de ellos me contó que una vez se había quemado las manos, por querer transportar un horno que habían apagado unos minutos antes.

C: ¿Cuánto tiempo necesitarán para el garaje?

J: Echaron una ojeada y calcularon que más o menos necesitarían media hora. Empezarán aquí arriba probablemente a las nueve y media.

C: Por el momento todo parece marchár sobre ruedas. Toca madera.

Was haben sie über die Küche gesagt?
Oh, sie waren einverstanden, die Küche als letztes zu machen, um dem Herd eine Chance zum Abkühlen zu geben. Einer von ihnen erzählte mir, daß er sich mal die Hände verbrannt habe, als er einen Herd wegtragen wollte, der erst wenige Minuten vorher ausgeschaltet worden war.
Wie lange werden sie für die Garage brauchen?
Sie haben sich kurz umgeschaut und geschätzt, daß sie etwa eine halbe Stunde bräuchten. Sie fangen wahrscheinlich um halb zehn hier oben an.

Im Augenblick scheint alles wie geschmiert zu laufen.
Holz klopfen.

! Bei der **indirekten Rede** muß man im Spanischen darauf achten, ob man im Presente/Perfecto/Futuro erzählt **(Dice/ha dicho/va a decir que ... pregunta/ha preguntado/va a preguntar)**, oder in der Vergangenheit **(Dijo/Decía que ... preguntó/preguntaba)**. In der Vergangenheit muß man diese Zeitenfolge beachten:

Estilo Directo

(Presente).
Dijo: „Transporto los muebles".

(Imperfecto).
Dijo: „Transportaba los muebles".

(Pretérito).
Dijo: „Transporté los muebles".

(Pluscuamperfecto).
Dijo: „Había transportado los muebles".

(Futuro).
Dijo: „Transportaré".

Estilo Indirecto

(Imperfecto).
Dijo que transportaba los muebles.

(Imperfecto).
Dijo que transportaba los muebles.

(Pluscuamperfecto).
Dijo que había transportado los muebles.

(Pluscuamperfecto).
Dijo que había transportado los muebles.

(Condicional).
Dijo que transportaría.

La mudanza · Der Umzug

Imperfecto		
Verben auf **-ar**	Verben auf **-er**	Verben auf **-ir**
tom-**ar**	tom-**er**	part-**ir**
tom-**aba**	com-**ía**	part-**ía**
tom-**abas**	com-**ías**	part-**ías**
tom-**aba**	com-**íe**	part-**ía**
tom-**ábamos**	com-**íamos**	part-**íamos**
tom-**abais**	com-**íais**	part-**íais**
tom-**aban**	com-**ían**	part-**ían**

Ejercicios · Übungen

Ejercicio 1

¿Qué dice Enrique?   *Was sagt Enrique?*

Ejemplo: Enrique: „Voy a Madrid mañana".
         Enrique dice que va a Madrid mañana.

1. Marisa: „Puedo ayudaros durante el fin de semana".
2. Alfonso y Javier: „Ayer estuvimos en León".
3. Miguel: „Estaba viendo la televisión".
4. Laura: „Los niños jugaron a la pelota".
5. Enrique y Amalia: „Los obreros van a llegar pronto".
6. Marisa le dice a Amalia: „Javier está jugando en el jardín".
7. El obrero nos dice: „Primero transportamos las cosas grandes".
8. Yo le digo a usted: „Tiene que estudiar los verbos españoles".
9. Laura le dice a Pedro: „Ya he preparado los ejercicios".
10. Ana le dice a su amiga: „Mañana voy a pasar por tu casa".

Ejercicio 2

¿Qué le pregunta Enrique a Amalia?   *Was fragt Enrique Amalia?*

Ejemplo: Amalia, ¿quieres un café con leche?
Enrique le pregunta a Amalia si quiere un café con leche.

1. Amalia, ¿vas esta noche al teatro?
2. Amalia, ¿quieres aprender a conducir?
3. Amalia, ¿quieres cambiar de trabajo?
4. Amalia, ¿tienes el pelo rizado?
5. Amalia, ¿te gusta la paella?

Ejercicio 3

¿Qué le preguntó Enrique a Amalia?   *Was hat Enrique Amalia gefragt?*

Ejemplo: Amalia, ¿quieres un café con leche?
Enrique le preguntó a Amalia si quería un café con leche.

1. Amalia, ¿vas esta noche al teatro?
2. Amalia, ¿quieres aprender a conducir?
3. Amalia, ¿quieres cambiar de trabajo?
4. Amalia, ¿tienes el pelo rizado?
5. Amalia, ¿te gusta la paella?

Ejercicio 4

¿Qué dijo Enrique?   *Was sagte Enrique?*

Ejemplo: Enrique: „Voy a Madrid mañana".
Enrique dijo que iba a Madrid mañana.

1. Marisa: „Puedo ayudaros durante el fin de semana".
2. Enrique y Amalia: „Los obreros van a llegar pronto".
3. Marisa le dijo a Amalia: „Javier está jugando en el jardín".
4. El obrero nos dijo: „Primero transportamos los bultos grandes".
5. Yo le dije a usted: „Tiene que estudiar los verbos españoles".
6. Miguel le dijo a María: „Estaba viendo la televisión".
7. Ana le dijo a su amiga: „Mañana voy a pasar por tu casa".
8. Alfonso y Javier le dijeron a su padre: „Ayer estuvimos en León".
9. Laura les dijo a Enrique y Amalia: „Los niños jugaron a la pelota".
10. Laura le dijo a Pedro: „Ya he preparado los ejercicios".

In dieser Lektion lernen Sie
● das Aufstellen erfüllbarer und wahrscheinlich unerfüllbarer Bedingungen.

Diálogo · Dialog

Diálogo   Laura (L), Miguel (M)

L:	Tenemos que hacer algo con nuestro jardín, Miguel. Si tuviéramos más tiempo, estaría mucho más bonito.	*Wir müssen etwas mit unserem Garten machen, Miguel. Wenn wir mehr Zeit für ihn hätten, sähe er erheblich besser aus.*
M:	Sí, tienes razón. ¿Por qué no hacemos algo esta tarde? Creo que va a hacer buen tiempo. Si no llueve, podemos trabajar fuera.	*Ja, du hast recht. Warum tun wir das nicht heute nachmittag? Ich glaube, das Wetter wird schön. Wenn es nicht regnet, können wir draußen arbeiten.*
L:	De acuerdo. Si tú cortas el césped yo arranco la mala hierba.	*Einverstanden. Wenn du den Rasen mähst, jäte ich das Unkraut.*
M:	Está bien. Primero corto el césped y después podo los setos, porque ya están muy altos.	*In Ordnung, zuerst mähe ich den Rasen, und dann schneide ich die Hecke.*
M:	Si tuviera tiempo, podría ir a comprar semillas y bulbos.	*Wenn ich Zeit hätte, könnte ich Saatgut und Pflanzenzwiebeln einkaufen gehen.*
L:	¡Qué buena idea! Si te dieras prisa podrías ir ahora mismo y regresar rápidamente.	*Das ist eine gute Idee. Wenn du dich beeilen würdest, könntest du jetzt losfahren und schnell zurückkommen.*
M:	Puedo hacerlo más rápidamente si me voy en tu coche.	*Ich kann das schneller machen, wenn ich mit dem Auto fahre.*
L:	Claro. Las llaves están encima de la mesa.	*Natürlich. Die Schlüssel liegen auf dem Tisch.*

Ejercicios · Übungen

Ejercicio 1

Exprese la condicion según el ejemplo.   *Drücken Sie Bedingungen dem Beispiel folgend aus.*

Ejemplo: Mañana hace buen tiempo. Vamos a nadar.
          Si mañana hace buen tiempo, vamos a nadar.

1. Ana regresa pronto. Va a venir a visitarnos.
2. Las vacaciones en Suecia son muy caras. Me voy a España.
3. No tengo las llaves. No puedo abrir la puerta.
4. Trabajamos mucho. Podemos arreglar el jardín.
5. Tengo tiempo. Compro las semillas y los bulbos.

En el jardín · Im Garten

 Die **wahrscheinlich unerfüllbaren Bedingungen** drückt man mit dem SUBJUNTIVO aus. Im „Si-Satz" nimmt man das IMPERFECTO DE SUBJUNTIVO und im Hauptsatz das CONDICIONAL.
Beispiel: Si tuviera dinero, me compraría un coche.
Wenn ich Geld hätte, würde ich mir ein Auto kaufen.

IMPERFECTO DE SUBJUNTIVO
Es wird von der 3. Person pl. Pretérito abgeleitet: tomar – tomaron. Comer – comieron. Escribir – escribieron: Das heißt, man nimmt die Endung „ron" weg. Es gibt dann zwei Formen, die gleichbedeutend sind und unterschiedslos verwendet werden.

toma	**ra**	toma	**se**
comie	**ras**	comier	**ses**
escribie	**ra**	escribie	**se**
hablá	**ramos**	hablá	**semos**
tuvie	**rais**	tuvie	**seis**
dije	**ran**	dije	**sen**

Ejercicio 2

Forme oraciones condicionales según el ejemplo.

Bilden Sie Bedingungssätze dem folgenden Beispiel entsprechend.

Ejemplo: Mañana hace buen tiempo. Vamos a nadar.
 Si mañana hiciera buen tiempo, iríamos a nadar.

1. Ana regresa pronto.
 Viene a visitarnos.
2. Las vacaciones en Suecia
 son muy caras. Me voy a España.
3. Carmen tiene novio. Se casa.
4. Trabajamos mucho.
 Podemos arreglar el jardín.
5. Tengo tiempo. Compro las
 semillas y los bulbos.

Ejercicio 3

Forme oraciones condicionales según el ejemplo.

Bilden Sie Bedingungssätze dem folgenden Beispiel entsprechend.

Ejemplo: ¿Qué harías si te tocara la lotería? comprar una casa.
 Si me tocara la lotería, me compraría una casa.

1. ¿Qué harías si hiciera buen
 tiempo? Ir a la playa.
2. ¿Qué haría usted si tuviera
 vacaciones? Arreglar el jardín.
3. ¿Qué haría usted si saliera
 esta noche? Ir al cine.
4. ¿Dónde vivirías si pudieras
 elegir? Menorca.
5. ¿Qué leerías si tuvieras
 tiempo? „El Quijote".

Limpiando la casa · Hausputz

In dieser Lektion lernen Sie

● über Dinge zu sprechen, die nicht geschehen sind, aber hätten geschehen können.

Diálogo · Dialog

Diálogo Asunción (A), su hija Laura (L), Juan (J)

A: Laura, ¿has limpiado ya el polvo de la estantería?

Hast du das Bücherregal schon abgestaubt, Laura?

L: Todavía no, mamá. He empezado por las ventanas.

Noch nicht, Mami, ich habe mit den Fenstern angefangen.

A: Ah, ¿vas a limpiar primero las ventanas?

Ah, du putzt also zuerst die Fenster?

L: Sí.

Ja.

A: Eres un encanto. Entretanto yo voy a fregar. (Pausa.)

Das ist lieb von dir, ich mache derweil den Abwasch. (Pause.)

L: Uf, estas ventanas están verdaderamente sucias. Si las hubieras limpiado con más frecuencia, ahora hubiera sido mucho más fácil.

Puh, diese Fenster sind arg schmutzig. Wenn du sie öfter geputzt hättest, wäre es viel leichter, sie dieses Mal zu putzen.

A: Ya lo sé, pero de todas formas, apenas tengo tiempo para las labores de la casa. (Pausa.)

Ich weiß, aber ich habe sowieso kaum Zeit für die Hausarbeit. (Pause.)

L: Mamá, el aspirador no funciona.

Mami, der Staubsauger funktioniert nicht.

A: Sí, ya lo sé. Si papá lo hubiera llevado a reparar la semana pasada, ya hubiera estado de vuelta. Pero insistió en repararlo él mismo.

Ja, ich weiß. Wenn Papa ihn letzten Monat zur Reparatur gebracht hätte, wäre er jetzt wieder zurück. Aber er bestand darauf, ihn selber zu reparieren.

L: Claro, y hasta ahora no ha tenido un momento ...

Und natürlich ist er nie dazu gekommen.

A: Exacto, ya sabes cómo es tu padre. ¿Qué te parece si en lugar de pasar el aspirador me ayudas a tender la ropa?

Das stimmt, du weißt doch, wie Papa ist. Wie wäre es, wenn du mir statt dessen hilfst, die Wäsche aufzuhängen?

L: De acuerdo. Pero la lavadora no ha terminado todavía, así es que mientras tanto tengo tiempo de quitar el polvo a la librería.

Einverstanden. Aber die Waschmaschine ist noch nicht fertig, also habe ich inzwischen noch Zeit, das Bücherregal abzustauben.

Limpiando la casa · Hausputz

A: Y yo de limpiar los zapatos.   *Und ich putze die Schuhe.*
     (Pausa.)   *(Pause.)*

J: ¡Buenos días!   *Guten Tag!*

L: Buenos días, papá. ¡Oh, no!   *Tag Papa. Oh, nein! Mami und ich*
     Mamá y yo llevamos traba-   *haben stundenlang gearbeitet, und*
     jando durante horas y   *wir sind gerade mit dem Auf-*
     acabamos de fregar el suelo.   *wischen fertig geworden. Nun sieh*
     Y mira ahora. Si te hubieras   *dir das an. Wenn du die Schuhe*
     limpiado los zapatos en el   *abgetreten hättest, bevor du herein-*
     felpudo antes de entrar,   *kamst, hättest du den Fußboden*
     no hubieras vuelto a ensuciar   *nicht wieder schmutzig gemacht.*
     el suelo.

J: Oh, perdona, no me he dado   *Oh, Entschuldigung, daran habe ich*
     cuenta.   *nicht gedacht.*

A: Sí, claro, y si hubieras llevado   *Ja, und wenn du den Staubsauger zur*
     a reparar el aspirador, o lo   *Reparatur gebracht hättest oder*
     hubieras reparado tú mismo,   *ihn selbst repariert hättest,*
     ya habríamos limpiado la   *wäre auch noch der Teppich gesaugt*
     moqueta.   *worden.*

J: Lo siento, perdonadme. Mañana *Es tut mir leid. Ich bringe ihn morgen*
     mismó lo llevo, prometido.   *zur Reparatur, versprochen.*

In der Lektion 49 haben Sie gelernt, die **wahrscheinlich unerfüllbare Bedingungen** mit dem Imperfecto Subjuntivo + Condicional I auszu-drücken. Manche Bedingungen sind aber nicht mehr erfüllbar, weil die Möglichkeit in der Vergangenheit liegt. Diese Bedingungen werden mit dem **Pluscuamperfecto Subjuntivo + Condicional II** ausgedrückt:
Si ayer hubiera tenido dinero, hubiera ido al cine *(wenn ich gestern Geld gehabt hätte, wäre ich ins Kino gegangen).*
PLUSCUAMPERFECTO DE SUBJUNTIVO
Si hubiera tomado un café – (oder hubiese tomado un café) …
Wenn ich einen Kaffee getrunken hätte …
Wie Sie sehen, gibt es zwei Formen, denn das Pluscuamperfecto wird mit dem Imperfecto Subjuntivo von haber und dem Partizip Perfect gebildet. Das heißt, **hubiera** oder **hubiese + tomado.**

Limpiando la casa · Hausputz

Ejercicios · Übungen

Ejercicio 1

Complete las siguientes oraciones según lo que ya ha aprendido en el libro.

Vervollständigen Sie folgende Sätze, dem, was Sie im Buch gelernt haben, entsprechend.

1. Si el camarero hubiera tenido churros, ...
2. Si no hubiera llamado por teléfono a la taquillera, ...
3. Si hubiera vida en Marte, ...
4. Si hubiera trabajado en otra empresa, ...
5. Si no hubiera tenido el pelo rubio, ...
6. Si no hubiera tenido un cheque cruzado, ...
7. Si hubieras leido tu horóscopo, ...
8. Si la señora López hubiera tenido carnet de conducir, ...
9. Si hubieras sabido cocinar, ...
10. Si se hubiera limpiado los zapatos, ...

... habría ganar do más dinero.
... no habría ido siempre en taxi.
... Julia habría tomado también un chocolate.
... habrías preparado una paella.
... no habrían podido ir al teatro.
... habrían hecho más viajes tripulados.
... se lo habría teñido.
... habrías sabido tu futuro.
... habría sacado el dinero.
... no habría vuelto a ensuciar el suelo.

Ejercicio 2

Forme oraciones condicionales.

Bilden Sie Bedingungssätze.

Ejemplo: Si Ana hubiera tenido tiempo, (limpiar las ventanas)
habría limpiado las ventanas.

1. Si Ana hubiera estado en casa, (limpiar más).
2. Si yo hubiera tenido dinero, (comprar una casa).
3. Si él hubiera venido antes, (nosotros, poder ir al cine).
4. Si hubiera reparado el aspirador, (Laura poder utilizarlo).
5. Si hubiera terminado la lavadora, (ellas, tender la ropa).
6. Si hubiera tenido tiempo, (reparar el aspirador).

Hörtexte

Escena uno
No usted de nuevo

Personajes
Andrés Cela
Empleado

Sección uno
La taquilla de la estación de Atocha de Madrid.

Andrés:	Quiero un billette de ida a Sevilla.
Empleado:	Sí, señor. ¿Primera o segunda clase?
Andrés:	Segunda clase, por favor.
Empleado:	¿Fumador o no fumador?
Andrés:	No fumador. ¿Cuánto es?
Empleado:	Son 2.800 pesetas, señor.
Andrés:	¿Aceptan cheques?
Empleado:	Sí, naturalmente, señor. ¿Tiene tarjeta de crédito?
Andrés:	Claro que tengo tarjeta de crédito. ¿A nombre de quien escribo el cheque?
Empleado:	RENFE, 2.800 pesetas.
Andrés:	(Despacio:) 8 febrero ... RENFE ... 2.800 pesetas. (Entrega el cheque) ¿Vale?
Empleado:	Sí, bien. ¿Puedo ver su tarjeta de crédito, por favor?
Andrés:	Sí. Aquí tiene. ¿A qué hora sale el tren?
Empleado:	El tren para Sevilla sale a las catorce cuarenta y dos.
Andrés:	¿Tengo que hacer transbordo?
Empleado:	No, señor. El tren va directo a Sevilla.
Andrés:	¿A qué hora llega?
Empleado:	Llega a Sevilla a las veinte treinta y ocho.
Andrés:	Muchas gracias.

(RENFE   Red Nacional de Ferrocarriles Españoles
Staatliches Netz der Spanischen Eisenbahnen)

Sección dos

Merete:	Oiga, por favor.
Empleado:	Sí, señora.
Merete:	Quisiera un billete de ida y vuelta a Sevilla, por favor.
Empleado:	Sí, señora. ¿Viaja en primera o en segunda clase?
Merete:	Segunda clase.
Empleado:	Sí, señora. ¿Quiere fumador o no fumador?
Merete:	Oh, yo no fumo.
Empleado:	No fumador.
Merete:	¿Cuánto es?
Empleado:	Segunda clase, ida y vuelta de Atocha a Sevilla, son 4.300 ptas.
Merete:	(Contando:) Una, dos, tres, cuatro y cinco.
Empleado:	Cinco mil pesetas. Gracias señora. Aquí tiene el cambio. Una, dos, tres, cuatro, cinco, seis, setecientas pesetas.
Merete:	Muchas gracias. ¿Puede decirme a que hora llega el tren a Sevilla?

Empleado: Sí, señora. El de las catorce cuarenta y dos llega a Sevilla a las veinte
treinta y ocho.
Merete: ¿Tengo que hacer transbordo?
Empleado: No, señora. El tren va directo.
Merete: Muchas gracias.
Empleado: Gracias a usted.

Sección tres
En el tren

Merete: Perdone, ¿está ocupado este asiento?
Andrés: No, creo que está libre.
Merete: ¿Tengo que tener reserva?
Andrés: No. No hay un billete en el asiento, estoy seguro de que puede sentarse aquí.
Merete: Muchas gracias.
Andrés: ¿Va usted lejos?
Merete: Sí, voy a Sevilla.
Andrés: Qué interesante. Yo también. Yo vivo en Sevilla.
Merete: Ésta es mi primera visita.
Andrés: Espero que le guste su visita.
Merete: Muchas gracias. Estoy segura de que me gustará.
Andrés: Perdone que le pregunte, pero ¿usted no es española, verdad?
Merete: No, no lo soy.
Andrés: ¿Es usted, por casualidad, escandinava?
Merete: Soy danesa.
Andrés: ¿De que parte de Dinamarca es usted?
Merete: Soy de Copenhague.
Andrés: Ah, sí. Copenhague. Maravilloso Copenhague.
Merete: Sí, sí que lo es.
Andrés: Hay unos jardines muy bonitos en Copenhague, ¿no es verdad?
Merete: Ah, usted quiere decir el Tívoli.
Andrés: Sí, eso es. El Tívoli. Y también hay una estatua de una sirenita.
Merete: Sí, claro que sí. La Sirena. Dígame, ¿de dónde es usted?
Andrés: Ah, yo soy español.
Merete: ¿Nació usted en Sevilla?
Andrés: No, yo nací en Madrid, pero trabajo en Sevilla.
Merete: ¡Qué interesante!
Andrés: Espero que no le importe que le pregunte, cómo se llama.
Merete: Mi nombre es Brammer. Merete Brammer.
Andrés: ¿Es un nombre danés?
Merete: Sí. Y como se llama usted?
Andrés: Oh, mi nombre es Andrés Cela. ¿Cómo esta usted?
Merete: Encantada.
Andrés: ¿Va usted a Sevilla de negocios?
Merete: Sí.
Andrés: ¿En que trabaja usted?
Merete: Soy arquitecta.
Andrés: Ah, muy interesante. ¿Y qué le trae a Sevilla?
Merete: Hay una conferencia internacional de arquitectura.
Andrés: ¿Construye usted edificios modernos?
Merete: Bueno, a veces diseño edificios muy modernos, pero también estoy
interesada en los edificios antiguos. Por eso vengo a Sevilla.
Andrés: Sí, claro. En Sevilla hay muchos edificios y monumentos antiguos ... la
catedral y muchos otros.

244

Merete:	Voy a ir al Instituto de Estudios de Arquitectura. Y también voy a asistir a una conferencia sobre la conservación del patrimonio que se va a celebrar en la universidad. Estoy muy, muy interesada en este tema. Y usted, ¿en qué trabaja?
Andrés:	Bueno, tengo una cadena de supermercados.
Merete:	(Decepcionada) Ah, supermercados ...
Andrés:	Precisamente ahora quiero abrir otro, también en Sevilla, y no puedo conseguir el permiso.
Merete:	¿Por qué no?
Andrés:	(Sin entusiasmo) Porque, parece ser, que en el lugar donde quiero construir mi establecimiento, se encuentra la ruina del palacio de un emperador romano.
Merete:	¡Cómo! ¡Pero esto es interesantísimo! Pero, pero ... ¿de qué emperador? dígame ¿de qué emperador?

Sección cuatro

Andrés:	Espero que no le haya molestado.
Merete:	¿Qué quiere decir?
Andrés:	Bueno, hace un momento estaba hablando de negocios y supermercados.
Merete:	No se preocupe.
Andrés:	¿Puedo preguntarle algo? ¿Está usted casada?
Merete:	No, estoy divorciada. ¿Y usted?
Andrés:	Yo estoy soltero. Todavía no he encontrado a la mujer ideal. ¿Tiene hijos?
Merete:	Sí, tengo un hijo y una hija.
Andrés:	¿Le gustaría tomar un café?
Merete:	Sí, muchas gracias.
Andrés:	Le invito yo.
Merete:	No, yo pago mi café.
Andrés:	Insisto.
Merete:	Bueno. Un café, por favor.
Andrés:	Dos cafés con leche. ¿Le gustaría una pasta?
Merete:	No, gracias. Nunca como pastas.
Andrés:	¡Qué lástima! Las pastas españolas están muy buenas.
Merete:	Sólo quiero un café, gracias.
Andrés:	(A la camarera:) Dos cafés y una pasta, por favor. ¿Cuánto es?
Camarera:	Son 200 pesetas.
Andrés:	Muchas gracias. Aquí tiene su café.
Merete:	Muchas gracias.
Andrés:	¿De dónde es usted?
Merete:	Perdón. ¿Qué dice?
Andrés:	Sólo quería saber de dónde es usted. Usted dijo antes que era danesa, de Copenhague. ¿En que parté de Copenhague vive usted?
Merete:	Yo vivo en Fredericksberg.
Andrés:	¿Dónde?
Merete:	Es un barrio de Copenhague.
Andrés:	¿Y cómo es?
Merete:	Es una parte muy agradable de Copenhague y hay un parque con un palacio. Y también hay lagos preciosos.
Andrés:	Parece muy bonito.
Merete:	Sí, lo es. Es uno de los lugares más bonitos de Copenhague. Dígame, ¿ha estado alguna vez en Dinamarca?
Andrés:	No, nunca.
Merete:	Qué pena. Perdone, ¿puede decirme donde están los servicios?
Andrés:	Sí, todo recto y al final del pasillo.
Merete:	Muchas gracias.

Sección cinco

Merete: ¿Qué es aquello?
Andrés: Es una central eléctrica.
Merete: Ya he visto tres centrales eléctricas como ésta. ¿Son centrales nucleares?
Andrés: No, no son nucleares. Hay un pantano.
Revisor: Su billete, por favor?
Andrés: Sí, aquí tiene.
Revisor: (Perfora el billete:) Gracias, señor. ¿Su billete, señora?
Merete: ¿Perdón?
Revisor: Su billete, señora.
Merete: Ah, sí, aquí está.
Revisor: (Perfora el billete:) Muchas gracias.
Andrés: ¿Dónde trabaja usted?
Merete: Yo trabajo en el centro de Copenhague.
Andrés: ¿Es un trabajo fijo?
Merete: (Secamente:) Sí, lo es.
Andrés: ¿Le gusta su trabajo de arquitecta?
Merete: Naturalmente que me gusta.
Andrés: ¿Trabaja por su cuenta o está empleada en una empresa?
Merete: Trabajo con un grupo de arquitectos y formamos un equipo. ¿Y qué hace usted?
Andrés: Como ya le dije, tengo una cadena de supermercados. Soy el director.
Merete: ¿Cuántos empleados tiene?
Andrés: Tengo cuatrocientos empleados a mis órdenes.
Merete: ¿De verdad? ¿Y le gusta mucho su trabajo?
Andrés: Sí, sí, me gusta. El trabajo del supermercado es muy interesante. ¿Cuánto tiempo hace que vive en Copenhague?
Merete: He estado viviendo allí unos treinta años.
Andrés: ¿Vive en una casa?
Merete: No, vivo en un piso.
Andrés: ¿Cómo es su piso?
Merete: Tengo un piso muy bonito en Fredericksberg.
Andrés: ¿Cuántas habitaciones tiene?
Merete: Tiene una cocina, un baño y tres dormitorios, y también un salón y un comedor.
Andrés: Parece muy grande.
Merete: Sí, lo es. ¿Dónde vive usted?
Andrés: Hasta he compartido un piso con otro compañero, pero estoy buscando casa.
Merete: ¿Es fácil comprar una casa en Sevilla?
Andrés: No, es muy difícil. Las casas son muy caras. Y tendré que ir a un hotel dos o tres semanas; pero si tengo suerte, encontraré una casa que quizá pueda comprar. ¿Está usted interesada en el fútbol?
Merete: No, lo siento. No estoy interesada en el fútbol.
Andrés: ¡Que pena! A mí me gusta mucho. Y yo voy cada sábado a ver los partidos del Sevilla.
Merete: ¿Ah sí?
Andrés: ¿Tiene usted algún pasatiempo?
Merete: Sí, soy muy aficionada a la música. En Copenhague voy a menudo a la ópera y al ballet.
Andrés: ¿De veras?
Merete: ¿Está usted interesado en la música?
Andrés: No, yo no. Al menos, no en la música clásica. Pero me gusta la música moderna. ¿Y a usted le gusta la música moderna?
Merete: No, lo siento. No me gusta.
Andrés: ¡Oh, qué pena!

246

Sección seis

Andrés:	Me parece que ya estamos llegando. Estaremos en Sevilla muy pronto.
Merete:	Dígame, ¿que cree que debo ver de Sevilla? Ya sé que hay una catedral magnífica.
Andrés:	Sí, si, la catedral gótica más grande de España.
Merete:	Sí, ya lo sé. ¿Pero que más tengo que ver?
Andrés:	Bueno ¿por qué no va a la Giralda, la famosa torre sevillana?
Merete:	¿Y qué más?
Andrés:	¿Por qué no va al museo de Bellas Artes? El museo de Bellas Artes es el museo de pintura con la mejor colección de obras de Murillo, Zurbarán, Valdes Leal y otros muchos.
Merete:	¿Ha estado usted en este museo?
Andrés:	Sí, varias veces.
Merete:	Debe ser interesantísimo.
Andrés:	Sí, es muy interesante.
Merete:	Uy, creo que estamos llegando.
Andrés:	Sí, aquí estamos. Esto es Sevilla.
Merete:	Tengo que encontrar un hotel. ¿Sabe usted de uno bueno?
Andrés:	Sí, el hotel Alfonso XIII.
Merete:	¿Es caro?
Andrés:	Sí, creo que es muy caro.
Merete:	Entonces tengo que buscar algo más barato. ¿Me puede aconsejar?
Andrés:	Sí, le sugiero que vaya a la Oficina de Turismo, y pregunte allí.

Sección siete
En la oficina de turismo

Merete:	¿Puede ayudarme, por favor? Estoy buscando un hotel.
Empleado:	Sí, señora. ¿Cuánto tiempo va a estar?
Merete:	Solamente dos o tres noches.
Empleado:	¿Qué clase de hotel quiere usted?
Merete:	Uno que no sea muy caro.
Empleado:	¿Puedo sugerirle el Don Marcos?
Merete:	¿Cuánto cuesta?
Empleado:	Unas 1.750 pesetas con desayuno.
Merete:	Sí, me parece bien. ¿Quiere hacerme una reserva por favor?
Empleado:	¿Quiere habitación doble o individual, señora?
Merete:	Una individual.
Empleado:	Sí, señora. Un momento. (Telefonea:) ¿Hotel Don Marcos? ¿Tiene una habitación individual para tres noches? (A Merete:) Tienen una habitación con desayuno por 1.750 pesetas. ¿Está bien?
Merete:	Sí, hagame una reserva, por favor.
Empleado:	¿A qué nombre, señora?
Merete:	Brammer. Merete Brammer.
Empleado:	El nombre es Brammer. Para tres noches, con desayuno. Gracias. (A Merete:) Le he reservado una habitación, señora. Me debe 100 pesetas por la llamada telefónica.
Merete:	Aquí tiene. Muchas gracias.

Merete:	Mi nombre es Brammer.
Recepcionista:	Ah, sí. Usted ha reservado a través de la Oficina de Turismo.
Merete:	Sí, así es.
Recepcionista:	Es una habitación individual con desayuno, 1.750 pesetas.
Merete:	Eso es.
Recepcionista:	Habitación 23, señora. Aquí tiene la llave.
Andrés:	¿No nos hemos visto antes?
Merete:	Ah, es usted …

Escena dos

De visita en el Museo del Prado

Personajes
Guía: Señor Alvárez
Visitor: Señorita Rodrigo

Sección uno

Guía:	Señoras y señores, el Museo del Prado en el que hoy estamos, es uno de los museos de arte más famosos del mundo. Su construcción se inició durante el reinado de Carlos III, y al principio, el edificio albergaba el museo de ciencias naturales. Fue obra de Juan de Villanueva, el célebre arquitecto español del periodo neoclásico. Villanueva era hijo de un escultor, y precisamente su padre fue su primer maestro; posteriormente acudió a Roma, para cursar sus estudios de arquitectura. El Museo del Prado es su obra más importante.
Visitor:	Perdone, ¿cómo se llama el arquitecto?
Guía:	Villanueva. Juan de Villanueva.
Visitor:	Ah, gracias.
Guía:	La colección de pintura de la casa real española la inició el Rey Carlos I, que era también Carlos V de Alemania. Y la continuó su hijo, el rey Felipe II, quien era, al igual que su padre, un gran amante del arte. Luego en el siglo XVII, el rey Felipe IV casi estaba más interesado en su colección de pintura que en gobernar el país. Por su parte, los Borbones, Felipe V y Carlos II, fueron también ávidos coleccionistas durante el siglo XVIII. Hoy en día, hay en el Museo del Prado muchas obras de arte de todo el mundo, pero lo que más destaca es su magnífica colección de pintura de la Escuela Española, y ahora mismo vamos a ver algunos de los cuadros más importantes. Sean tan amables de venir conmigo, por favor … y no se dispersen.
Visitor:	Perdone, ¿puede esperar un momento? Quiero ir primero al lavabo.
Guía:	Sí, naturalmente. Encontrará los servicios allí a la izquierda. Procure no tardar, por favor.
Visitor:	Perdone, ¿se pueden comprar diapositivas de los cuadros en el museo?
Guía:	Sí. Hay una tienda muy surtida, donde se venden diapositivas, grabados y libros de arte. Pero es mejor ir al final de la visita. ¿Estamos todos? Doce, catorce, dieciséis. Muy bien. Vamos a empezar ya, porque hay tanto que ver …

Sección dos

Guía: ... Este cuadro: „Retrato de un Caballero" es de El Greco, y es característico de muchos de los retratos que pintó. El rostro es austero ... vemos a un hombre serio, de expresión grave, vestido de oscuro.

Visitor: Pero El Greco no era español, ¿verdad?

Guía: No, no era español. Se llamaba Domenico Theotocopulos, y nació en Creta. Antes de venir a España, estudió pintura en Venecia y Roma.

Visitor: ¿Y cuándo vino a España?

Guía: Seguramente llegó a España hacia 1577, cuando tenía unos treinta años. Fue a vivir a Toledo, donde pintó retablos y pintura religiosa para la Iglesia, así como retratos de encargo. El Greco esperaba que el Rey Felipe II se convirtiese en su mecenas y protector, y le encargara trabajar en el palacio de El Escorial. Pero al rey no le gustaba su estilo. A pesar de ello, El Greco adquirió gran renombre. Y murió en Toledo en el año 1614.

Sección tres

Guía: ... Este cuadro es uno de los más famosos del Museo del Prado. Es de Velázquez, al que muchos consideran el mejor pintor español de todos los tiempos. Se titula: „La Rendición de Breda".

Visitor: ¿Fue Velázquez contemporáneo de El Greco?

Guía: No. Diego Rodríguez de Silva y Velázquez, que así se llamaba el pintor, tenía sólo quince años de edad cuando murió El Greco. Velázquez nació en Sevilla, y fue discípulo de un notable pintor y erudito, Francisco Pacheco, cuya hija se casó con Velázquez en 1618. Cuatro años después, Velázquez vino a Madrid para ampliar su carrera, y ascendió a pintor real de cámara del Rey Felipe IV. Este cuadro que estamos contemplando, „La Rendición de Breda", forma parte de una serie de cuadros realizados por diversos pintores españoles para representar las grandes victorias bélicas del país. Dichos cuadros se destinaron al Salón de Reinos, del Palacio del Buen Retiro, que ya no existe, pero que estaba situado cerca del Prado, donde hoy nos encontramos. En su cuadro, Velázquez representa la rendición de Breda, una ciudad de Holanda, después de haber sido sitiada por el ejército español. Aquel hecho tuvo lugar el dos de junio de 1625.

Visitor: ¿Este cuadro ... no tiene otro título? ¿Las picas, las lanzas?

Guía: Sí, efectivamente. „Las Lanzas". Se debe a que una de las características del cuadro son las líneas verticales de las lanzas de los soldados del ejército español a la derecha del cuadro. Estas líneas verticales contrastan con el desorden de las líneas diagonales de las picas de los soldados holandeses derrotados a la izquierda. Y aquí termina esta visita al Museo del Prado. Espero que les haya gustado. Muchas gracias por su atención e interés. Adiós y buenas tardes.

Escena tres
Una feliz noticia

Personajes
Narrador
Carmela
Rosa
Ramón
Mario
Tomás
hombre

Narrador: Vamos ahora a Galicia, para conocer de cerca a la familia Camino. Estamos en una aldea que se llama Castro Ramiro, no lejos de La Estrada, una pequeña ciudad de provincias. En esta aldea hay una estación de servicio y un taller de reparaciones que se llaman „Camino y Fandiño", regentados por Ramón Camino y su hermana Rosa Camino de Fandiño. Ramón tiene una hija que se llama Carmela, de 17 años; Rosa tiene dos hijos: el mayor Tomás, de 22 años, y el menor, Cristóbal, de 18. Tomás estudia en la Universidad de Madrid, pero ha venido a pasar las vacaciones de Navidad a casa; quiere organizar una fiesta.

Sección uno

Tomás: Hola, Carmela.
Carmela: ¡Tomás, qué alegría verte! ¿Cuándo has llegado?
Tomás: Anoche.
Carmela: ¿Lo has pasado bien en Madrid?
Tomás: Estupendamente. Oye, quiero organizar una fiesta.
Carmela: ¡Qué buena idea! ¿Para cuándo?
Tomás: Pues, Cristóbal y yo creemos que el mejor día será el miércoles. ¿Estás libre?
Carmela: Sí, el miércoles sí. ¿Quieres que traiga algo?
Tomás: Sí, trae una botella de vino tinto. Oye, ¿y puedes preparar una tarta?
Carmela: Ah, muy bien. Preparé una tarta de manzana.
Tomás: Estupendo. Entonces está todo decidido. Vente a eso de las ocho.
Carmela: Por cierto, ¿puedo traer a mi novio?
Tomás: ¿Tu novio?
Carmela: Se llama Mario Puente.
Tomás: ¿Mario Puente? ¿El de la moto vieja? Es un chico que no me gusta nada.
Carmela: Pues es mejor de lo que te piensas.
Tomás: Te digo que no me gusta nada. No me parece un chico serio.
Carmela: Pues es mi novio, y quiero que venga a la fiesta.
Tomás: Carmela, ¿por qué no vienes tú sola?
Carmela: Si no puedo traer a Mario, no vendré.
Tomás: Bueno, si es así, que venga Mario contigo.

Sección dos

Mario: ¿Te lo estás pasando bien en la fiesta, Carmela?
Carmela: Ay, sí. Estupendamente.
Mario: ¿Qué haces mañana?
Carmela: No estoy segura. Quizá vaya a dar una vuelta por el río con Tomás y Cristóbal. ¿Quieres venir?
Mario: Ay, no. No me gusta ir al campo sin la moto.
Carmela: ¡Cómo! ¿Que nunca sales a pasear? ¡Pero qué perezoso!

250

Mario:	Bueno, a veces, por mi trabajo, tengo que ir caminando de un sitio a otro. Pero nunca camino más de lo necesario. Normalmente voy en moto a todas partes. ¿Por qué no vienes conmigo en mi moto?
Carmela:	Prefiero no ir. ¿No es peligroso?
Mario:	Claro que no es peligroso.
Carmela:	Es que no tengo casco.
Mario:	Pues yo tengo dos cascos. Te prestaré uno de los míos. Ven entonces. Lo pasaremos muy bien. Podemos ir a una discoteca de La Estrada.
Carmela:	De acuerdo. ¿A qué hora nos vemos en la gasolinera?
Mario:	Bueno, a eso de las seis y media.
Carmela:	Es demasiado temprano. Prefiero un poco más tarde. ¿Qué te parece a las siete?
Mario:	De acuerdo. Entonces, nos vemos a las siete en punto en la gasolinera de tu padre.

Sección tres

Ramón Camino:	¿A qué hora llegaste a casa anoche?
Carmela:	Papá, mira, Mario te explicará lo que pasó.
Mario:	Siento mucho que Carmela llegara tan tarde. Es que la moto sufrió un avería.
Ramón Camino:	¿Qué le pasa?
Mario:	Creo que el indicador de gasolina está roto. Estábamos a cinco kilómetros de La Estrada, cuando de pronto el motor hizo un ruido extraño, y la moto se paró.
Ramón Camino:	¿Qué tipo de moto es?
Mario:	Es una Honda. Un modelo antiguo. ¿Puede usted ponerme un indicador nuevo?
Ramón Camino:	Sí, claro que sí.
Mario:	¿Cuánto cree que va a costar?
Ramón Camino:	Unas mil pesetas.
Mario:	¿Tardará mucho en conseguir un indicador?
Ramón Camino:	Una semana, o así.
Mario:	Muchas gracias, señor Camino, y siento mucho que Carmela llegara tan tarde anoche.
Ramón Camino:	Vale, ya comprendo.

Sección cuatro

Ramón:	¿Qué te pasa, hija?
Carmela:	Tengo un terrible dolor de cabeza.
Ramón:	Pues también tienes una tos muy fuerte. ¿Cómo te sientes?
Carmela:	Me siento muy mal, papá.
Ramón:	Anoche estaba lloviendo.
Carmela:	Sí.
Ramón:	¿Te mojaste mucho?
Carmela:	Sí, me mojé bastante. Y además hacía mucho frío.
Ramón:	Bueno, no puedo quedarme ahora. Tengo que ir a la gasolinera. Pero llamaré a la Tía Rosa para que venga a cuidarte.

Carmela:	Ay, gracias papá.
	(Entra Rosa Camino.)
Rosa:	¿Qué te pasa, hija?
Carmela:	Tengo dolor en el pecho … tengo un terrible dolor de cabeza.
Rosa:	Ay, hija, cuánto lo siento. Vamos a tomarte la temperatura. Aquí está el termómetro. Abre la boca y póntelo bajo la lengua. Y no hables ahora. Espera que te saque el termómetro. Pues, sí tienes fiebre … 40 de fiebre. Quédate en cama, y yo voy a llamar al médico. Te traeré una infusión dentro de un rato. Pero ahora tengo que ir un momento a la gasolinera, porque ha venido el camión cisterna. ¿De acuerdo?
Carmela:	Sí, tía Rosa. Gracias.

Sección cinco

Rosa:	(Hablando por telefono.) Oiga, ¿es la consulta del Doctor Domínguez? Es que mi sobrina Carmela tiene mucha fiebre, y una tos terrible. (Pausa) Sí, creo que es grave. Tiene dolor en el pecho. (Pausa) Salío anoche mientras llovía, y se enfrió. (Pausa) Sí, le he tomado la temperatura, y tiene 40 de fiebre. (Pausa) ¿Puede venir a verla por la mañana el doctor Domínguez? (Pausa) Yo estaré todo el día trabajando en la gasolinera. (Pausa) Sí, „Camino y Fandiño", Castro Ramiro. (Pausa) Muchas gracias. Hasta mañana. Adiós.
Narrador:	Carmela se recupera finalmente de su resfriado. Sus relaciones con Mario son cada vez más intensas, hasta que terminan enamorándose. Escuchemos la conversación entre Carmela y su tía Rosa.

Sección seis

Rosa:	Te veo muy contenta, Carmela.
Carmela:	Tengo buenas noticias, tía.
Rosa:	Dime, dime.
Carmela:	Tía Rosa: Mario y yo nos vamos a casar.
Rosa:	¡Uy, qué alegría! ¡Y qué sorpresa! ¿Cuánto tiempo hace que le conoces?
Carmela:	Desde la fiesta que tuvimos antes de Navidad.
Rosa:	Pues es muy poco tiempo, hija.
Carmela:	No, no es poco. Nos conocemos muy bien ya.
Rosa:	Parece un buen chico. Seguro que seréis muy felices. ¿Y cuántos años tiene?
Carmela:	Veinticinco.
Rosa:	¿Y en qué trabaja?
Carmela:	Es repartidor de una fábrica de productos lácteos.
Rosa:	¿Y qué hace en su tiempo libre?
Carmela:	Pues … no sé … le gusta el fútbol … mmm … le gusta ir en moto … mmm …
Rosa:	Ya, comprendo, hija. ¿Y para cuándo es la boda?
Carmela:	El veinte de abril, a las doce de la mañana. Una boda al mediodía.
Ramón:	¿Boda? ¿Qué boda?
Carmela:	Ay, papá. Ya has llegado.
Ramón:	¿Qué es esto de una boda?
Carmela:	Papá, Mario y yo nos vamos a casar.
Ramón:	¿Seguro?

Carmela:	Sí, papá … segurísimo.
Ramón:	Bueno, si eso es lo que queréis … ¿Y para cuándo?
Carmela:	El mes de abril … dentro de un mes.
Ramón:	¿Y dónde vais a vivir? ¿Ya tenéis piso?
Carmela:	Sí, hemos visto uno muy bonito en la calle Mayor. Con nuestros ahorros podemos dar la entrada.
Rosa:	¿Cómo es el piso?
Carmela:	Pues es un primer piso, y tiene tres dormitorios, salón, cocina, baño y un aseo. Ah, y una terraza.
Ramón:	Bueno … no sé … me gustaría hablar con Mario.
Carmela:	Ah, pues ahora mismo va a venir.
Narrador:	Y Mario llegó a casa de los Camino al cabo de unos minutos, para hablar con su futuro suegro.

Sección siete

Mario:	Buenas tardes, Doña Rosa. Buenas tardes, Sr. Camino. Hola, Carmela.
Ramón:	(No muy contento de ver a Mario:) Hola, Mario. Siéntate, siéntate. Así que os queréis casar.
Mario:	Sí, señor.
Ramón:	Y para abril.
Mario:	Así es.
Ramón:	Ya tenéis piso.
Mario:	Sí, sí.
Ramón:	Y tu trabajo de repartidor, ¿qué tal?
Mario:	Muy bien, señor Camino.
Ramón:	Hay algo que no sé.
Mario:	Dígame.
Ramón:	¿Dónde vais de luna de miel?
Mario:	Vamos a un cámping.
Ramón:	(Algo excitado) ¿A un camping?
Mario:	Sí, señor. A un camping, con tienda de campaña y en mi moto.
Ramón:	(Algo disgustado:) ¿Camping? ¿Tienda de campaña? ¿Moto?
Mario:	Sí, Sr. Camino. ¿No le parece una idea estupenda?
Carmela:	(Excitada:) A mí me parece una idea maravillosa, papá.
Ramón:	¡Aaay!
Narrador:	Ya falta poco para la boda. Rosa hace los preparativos de la ceremonia y el banquete. Y Mario se encarga de llamar al camping „Mar y Sol" para hacer una reserva.

Mario: Oiga, ¿es el 76411 11? ¿Es el Camping „Mar y Sol"?
Hombre: Sí, dígame.
Mario: Quisiera hacer una reserva para el veinte de abril.
Hombre: ¿Para cuánto tiempo?
Mario: Una semana solamente.
Hombre: Está todo reservado.
Mario: ¿No hay sitio?
Hombre: No, lo siento … ah, espere un momento … sí, qué suerte, esta mañana ha habido una cancelación. Sí, esa semana hay sitio en el camping. ¿Tiene tienda de campaña o caravana?
Mario: Tienda de campaña.
Hombre: ¿Para cuántas personas?
Mario: Dos. Mi mujer y yo. Será nuestra luna de miel.
Hombre: ¿Luna de miel? Ah. (Dudoso) ¡Qué bien! ¿Me puede dar su nombre?
Mario: Mario Puente. P-U-E-N-T-E.
Hombre: ¿Vendrá usted en autocar, en tren o en vehículo propio?
Mario: En mi moto.
Hombre: Ah, ya. ¿Me puede enviar una fianza?
Mario: ¿De cuánto?
Hombre: Cuatro mil pesetas.
Mario: Muy bien. ¿Me puede dar su dirección?
Hombre: Sr. González, Encargado, Camping „Mar y Sol", Malpica, Coruña.
Mario: Muy bien, hoy mismo le envío el dinero.
Hombre: Pues muchas gracias.
Mario: De nada. Adiós.
Hombre: Adiós. Hasta el veinte de abril. Y feliz boda.
Mario: Gracias. Adiós. Hasta pronto.

Escena cuatro

Cristóbal Colón 1451–1506

Personajes
Rafael
Luis

Dos amigos, Rafael y Luis, están paseando por las Ramblas de Barcelona. Al final está el puerto, donde hay una gran estatua de Cristóbal Colón, qui mira hacia el mar. Rafael es de Madrid y está visitando a su amigo Luis por primera vez.

Sección uno

Rafael: ¿Dé quién es esta estatua, Luis?
Luis: Es de Cristóbal Colón.
Rafael: ¿Nació aquí Cristóbal Colón?
Luis: No. Cristóbal Colón nació en la ciudad italiana de Génova, se supone que en 1451.
Rafael: Cuéntame un poco de su vida.

Luis:	Pasó los primeros años de su vida como marinero en los barcos que visitaban los puertos del Mediterráneo. En 1476 salió en un barco que llevaba mercancías a las ciudades del norte. Cerca de la costa de Portugal un grupo de naves portuguesas atacaron el barco, y Colón tuvo que ir nadando unos ocho kilómetros hasta la costa de Portugal.
Rafael:	¿Y qué hizo entonces?
Luis:	Vivió en Lisboa durante 10 años.
Rafael:	¿Dé qué trabajaba?
Luis:	Trabajaba de marinero y también durante este tiempo se dedicó a estudiar cartografía. También le gustaba escuchar a los viejos marineros que hablaban de nuevos continentes, pero nadie sabía la verdad.
Rafael:	¿Por qué estudiaba los mapas?
Luis:	Porque creía que el mundo era redondo, y quería descubrir un nuevo camino a las Indias Orientales.
Rafael:	¿Por qué quería ir a las Indias Orientales?
Luis:	De allí procedían los perfumes, el azúcar y otros productos de gran valor.
Rafael:	¿Era un hombre ambicioso?
Luis:	Sí, naturalmente y le habló de sus planes al rey Juan II de Portugal, pero no quiso ayudarle.
Rafael:	Entonces vino a España ¿no es cierto?
Luis:	Sí. Vino a España a explicar sus planes a los Reyes Católicos, Isabel y Fernando, pero estaban muy ocupados con la guerra de Granada y no le quisieron escuchar.
Rafael:	Sí, ahora me acuerdo. Tuvo que esperar hasta el fin de la Reconquista, cuando tomaron Granada.
Luis:	El 2 de enero de 1492.
Rafael:	¿Fue llamado Colón, por la reina Isabel?
Luis:	Sí. Y prestó gran atención a sus planes. El 17 de abril de 1492 la Reina Isabel le dio a Colón fondos para que hallara una nueva ruta hasta las Indias Orientales.

Sección dos

Rafael:	¿Vino a Barcelona?
Luis:	No, fue a Palos de Moguer, para preparar su expedición.
Rafael:	¿Le fue fácil encontrar marineros para esta expedición?
Luis:	No. Fue muy difícil, porque todos tenían miedo de morir en el mar, sin comida ni agua.
Rafael:	¿Cuántos marineros encontró?
Luis:	Encontró unos ochenta en total.
Rafael:	¿De qué parte de España eran?
Luis:	La mayoría de ellos eran vascos y andaluces.
Rafael:	¿Cuántos barcos compró?
Luis:	Compró tres. La Niña, La Pinta y La Santa María.
Rafael:	¿Eran barcos grandes?
Luis:	No. Eran tres barcos pequeños. Tres carabelas.
Rafael:	¿En qué barco fue Colón?
Luis:	Colón fue en la Santa María, con treinta y nueve hombres.
Rafael:	¿Cuándo salieron de España?
Luis:	Salieron de España el seis de septiembre de 1492.

Sección tres

Rafael:	¿Cuánto tiempo navegaron?
Luis:	Navegaron durante treinta y siete días sin ver tierra.
Rafael:	¿Tenían suficiente agua y comida?
Luis:	No, tenían poco agua y comida y los marineros querian volver a España.
Rafael:	¿Hubo un motín?
Luis:	No, porque vieron en el agua ramas de árbol, y en el cielo muchos pájaros.
Rafael:	¿Qué significaba?
Luis:	Significaba que faltaba poco para llegar a tierra firme. Sin embargo la tierra no aparecía.
Rafael:	¿Y qué hízo Colón?
Luis:	Colón, cambió de dirección el siete de octubre y fue hacia el sudoeste.
Rafael:	¿Cuándo descubrió tierra?
Luis:	A las dos de la mañana del doce de octubre el marinero Rodrigo de Triana vio tierra a una distancia de unas seis millas.

Sección cuatro

Rafael:	¡Así encontraron el Nuevo Mundo!
Luis:	Pronto llegaron a tierra. Colón saltó del barco con la bandera de Castilla, y tomó posesion de aquellas tierras en nombre de los Reyes Católicos!
Rafael:	¿Qué nombre dio a la isla?
Luis:	San Salvador.
Rafael:	¿Les atacaron los nativos de la isla?
Luis:	No, porque tenían miedo de los blancos. Creían que eran dioses del mar. Y les dieron muchos regalos.
Rafael:	¿Qué clase de regalos?
Luis:	Fruta y comida, y pequeños objetos de oro.
Rafael:	¿Descubrieron otras islas?
Luis:	Sí, sí, muchas otras islas. Entre ellas Cuba.
Rafael:	¿Cuándo regresó a España, Colón?
Luis:	El 15 de mayo de 1493, Colón llegó a Palos. Los Reyes Católicos estaban de visita en Barcelona. Colón fue a verles para hablarles de sus viajes.
Rafael:	¡Ah! Ahora comprendo porque está la estatua de Colón aquí en Barcelona. ¿Hizo Colón más viajes?
Luis:	Sí, hizo tres viajes más a América. En el tercer viaje descubrió el gran continente de América del Sur. Pero al volver de su cuarto viaje, estaba enfermo y cansado.
Rafael:	¿Cuándo murió?
Luis:	Murió el 20 de mayo de 1506 en Valladolid.
Rafael:	¡Muchas gracias, Luis, por tu lección de historia!

Escena cinco
De vacaciones

Personajes
Presentador: Federico Olmo
Invitados: Victoria Castillo, Estudiante de historia, 21
Beatriz López
Luis de Domingo, empleado, 40
Fernando Ríos, chico joven, 15

Sección uno

Federico: Buenos días, estimados oyentes. Aquí Federico Olmo. Iniciamos una nueva edición de nuestro espacio „La hora punta", en el que examinamos cuestiones de actualidad. Estamos ya en junio, de modo que todo el mundo se está preparando para irse de veraneo. Por tanto, el tema de hoy son las vacaciones. Hoy tenemos en el estudio a cuatro invitados: Victoria Castillo, Beatriz López, Luis de Domingo y Fernando Ríos. Vamos a ver qué planes han hecho nuestros invitados para sus vacaciones. Y empezamos con Victoria. Primero, Victoria, háblanos un poco de ti misma:

Victoria: Bueno, estudio Historia Antigua en la universidad. Tengo 21 años, y he nacido en Madrid.

Federico: Y dinos qué vas a hacer estas vacaciones.

Victoria: Bueno, por mis estudios, me gusta ir a conocer los restos de antiguas civilizaciones. El año pasado fui a Egypto. Y este año quiero ir a Grecia.

Federico: ¿Cómo vas a ir?

Victoria: En avión, claro.

Federico: ¿Y tienes ya el billete?

Victoria: Pues, no. Tengo que ir a comprarlo.

Federico: ¿Vas a ir sola?

Victoria: No, sola, no. Voy a ir con otros cuatro compañeros de mi clase.

Federico: Lo vais a pasar muy bien.

Victoria: Eso espero.

Federico: Y tú, Luis, ¿dónde vas a ir de vacaciones?

Luis: Pues yo tengo un apartamento en la Costa Blanca, donde voy todos los años.

Federico: ¿Y vas solo?

Luis: No, solo no. Me llevo a toda la familia, claro. Estoy casado y tengo tres hijos pequeños.

Federico: ¿Qué edad tienen tus hijos?

Luis: Ana tiene ocho años. Antonio tiene cinco, y Susana, dos.

Federico: ¿Les gusta la playa a tus hijos?

Luis: ¡Uy, sí! ¡Ya lo creo! ¡Les gusta muchísimo! Les gusta bañarse, hacer castillos de arena, jugar a la pelota ... en fin, se divierten mucho.

Federico: ¿Y a ti, te gusta la playa?

Luis: Bueno, a mí me gusta mucho nadar. Cuando era más joven gané varios campeonatos regionales.

Federico: ¡No me digas!

Luis: Sí, efectivamente. Pero son tiempos pasados. Ahora, no tengo tiempo para el deporte, con la familia, las obligaciones, el trabajo ...

Federico: ¿En qué trabajas?

Luis:	Trabajo en una fábrica de artículos para playa.
Federico:	¿Ah, sí?
Luis:	Pues, sí. Hacemos de todo: cubos, palas, flotadores, barcos de plástico, pelotas, colchonetas ...
Federico:	Entonces, no tienes que ir a comprar todos estos artículos a las tiendas.
Luis:	Bueno, no me los puedo llevar gratis ... pero a los empleados nos hacen un 40 por ciento de descuento.
Federico:	¡No está mal!
Luis:	No, no está mal.
Federico:	Pues muchas gracias, Luis.

Sección dos

Federico:	Y ahora Beatriz.
Beatriz:	Hola, ¿qué tal?
Federico:	Muy bien, muchas gracias. Beatriz, ¿dónde va a ir usted de vacaciones?
Beatriz:	Pues yo tengo una casa en el pueblo ...
Federico:	(Interrumpiendo:) ¿En el pueblo donde ha nacido usted?
Beatriz:	Pues, sí. Es Cerezo del Río Tirón, de la provincia de Burgos.
Federico:	¿Y cuándo se va usted de vacaciones?
Beatriz:	Pues me voy a comienzos de julio y vuelvo a finales de agosto.
Federico:	Casi dos meses.
Beatriz:	Pues sí, casi dos meses. Pero a veces me quedo hasta mediados de septiembre.
Federico:	Son unas vacaciones muy largas. Entonces usted no trabaja ...
Beatriz:	No, estoy jubilada. Antes trabajaba en un banco, de auxiliar administrativo.
Federico:	¿Y va con su marido y sus hijos?
Beatriz:	No, yo estoy soltera.
Federico:	Ah ... bueno, pero en su pueblo tendrá usted familiares.
Beatriz:	Bueno, mi madre, que ya es muy anciana, con casi 85 años ... y cuatro hermanas y cinco hermanos.
Federico:	¿Son ustedes diez hermanos en total?
Beatriz:	Pues, sí, diez.
Federico:	¿Están todos casados?
Beatriz:	Sí, todos ... bueno, menos yo.
Federico:	Así, que tendrá usted muchísimos sobrinos, ¿no?
Beatriz:	(Riéndose:) Dieciocho ... no diecinueve, porque el mes pasado nació otro.
Federico:	¿Y todos sus hermanos viven en el pueblo?
Beatriz:	Tres sí. Los demás viven en la capital.
Federico:	Muy bien. ¿Y qué hace usted durante las vacaciones?
Beatriz:	Pues, descansar. Me levanto tarde ... aunque también me acuesto tarde. Me gusta ir a pasear por el campo. Voy al río, porque también me gusta pescar.
Federico:	¿Pescar? ¿Y qué pesca usted?
Beatriz:	Truchas, sobre todo. Un día pesqué una trucha de un kilo y medio.
Federico:	¡Vaya, vaya! Pues, muchas gracias, Beatriz. ¡Y buena pesca para este año!

Federico:	Y ahora Fernando. Fernando es un joven de 15 años, que está estudiando BUP. Hola, Fernando.
Fernando:	(Algo inseguro:) Buenos días, Sr. Olmo. ¿Cómo está usted?
Federico:	Fernando, trátame de tú. No me digas Sr. Olmo, sino Federico. Yo no me digas „Cómo está USTED?".
Fernando:	De acuerdo. Buenos días, Federico. ¿Cómo estás?
Federico:	Eso me gusta. Así me siento más joven. Ja, ja, ja … (Los dos se rien.)
Fernando:	Ja, ja, ja.
Todos:	Ja, ja, ja.
Federico:	¿Tienes hermanos?
Fernando:	Sí, dos hermanas más pequeñas que yo, una de diez y otra de ocho.
Federico:	Así que tú eres el mayor.
Fernando:	Pues, sí.
Federico:	¿Y donde vas de vacaciones, Fernando?
Fernando:	Pues, donde van mis padres. Unos años nos quedamos en España. Otros, vamos al extranjero.
Federico:	¿Qué países conoces?
Fernando:	Pues conozco Gran Bretaña, Francia, Alemania, Suiza … y un año, fuimos a Estados Unidos.
Federico:	¿A qué ciudad de Estados Unidos?
Fernando:	Bueno, sólo a Nueva York.
Federico:	Oye, Fernando, ¿qué idiomas hablas?
Fernando:	Bueno, español … ja, ja, ja, claro. Y también hablo muy bién inglés, porque voy a las clases del Instituto Británico en Madrid.
Federico:	¿Nada más?
Fernando:	Bueno, un poco de francés, y un poco de alemán.
Federico:	Y cuando te quedas en España, ¿dónde vas con tu familia?
Fernando:	A San Sebastián.
Federico:	¿Sólo a San Sebastián?
Fernando:	Pues sí, casi siempre … porque mi madre es de San Sebastián. Y además, allí tenemos una casa muy bonita.
Federico:	¿En las afueras?
Fernando:	No, en el centro de la ciudad.
Federico:	¿Y tienes muchos amigos en San Sebastián?
Fernando:	Bueno, muchos amigos, no … pero tengo primos de mi misma edad.
Federico:	Entonces, te diviertes mucho.
Fernando:	Sí, mucho.
Federico:	Muy bien. Pues, muchas gracias a todos nuestros amables invitados de hoy. Y les deseo a ellos y también a nuestros oyentes unas felices vacaciones. Adiós, a todos.
Todos:	Adiós.

Escena seis

Don Quijote de la Mancha

Personajes
Pedro
Antonio

Dos estudiantes de español están hablando de literatura española.

Pedro:	¿Qué opinas del libro „Don Quijote de la Mancha"?
Antonio:	¿El que escribió Miguel de Cervantes? Pues la verdad lo encuentro un poco difícil de comprender.
Pedro:	¿Por qué?

Antonio:	Porque no tiene ninguna realidad, es como un cuento.
Pedro:	Naturalmente, es un libro de pura fantasía.
Antonio:	Don Quijote es un pobre loco.
Pedro:	No, no. Don Quijote es un visionario. Él vé la vida a través de las novelas de Caballería, donde siempre se defiende a las Damas y se imparte justicia con la espada.
Antonio:	Sí, pero cuando empieza sus aventuras, tiene más de 50 años de edad y está ya muy débil. Tiene un viejo caballo llamado ‚Rocinante' que es todo huesos.
Pedro:	Sí, toda su vida ha leído novelas de Caballeros Errantes, y cree que ahora ha llegado el momento de salir en busca de aventuras.
Antonio:	¿Pero no se da cuenta de que está viviendo una fantasía?
Pedro:	Sí, pero para él es como una realidad.
Antonio:	Y Sancho Panza, su escudero, ¿no crees que es también un poco estúpido?
Pedro:	No, Sancho Panza no es estúpido. Es un hombre con sentido común. Sabe que Don Quijote no puede defenderse solo y quiere ayudarle; además, quizá también encuentre fortuna.
Antonio:	¿Pero no sabe Sancho Panza que Don Quijote es un objeto de burla y de risa?
Pedro:	Claro que lo sabe.
Antonio:	¿Entonces cómo va a encontrar fortuna?
Pedro:	Porque Sancho también quiere aventuras, aunque vea las cosas con realismo.
Antonio:	¡No lo comprendo!
Pedro:	Mira, Sancho es un pobre campesino y no pierde nada con ir con Don Quijote. Además le respeta porque ha leído muchos libros, y él es analfabeto.
Antonio:	¿Y que me dices de su Dama?
Pedro:	¿Te refieres a Dulcinea del Toboso?
Antonio:	Sí.
Pedro:	Bueno, sabemos que es una pobre muchacha de la aldea, que trabaja de criada en un mesón …
Antonio:	… Y que además es muy fea y vulgar.
Pedro:	Y Don Quijote la idealiza.
Antonio:	¿Cómo es posible si nunca la ha visto?
Pedro:	Para Don Quijote no es necesario; él la ve en su imaginación como quiere verla.
Antonio:	¡Tiene una gran imaginación, ja, ja, ja!
Pedro:	Aquí ves la paradoja: una mujer fea se convierte en una mujer hermosa a los ojos de Don Quijote, y él quiere hacerse digno de sus virtudes y belleza.
Antonio:	¿Y va a luchar por ella?
Pedro:	Sí, para demostrar su amor y valentía.
Antonio:	Francamente, no sé que pensar.
Pedro:	¿Cuántas veces has leído el libro?
Antonio:	Solamente una vez.
Pedro:	Tienes que leer el libro varias veces para darte cuenta de que es un libro universal, que nos habla a todos de las realidades de la vida y de nuestras fantasías.
Antonio:	El final del libro es un poco triste.
Pedro:	Sí, lo es. Don Quijote vuelve a la realidad y se muere.
Antonio:	Además, encuentro el libro muy largo.
Pedro:	No es necesario leerlo de ‚cabo a rabo' sino en capítulos. Todos son interesantes, y algunos también son muy divertidos. A los niños les gustan mucho las aventuras del „Hidalgo Don Quijote de la Mancha".
Antonio:	Sí, creo que tienes razón.
Pedro:	Adiós, Antonio.
Antonio:	Adiós, Pedro, hasta luego.

Nützliche unregelmäßige Verben

	Presente	Pretérito	Perfecto
empezar	Yo empiezo	Yo empecé	Yo he empezado
traer	Yo traigo	Yo traje	Yo he traído
construir	Yo construyo	Yo construí	Yo he construido
comprar	Yo compro	Yo compré	Yo he comprado
coger	Yo cojo	Yo cogí	Yo he cogido
	El coge		
venir	Yo vengo	Yo vine	Yo he venido
cortar	Yo corto	Yo corté	Yo he cortado
hacer	Yo hago	Yo hice	Yo he hecho
	El hace		
beber	Yo bebo	Yo bebí	Yo he bebido
comer	Yo como	Yo comí	Yo he comido
encontrar	Yo encuentro	Yo encontré	Yo he encontrado
volar	Yo vuelo	Yo volé	Yo he volado
	El vuela		
olvidar	Yo olvido	Yo olvidé	Yo he olvidado
obtener	Yo obtengo	Yo obtuve	Yo he obtenido
dar	Yo doy	Yo di	Yo he dado
ir	Yo voy	Yo fui	Yo he ido
	El va		
oír	Yo oigo	Yo oí	Yo he oído
guardar	Yo guardo	Yo guardé	Yo he guardado
salir	Yo salgo	Yo salí	Yo he salido
esperar	Yo espero	Yo esperé	Yo he esperado
poner	Yo pongo	Yo puse	Yo he puesto
leer	Yo leo	Yo leí	Yo he leído
correr	Yo corro	Yo corrí	Yo he corrido
decir	Yo digo	Yo dije	Yo he dicho
	El dice		
ver	Yo veo	Yo vi	Yo he visto
vender	Yo vendo	Yo vendí	Yo he vendido
enviar	Yo envio	Yo envié	Yo he enviado
dormir	Yo duermo	Yo dormí	Yo he dormido
hablar	Yo hablo	Yo hablé	Yo he hablado
gastar	Yo gasto	Yo gasté	Yo he gastado
robar	Yo robo	Yo robé	Yo he robado
nadar	Yo nado	Yo nadé	Yo he nadado
tomar	Yo tomo	Yo tomé	Yo he tomado
contar	Yo cuento	Yo conté	Yo he contado
pensar	Yo pienso	Yo pensé	Yo he pensado
comprender	Yo comprendo	Yo comprendí	Yo he comprendido
llevar	Yo llevo	Yo llevé	Yo he llevado
ganar	Yo gano	Yo gané	Yo he ganado
escribir	Yo escribo	Yo escribí	Yo he escrito

Alphabetische Wortschatzliste

a tu salud	auf Ihr Wohl	alto ejecutivo (m)	Generaldirektor
a veces	manchmal	ama de casa (f)	Hausfrau
abajo/a	unten	amable	liebenswürdig/nett
abogado (m)	Anwalt	amarillo/a	gelb
abonárselo en	in Bares umsetzen	ambición (f)	Ehrgeiz
efectivo	auszahlen	ambulancia (f)	Krankenwagen
abril (m)	April	amenaza (f)	Drohung
abrir	aufmachen	americano/a	Amerikaner(in)/
absolutamente	durchaus		amerikanisch
abuela (f)	Oma	amiga íntima (f)	(beste) Freundin
abuelo (m)	Opa	amigo/a	Freund
abuelos (m)	Großeltern	amistad (f)	Freundschaft
acaso	Zufall/für alle Fälle/	amor al arte (m)	Liebe zur Kunst
	vielleicht	amueblado/a	möbliert
accidente (m)	Unfall	añadir	dazugeben
aceite de olivia (f)	Olivenöl	andar	gehen/spazieren
aceite		anillo (m)	Ring
lubricante (m)	Öl	anís (m)	Anislikör
acelerador (m)	Gaspedal	año (m)	Jahr
acento (m)	Tonfall/Akzent	año pasado	letztes Jahr
acera (f)	Gehsteig	año próximo	nächstes Jahr
acerca de	über	anoche	gestern abend
acompañar	begleiten	antes	bevor
acordarse	sich erinnern	antiguo/a	antik
acostarse	ins Bett gehen	anunciar	ankündigen
acostumbrado/a	gewohnt	anuncio (m)	Inserat
actor (m)	Schauspieler	apagar	ausmachen/
actos públicos (m) (pl)	Öffentlichkeitsarbeit		ausschalten
actriz (f)	Schauspielerin	aparcamiento (m)	Parking/Parkplatz
acuarelá (f)	Wasserfarbe	aparcar	parken
Acuario (m)	Wassermann	apartamento (m)	Wohnung
acuñar	in die Wiege legen	apear	aussteigen
adelantar	überholen/einholen	apellido (m)	Familienname
adiós	auf Wiedersehen	apenas	kaum
adivinar	vorhersagen/	apiñar	sich versammeln
	herausfinden	aprender	lernen
admirar	bewundern	aproximadamente	ungefähr
adquirir	erwerben/	aquí	hier
	sich aneignen	árbol (m)	Baum
aerodeslizador (m)	Luftkissenschiff	Aries (m)	Widder
afeitarse	sich rasieren	armas de fuego (f)	Waffen
aficionado (m)	Fan	arquitecto (m)	Architekt
afinado	gestimmt (Klavier)	arrancar	starten
afuera	draußen	arreglar	reparieren/arrangieren/
agosto	August		in Ordnung bringen
agua (f)	Wasser	arriba	oben
agua corriente	fließendes Wasser	arroz (m)	Reis
agua mineral	Mineralwasser	arrugado	zerknittert
agujero (m)	Loch	artículo (m)	Artikel
ahora	nun	ascenso (m)	Aufstieg
aire (m)	Luft	ascensor (m)	Lift
ajo (m)	Knoblauch	asiento (m)	Sitz/Platz
albergue (m)	(Jugend-)Herberge	aspecto (m)	Aussehen
alcalde (m)	Bürgermeister	aspirina (f)	Aspirin
alegre	froh/fröhlich	atención (f)	Aufmerksamkeit
alegría (f)	Freude	atractivo/a	attraktiv
alemán/a	Deutsche(r)/deutsch	atrasado/a	verspätet
algo	etwas	austríaco/a	Österreicher(in)/
algo por el estilo	so was ähnliches		österreichisch
algodón (m)	Watte	autobús (m)	Bus
alguien	jemand	autopista (f)	Autobahn
allí	dort	autor (m)	Autor
almeja (f)	Venusmuschel	auxiliar (m/f)	Assistent(in)
alojamiento (m)	Unterkunft	avenida (f)	Straße
alquilar	mieten	avería (f)	Panne
alrededores (m)	Umgebung	avión (m)	Flugzeug
alto/a	groß	ayer	gestern

ayuda (f)	Hilfe
ayudar	helfen
azafrán (f)	Safran
azúcar (f)	Zucker
azul	blau
bailar	tanzen
bailarina (f)	Tänzer(in)
bajar	runtergehen
bajo/a	klein/niedrig
balcón (m)	Balkon
baluarte (m)	Festung
banco (m)	Bank
bandera (f)	Fahne
baño (m)	Badezimmer
barato/a	billig
barco (m)	Boot
barman (m)	Barmann
barra de labios (f)	Lippenstift
barrio (m)	Stadtviertel
bastante	ziemlich
batir	schlagen
bebé (m)	Baby
beber	trinken
bello/a	schön
bellas artes (f)	bildende Künste
biberón (m)	Saugflasche
bicicleta (f)	Fahrrad
bienvenido/a	willkommen
billete (m)	(Fahr-)Karte
bistec (m)	Steak
blanco/a	weiß
blusa (f)	Bluse
boca (f)	Mund
bocadillo (m)	(Butter-)Brot
boda (f)	Hochzeit
bolígrafo (m)	Kugelschreiber
bolsa (f)	(Plastik-)Tüte
bolso (m)	Tasche
bomba (f)	Bombe
bonito/a	hübsch
bolsillo (m)	Tasche
bosque (m)	Wald
bota (f)	Stiefel
botella (f)	Flasche
brazo (m)	Arm
brocha (f)	Quast
buen tiempo	gutes Wetter
buena idea (f)	gute Idee
buenas tardes	guten Abend
bueno/a	gut
bujía (f)	Zündkerze
bulbo (m)	(Pflanzen-)Zwiebel
buscar	suchen/bekommen
butaca (f)	Parkettplatz
caballa (f)	Makrele
caballero (m)	Herr
caballo (m)	Pferd
cabeza (f)	Kopf
cabina	
telefónica (f)	Telefonzelle
cada	jeder
cada día	jeden Tag
cadena (f)	Kanal
cadena de television	Fernsehprogramm
caerse	fallen
café cortado (m)	Kaffee mit wenig Milch
cafetería (f)	Café

caja de	
bombones (f)	Paket Pralinen
calamar (m)	Tintenfisch
calamares a la	
Romana	Tintenfisch auf
	römische Art
calcetines (m)	Strümpfe/Socken
caldo (m)	Bouillon
calentar	(er-)wärmen
calle (f)	Straße
calor (m)	Hitze
cama (f)	Bett
camarera (f)	Kellnerin
camarero (m)	Kellner
cambiar	wechseln
cambio (m)	Wechselstube/Tausch
camión (m)	LKW/Lastwagen
camisa (f)	Hemd
campamento (m)	Campingplatz
campo (m)	Feld/Land
canguro (m)	Babysitter
Cáncer (m)	Krebs
caniche (m)	Pudel
cansado/a	müde
cantar	singen
capítulo	Kapitel/Folge
Capricornio (m)	Steinbock
cara (f)	Gesicht
caramelos (m)	Süßigkeiten/Bonbons
caravana (f)	Wohnwagen
cargar	laden
cariño (m)	Liebling
carne (f)	Fleisch
carnet de	
conducir (m)	Führerschein
caro/a	teuer/lieb
carrera (f)	Beruf/Rennen
carretera (f)	(Land-)Straße
carta (f)	Brief
carta verde (f)	Versicherungszertifikat
	für Autos
cartera (f)	Brieftasche
casa (f)	Haus
casado/a	verheiratet
casarse	
(de blanco)	sich verheiraten
cascada (f)	Wasserfall
casco (m)	Helm
casi	fast/gerade
casita de campo (f)	(kleines) Landhaus
castaño/a	kastanienbraun
catedral (f)	Dom
cazadora (f)	Blouson
cebolla (f)	Zwiebel
celebrar	feiern
central (f)	Kraftwerk
centro (m)	Zentrum/Mitte
cepillo (m)	Bürste
cepillar	bürsten
cepillo de	
dientes (m)	Zahnbürste
cerca	in der Nähe
cerdo (m)	Schwein
cerillas (f)	Streichhölzer
cerrado/a	verschlossen/
	muffig riechend
cerrar	ver-/zuschließen

certificado (m)	Zertifikat/Zeugnis
cerveza (f)	Bier
césped (m)	Gras/Rasen
chaleco (m)	Weste
chalet (m),	
auch: chalí (m)	Bungalow
chaparrones (m)	(Regen-)Schauer
chaqué (m)	Frack
charlar	plaudern
cheque (m)	Scheck
cheque al	
portador (m)	Barscheck
cheque cruzado (m)	Verrechnungsscheck
chequear	checken/(nach)prüfen
chica (f)	Mädchen
chimenea (f)	Kamin
chocar	zusammenstoßen
chocolate (m)	Schokolade
chorizo (m)	Paprikawurst
chuletas (f)	Kotelett
chuletas de	
cordero (f)	Lammkotelett
churro (m)	Churro/(Spritz-)Teig
cielo (m)	Himmel
cierto/a	sicher/genau
cilindro (m)	Zylinder
circo	Zirkus
cita (f)	Termin (Arzt)
ciudad (f)	Stadt
claro/a	klar
clase	
económica (f)	Touristenklasse
cliente (m/f)	Kunde
cobrar	einlösen
coche (m)	Auto/Wagen
cocina (f)	Küche
cocinar	kochen
código (m)	Kode
cola (f)	Leim, Kleister
colaborar	mitarbeiten
colaboración (f)	Zusammenarbeit
colcha (f)	Bettdecke
coleccionista (m)	Sammler
colega (m/f)	Kollege
colegio (m)	Schule
collar (m)	Kette
collección (f)	Sammlung
colleccionar	sammeln
color (m)	Farbe
comedor (m)	Eßzimmer
comer	essen
comida (f)	Essen
comienzo (m)	Anfang, Beginn
comisario (m)	Polizeiwachtmeister
compañero/a (m/f)	Begleiter(in)
compañía(s) (f)	Gesellschaft(en)
compartir	teilen
comprar	kaufen
compromiso (m)	Termin/Verpflichtung
Comunidad	Europäische
Europea	Gemeinschaft
conducir	fahren
conejo (m)	Kaninchen
conferencia (f)	Tagung/Konferenz
conferencia de	
prensa	Pressekonferenz
confundido/a	verwirrt/verwechselt

conmigo	bei mir/mit mir
consecuenzia (f)	Konsequenz
conseguir	bekommen
consejo (m)	Rat
conservar	aufbewahren
consomé de pollo (f)	klare Hühnerbrühe
consultar	um Rat fragen
contar	erzählen/zählen
contestar	beantworten
convención (f)	Übereinkunft
conveniente	geeignet/passend
copa (f)	Glas
copita (f)	kleines Glas
corbata (f)	Schlips
cordero (m)	Lammfleisch
coro (m)	Chor
correcto/a	korrekt
correos (m)	Postamt
cortacésped (m)	Rasenmäher
cortar	schneiden
corto/a	kurz
cosas (f)	Dinge/Sachen
costa (f)	Küste
código (m)	Kode
creer	glauben
crema de	
champiñones (f)	Pilzsuppe
cremallera (f)	Reißverschluß
cruce de cebra (m),	
besser:	
paso de cebra (m)	Zebrastreifen
cruzar	überqueren
cuadrado/a	viereckig
cuándo	wann
¿cuánto es?	Was kostet es?
¿cuántos?	Wie viele?
cuarto de kg.	1/2 Pfund
cuarto de baño (m)	Badezimmer
cubo (f)	Eimer
cuenta (f)	Konto/Rechnung
cuenta corriente (f)	Girokonto
cuentakilómetros (m)	Tachometer
cuidar	sorgen/pflegen
cumpleaños (m)	Geburtstag
cumplido/a	vollendet
cumplir años	seinen Geburtstag feiern
cuña (f)	Wiege
danés/a	Däne/Dänin/dänisch
dar un paseo	spazierengehen
darse cuenta de	bemerken/sich merken
¡date prisa!	Beeil dich!
de acuerdo	einverstanden, O.K.
de nada	keine Ursache
de repente	plötzlich
de verdad	wirklich
debajo	unter
deberes (m)	Hausaufgaben
débil	schwach
decidirse	sich entschließen/
	sich entscheiden
decir	sagen
dedicarse	sich widmen
dedo (m)	Finger
dedo del pie (m)	Zehe
delante de	vor
deletrear	buchstabieren
delgado/a	schlank

demasiado	zu viel	edad (f)	Alter
deparar	bescheren	edad avanzada (f)	hohes Alter
depender	abhängen (von)	edificio (m)	Gebäude
dependiente/a		ejército (m)	Heer
(m/f)	Angestellte(r)	al lado	daneben
de prisa	schnell	elegante	elegant
derecho/a	rechts	elegir	wählen
		embarazada	schwanger
derribar	an-/überfahren,	embellecer	verschönen
	zerstören	embrague (m)	Kupplung
derroche (m)	Abfall	emisor (m)	Sender
desalojar	evakuieren/vertreiben	empapelar	tapezieren
desastre (m)	Katastrophe	empezar	anfangen
desayuno (m)	Frühstück	empleada (f)	Angestellte
descolgar	(Telefon) abnehmen	empleo (m)	Arbeit
descuidado/a	achtlos	empresa (f)	Unternehmen/Firma
deshollinador (m)	Schornsteinfeger	empujar	stoßen
despacio/a	langsam	en fin	na ja
despedir	entlassen	en serio	im Ernst
despertador (m)	Wecker	en vano	vergebens/umsonst
después	nach	encantado	begeistert über/
desván (m)	Speicher		entzückt sein von
desventaja (f)	Nachteil	encantador	entzückend
desviar	umgeleitet	encanto (m)	Schatz/Zauber/Reiz
detrás	hinten	encender	anmachen, anzünden
diapositivas (f)	Dias	encima de	auf/über
diarrea (f)	Durchfall	encendedor (m)	Feuerzeug
diente (m)	Zahn	encontrar	finden
difícil	schwierig	enfermera (f)	Krankenschwester
dígame	bitte, sagen Sie mir	enfermo/a	krank
	(nur am Telefon)	enfrente	gegenüber
dinero (m)	Geld	enfriar	abkühlen
dinero suelto (m)	Kleingeld	enorme	sehr groß
Dios (m)	Gott	ensalada de fruta (f)	Obstsalat
¡Dios mío!	Meine Güte	enseguida	sofort
diputado a		ensuciar	beschmutzen
Cortes (m)	Mitglied des	entonces	dann
	spanischen Parlaments	entrada (f)	Eintrittskarte
dirección (f)	Adresse	entremeses	Vorspeisen
directo/a	direkt	variados (m)	
directora (f)	Direktorin	entre paréntesis	in Klammern
director de pompas		entrenar	trainieren
fúnebres (m)	Leichenbestatter	entretanto	inzwischen
dirigir	lenken/Regie führen	envase (m)	Behälter
disculparse	sich entschuldigen	envolver	einwickeln
disparar	zielen	época (f)	Zeitraum
distancia (f)	Entfernung	equipo (m)	Mannschaft
diversión (f)	Unterhaltung	equivocado/a	sich geirrt haben
divertirse	sich amüsieren/	es decir	das heißt
	sich vergnügen	es mejor	es ist besser
divorciado/a	geschieden	es mejor que	es ist besser als
divorcio (m)	Scheidung	escalera (f)	Treppe
doble	doppel	escalope de	
docena (f)	Dutzend	ternera (f)	Wiener Schnitzel
dolor (m)	Schmerz	escandinavo/a	skandinavisch
dolor de		Escorpión (m)	Skorpion
cabeza (m)	Kopfschmerzen	escribir	schreiben
dolor de oído (m)	Ohrenschmerzen	escribir a máquina	tippen
¿dónde?	wo?	escuchar	sich anhören
dormitorio (m)	Schlafzimmer	escuela (f)	Schule
dormir	schlafen	esfuerzo (m)	Anstrengung
ducha (f)	Dusche	espacio (m)	Raum, All
dueño (m)	Eigentümer/Besitzer	espalda (f)	Rücken
dulces (m)	Bonbons/Süßigkeiten	España (f)	Spanien
durable	dauerhaft	español	spanisch
durante	während	esparadrapo (m)	Tünche
echar	vertreiben/hineingeben/	espárragos con	Spargel mit
	werfen	mayonesa	Mayonnaise

espejo retrovisor (m)	Rückspiegel	fresco/a	frisch
esperar	warten	fresias (f)	Fresien
espíritu (m)	Geist	frío	kalt
esposa (f)	Ehefrau	fuego (m)	Herd/Feuer
esquiar	skifahren	funcionar	funktionieren
esquina (f)	Ecke	función (f)	Vorstellung/Funktion
esta noche (f)	heute abend	gafas de sol (f)	Sonnenbrille
estación (f)	Bahnhof	galería (f)	Galerie
estafador	Betrüger	gamba (f)	Garnele
estallar	platzen/ausbrechen/ explodieren	gambas a la plancha	Garnelen gebraten
estante (m)	Regalbrett	ganar	verdienen
estantería (f)	Bücherregal	gana (f)	Appetit/Lust
estilo (m)	Stil	garaje (m)	Garage
esto es todo	Das ist alles	garantía (f)	Garantie
estrecho (m)	Meerenge/Engpaß	garganta (f)	Hals
estrenar	erst-/uraufführen	gaseosa (f)	Limonade
estropeado/a	beschädigt	gasolina (f)	Benzin
estupendo/a	sehr gut/wunderbar	gasto (m)	Ausgabe
estuche (m)	Behälter, Etui	gato (m)	Katze
evaluar	bewerten	gazpacho (m)	Kalte Tomatensuppe mit Knoblauch
exacto/a	genau		
exageradamente	über alle Maßen/ überaus/übertrieben	gemelos (m)	Manschetten/ auch: Zwillinge
excelente	sehr/äußerst gut	Géminis (m)	Zwilling
excursión (f)	Ausflug	Ginebra	Genf
expectativa (f)	Erwartung	girar	drehen
experiencia (f)	Erfahrung	gobierno (m)	Regierung
explicar	erklären	goma (f)	Gummi
explotar	explodieren	gordo/a	dick
expresión (f)	Ausdruck	gótico/a	gothisch
extender	ausstellen	grabados (m)	Stiche
extranjero/a	Ausländer	gracias	Danke
extraño/a	ungewöhnlich	Gracias a Dios	Gott sei Dank
fácil	leicht/es ist leichter möglich	grande	groß
		grasa (f)	Fett
falda (f)	Rock	grato/a	angenehm
falta (f)	Fehler	grave	schwer/schlimm
fantástico/a	fantastisch	gripe (f)	Grippe
farmacia (f)	Apotheke	gris	grau
fatal	sehr schlecht/ verhängnisvoll/fatal	gritar	schreien
		grueso/a	groß
favorito/a	bevorzugt/Lieblings-	guante (m)	Handschuh
fecha (f)	Datum	guapo/a	schön
feliz	glücklich	guardar	behalten/aufbewahren
felpudo (m)	Fußmatte/Fußboden	guía (m)	Führer
fiebre (m)	Fieber	guisante (m)	Erbse
figorífico (m)	Kühlschrank	guitarra (f)	Guitarre
fin de semana (m)	Wochenende	gustar	mögen
final (m)	Ende	habitación (f)	Zimmer
flor (f)	Blume	hablar	sprechen
folleto de publicidad (m)	Öffentlichkeit/ Werbebroschüre	hace calor	es ist heiß
		hace sol	die Sonne scheint
forastero/a	Fremder	hacer dinero	Geld verdienen
forjar	schmieden/anstiften/ verleiten	hacer la cama	das Bett machen
		hacerse cargo de	übernehmen/alleine führen
formidable	toll/riesig		
fortaleza (f)	Burg/Festung	hambre (f)	Hunger
foto (f)	Foto(-bild)	hasta	bis
fotografía (f)	Aufnahme, Foto	hasta luego	tschüß/bis später
francamente	ehrlich	helado (m)	Speiseeis
frecuencia (f)	Häufigkeit	hermana (f)	Schwester
fregar	abwaschen	hermano (m)	Bruder
freír	braten	herramienta (f)	Werkzeug
frenar	bremsen	hijos (m)	Kinder
freno (m)	Bremse	hirviendo/a	kochend
frente (f)	Stirn	hogares destrozados (m)	(Eltern geschieden) zerstörte Familien

hola	hallo	juntos	zusammen
hombre (m)	Mann	justo (m)	genau
hombre de		jurado (m)	Kommission
negocios (m)	Kaufmann	justo	genau
hombro (m)	Schulter	labios (m)	Lippen
horno (m)	Ofen/Herd	labores de la casa (f)	Hausarbeit
horóscopo (m)	Horoskop	al lado	daneben
horquilla (f)	Haarnadel	ladrillo (m)	Ziegelstein
hospedaje (m)	Wohnung/Unterkunft	lago (m)	See
hospedar	unterkommen	lámpara (f)	Lampe
hoy	heute	lana (f)	Wolle
huele	es riecht	langosta (f)	Hummer
huésped (m)	Gast	largo/a	lang
huevo (m)	Ei	lata (f)	Dose
humilde	bescheiden	lavabo (m)	Toilette
humo (m)	Rauch	lavar	waschen
ida y vuelta (f)	Hin- u. Rückfahrkarte	leche (f)	Milch
identidad (f)	Identität	leer	lesen
idioma (m)	Sprache	legumbres (f)	Gemüse/Hülsenfrüchte
iglesia (f)	Kirche	lejos	weit
ignición (f)	Verbrennung	lengua (f)	Zunge
igualdad (f)	Gleichheit	Leó (m)	Löwe
imagen (f)	Bild/Aussehen	levantar	aufstehen/aufheben
imaginar	ausdenken	levantarse	aufstehen
impermeable (m)	Regenmantel	libertad (f)	Freiheit
imprimir	aufdrucken	Libra (f)	Waage
impreciso/a	ungenau	libre	frei
impresión (f)	Eindruck	librería (f)	Bücherregal/
incapaz	unfähig		Buchhandlung
indicación (f)	Anzeige	libro (m)	Buch
indicador	Blinker	limpiar	reinigen/abputzen
individual	einzeln/Einzel-		sauber machen
ingeniero (m)	Ingenieur	limpio/a	sauber
ingrediente (m)	Zutat	linamento (m)	Liniment
inmediatamente	gleich	listo/a	fertig
insertar	einsetzen	llamada	
insistir	auf etwas dringen/	telefónica (f)	Telefonanruf
	auf etwas bestehen	llamar	rufen
inspector (m/f)	Inspektor	llave (f)	Schlüssel
intentar	unternehmen/	llave de contacto (f)	Zündschlüssel
	beabsichtigen	llegar	ankommen
interesante	interessant	llegar a un	
intérprete (m/f)	Dolmetscher	acuerdo	sich verständigen
investigación		llegar tarde	spät ankommen
espacial (f)	Weltraumforschung	lleno/a	voll
invierno (m)	Winter	llorar	weinen
invitar	einladen	llueve	es regnet
ir	gehen	lo siento	es tut mir leid
ir a pie	zu Fuß gehen	locutor (m)	Ansager(in)
ir de compras	Einkaufen gehen	lomo de merluza	
italiano/a	Italiener/(in)/italienisch	con almejac	Seehecht mit Muscheln
izquierdo/a	links	luchar	kämpfen
jabón (m)	Seife	luego	nachher
jardín (m)	Garten	lugar (m)	Ort
jarrón (m)	Vase	madera (f)	Holz
jefe (m)	Chef	major	größer
jerez (m)	Sherry	mal	schlecht
jersey (m)	Pullover	mala hierba (f)	Unkraut
joven (m/f)	jung/junge(r)	maldito/a	verflucht
	Mann/Frau	maleta (f)	Koffer/Tasche
joyería (f)	Juwelier	malhumorado/a	schlecht gelaunt
joyas (f)	Schmuck	mamá (f)	Mutti
jubilado/a (m/f)	Rentner	mañana	morgen/Morgen
judías (f)	Bohnen	mañana por la	
jugar	spielen	mañana	morgen früh
junio (m)	Juni	mancha (f)	Flecke
junto a	neben	manchar	beflecken

Spanisch	Deutsch	Spanisch	Deutsch
mano (f)	Hand	mover	bewegen/rühren
manta (f)	Decke	mucho/a	viel
mantequilla (f)	Butter	mucho gusto	angenehm
manzana (f)	Apfel	mueble	Möbel
mapa (m)	(Land-)Karte	mujer (f)	Frau
máquina (f)	Maschine	mudanza (f)	Umzug
mar (f)	Meer	mundo (m)	Welt
maravilloso/a	fabelhaft	música	
marca (f)	Marke	folklórica (f)	Volksmusik
marcar	wählen	muy bien	sehr gut
marcha (f)	Gang	nacer	geboren sein
marchar sobre	wie geschmiert	nacimiento (m)	Geburt
ruedas	laufen	nacionalidad (f)	Staatsangehörigkeit
mareado/a	unwohl/seekrank	nada	nichts
marido (m)	Ehemann	nada en absoluto	überhaupt nichts
marinero (m)	Seemann	nada más	nichts mehr
marrón	braun	nadar	schwimmen
matrícula (f)	Autokennzeichen	nadie	niemand
matrimonio (m)	Ehe	naipes (m)	spanische Spielkarten
matrimonio gitano	Zigeunerehepaar	naturaleza	
mayo (m)	Mai	humana (f)	menschliche Natur
me gusta	es gefällt mir	naturalmente	natürlich
me gustaría	ich möchte	navaja (f)	Messer
imecachis!	Verdammt!	navegar	navigieren, segeln
mecanógrafa (f)	Sekretärin	navidad (f)	Weihnachten
media pensión	Halbpension	necesario/a	notwendig
mediados de	Mitte	necesitar	benötigen
medianoche (f)	Mitternacht	negro/a	schwarz
medias (f)	Strumpfhose	nervioso/a	nervös
medios	(Geld-)Mittel	nevera (f)	Kühlschrank
médico (m)	Arzt	ni siquiera	nicht einmal
medio kilo (m)	Pfund	nieta (f)	Enkelin
mediodía (m)	Mittag	nieto (m)	Enkel
mejillones (m)	Muscheln	nietos	Enkelkinder
mejor	besser	nieve (f)	Schnee
mejor todavia	um so besser	nilón (m)	Nylon
mejorar	verbessern	niño (m)	Kind
melón con jamón	Melone mit Schinken	no comprendo	ich verstehe nicht
menor	kleiner	no fumador	Nichtraucher
menos	weniger	no funciona	geht nicht/ist kaputt
mensaje (m)	Bescheid/Nachricht	no importa	es macht nichts
menta (f)	Pfefferminze	no marcha	es funktioniert nicht
merluza (f)	Seehecht	no puede	sie können nicht, auch: er/sie kann nicht
mermelada (f)	Marmelade		
mes próximo (m)	nächsten Monat	no tengo	ich habe nicht
mesa (f)	Tisch	noche (f)	Nacht
meter	(hinein-)stecken	nombre (m)	Name
metido/a en sí	in sich gekehrt	noroeste (m)	nordwest
metro (m)	U-Bahn	norte (m)	nord/Norden
microondas	Mikrowelle	noticias (f)	Nachricht
miembro (m)	Mitglied	novio (m)	Freund
mio/a	mein	nuevo/a	neu
mirar	sich ansehen	número (m)	Nummer/Ziffer
mochila (f)	Rucksack	obedecer	gehorchen
modelo (m)	Modell	oiga	hallo, hören Sie (nur am Telefon)
moderno/a	modern		
mojado/a	naß	obrero	(Fach-)Arbeiter
moldeado (f)	leichte Dauerwelle	obtener	bekommen
montaña (f)	Gebirge	ocasionar	verursachen
montañoso/a	bergig	ocurrir	sich ereignen/ passieren/geschehen
montar	reiten		
moqueta (m)	Teppichboden	ocupado	besetzt
morir	sterben	oficina de	
morirse de risa	sich totlachen	turismo (f)	Fremdenverkehrsamt
mostrar	zeigen	ojeada	flüchtiger Blick
moto (f)	Motorrad	olvidar	vergessen
motor (m)	Motor	opinión (f)	Meinung

optimisto/a	optimistisch
organizar	organisieren
orgulloso/a	stolz
oro (m)	Gold
ostras (f)	Austern
otoño (m)	Herbst
otra vez	wieder
paciente (m/f)	Kranker/Patient
padre (m)	Vater
paella (f)	Paella
paella a la	Paella mit
marinera (f)	Meeresfrüchten
pagar	bezahlen
pagar en efectivo	bar bezahlen
país (m)	Land
pájaro (m)	Vogel
palabra (f)	Wort
palacio (m)	Palast
palanca de	
cambios (f)	Schalthebel
palanca de los	
intermiteures	Blinkerschalter
palco (m)	Loge, Seitenrang
pan (m)	Brot
pañal (f)	Windel
pan integral (m)	Vollkornbrot
pantalones (m)	Hose
papel (m)	Papier/Tapete
papilla (m)	Brei (Milch)
paquete (m)	Päckchen/Paket
paraguas (m)	Schirm
pared (f)	Wand
parecer	scheinen/erscheinen
parlamento (m)	Parlament
parque (m)	Park
párroco (m)	Pfarrer
participación (f)	Beteiligung
pasajero (m)	Fahrgast
pasatiempo (m)	Zeitvertreib
pasear	spazierengehen
paseo (m)	Spaziergang
pasta de	
dientes (f)	Zahnpasta
pasteles (m)	Kuchen/Törtchen
patatas fritas (f)	Kartoffelchips/
	Bratkartoffeln/
	Pommes Frites
patio de butaca	Parkett
pato asado (m)	Entenbraten
pecho (m)	Brust
pedal (m)	Pedal
pedazo de	
pastel (m)	ein Stück Kuchen
pegar	an-/festkleben
pegar una etiqueta	ein Etikett aufkleben
peine (m)	Kamm
pelar	schälen
película (f)	Film
peligroso/a	gefährlich
pelo (m)	Haar
peluquera (f)	Friseuse
peluquería (f)	Friseur(-Salon)
pendientes (m)	Ohrringe
pensión	
completa (f)	Vollpension
peor	schlechter
pequeño/a	klein
pera (f)	Birne
perder	verpassen, verlieren
pérdida de	
tiempo (f)	Zeitverschwendung
perdido/a	verloren
perdonar	vergeben
perdón (m)	Entschuldigung
perejil (m)	Petersilie
perezoso/a	faul
permanente	dauernd
permanente (f)	Dauerwelle
permiso (m)	Erlaubnis
permitir	erlauben
perro (m)	Hund
personal (m)	Personal
pesado/a	schwer
pescado (m)	Fisch
pescar	fischen/angeln
picar	schneiden
pie (m)	Fuß
piel (f)	Leder
pierna (f)	Bein
pimiento (m)	Paprikaschote
pinchazo (m)	platter Reifen
pintar	malen
pintura (f)	Gemälde/Farbe
pisar	treten
piscina (f)	Schwimmbad
Piscis (	Fische
piso (m)	Wohnung
pisotear	auf etwas treten
plan (m)	Plan
planear	planen
planificar	planen
planta baja (f)	Erdgeschoß
plata (f)	Silber
plátano (m)	Banane
plato (m)	Teller
playa (f)	Strand
plaza (f)	Platz
pluma (f)	Feder
poco/a	wenig
policía (f)	Polizei
pollo (m)	Hähnchen
pollo al ajillo (m)	Hähnchen mit
	Knoblauch
polvo (m)	Staub
pólvora (f)	Schießpulver
poner	setzen/stellen/legen
poner un plomo	die Stromsicherung
	wiederherstellen
por casualidad	zufällig
por cierto	übrigens/sicher
por el estilo	dergleichen
por si acaso	falls/für den Fall
por favor	bitte
por supuesto	(ja) natürlich/
	selbstverständlich
portase	betragen/
	sich benehmen
portero (m)	Portier
posible	möglich
postal (f)	Postkarte
postre (m)	Nachtisch
precio (m)	Preis
preocupación (f)	Sorge
preferir	vorziehen/lieber haben

preguntar	fragen	reducir el paro	die Arbeitslosigkeit
preparar	vorbereiten/präparieren		verringern
prestar	leihen/ausleihen	refrescar	auffrischen
prestar atención	Aufmerksamkeit	regalo (m)	Geschenk
	schenken	región (f)	Gebiet
primavera (f)	Frühling	regresar	zurückkehren
primera vez (f)	zum ersten Mal	regreso (m)	Rückkehr
primero/a	erster	reina (f)	Königin
primo (m)	Vetter/Cousin	relaciones	PR/Public Relations
probable	wahrscheinlich	publicas (f) (pl)	
probador (m)	Umkleidekabine	reloj (m)	Uhr
probar	anprobieren	reloj de pulsera (m)	Armbanduhr
profesión (f)	Beruf	remolcar	(ab)schleppen
profesional	beruflich	reparaciones (f)	Reparaturen
programa (m)	Programm	reparar	reparieren/ausbessern
prometer	versprechen	repetir	wiederholen
proponer	vorschlagen	reponer	antworten/erwidern/
proponerse	sich vornehmen		ersetzen
propuesta (f)	Vorschlag	representación (f)	Vorstellung
protección de	Schutz der Arbeits-	representar	aufführen
empleo (f)	stelle	resaca (f)	Kater
proteger	schützen	reserva (f)	Reservierung
provisto	vorausgesetzt	reservar	reservieren/
próximo/a	nächste(r)		zurückbehalten/buchen
proyecto (m)	Plan/Projekt	resfriado/a	erkältet
pueblo (m)	Dorf	responder	antworten/erwidern
puente (m)	Brücke	responsabilidad (f)	Verantwortung
puerta (f)	Tür	respuesta (f)	Antwort
puerto de mar (m)	Hafen	restar	abziehen/übrigbleiben
punta (f)	Spitze	resto (m)	Rest
punto muerto (m)	Leerlauf	retraso (m)	Verspätung
¡qué bruto!	Wie unhöflich!	revelado/a	entwickelt
¡qué lata!	So eine Störung!	revisor (m)	Inspektor/Schaffner
¡qué mala suerte!	Was für ein Pech!	revista (f)	Zeitung/Illustrierte
¡qué pena!	Schade!	rey (m)	König
¡qué suerte!	Was für ein Glück!	rica	lecker
¿qué tal?	Wie geht's?	riñónes al Jerez (m)	Nieren
quemaduras (f)	Brandblasen	río (m)	Fluß
quemar	(ver)brennen	ritual (m)	Ritual
querido/a	lieb	rizado/a	lockig
queso (m)	Käse	rizo (m)	kraus/Haarlocke
quisiera	Ich möchte	robar	stehlen
quitar	entfernen	rodar	drehen
quizá(s)	vielleicht	rodilla (f)	Knie
radiador (m)	Kühler, Heizkörper	rodillo (m)	Rolle
radio (m)	Radio	rojo/a	rot
radioyentes (m/f)	Hörer	romper	brechen
radiólogo (m)	Röntgenassistent	ropa (f)	Kleidung
raja (f)	Scheibe	rosa (f)	Rose
rama (f)	Zweig, Ast	rosal (m)	Rosenstrauch
rape (m)	Seeteufel (Fisch)	rosado/a	rosa
rápido/a	schnell	rosbif (m)	Rinderbraten
raqueta de tenis (f)	Tennisschläger	roto/a	kaputt
raramente	selten	rubio	blond
razón (f)	Grund	ruido (m)	Geräusch/Lärm
realizar	verwirklichen/realisieren	ruidoso/a	laut
rebosar	überfließen	sábado (m)	Samstag
receta	Rezept	sacar	entnehmen
recoger	abholen	sacar	abheben
rechoncho/a	mollig	sacarina (f)	Süßstoff
recomendar	empfehlen	Sagitario (m)	Schütze
reconquista (f)	Wiedereroberung	sal (f)	Salz
recordar	sich erinnern	sala de estar (f)	Wohnzimmer
recuerdo (m)	Erinnerung	salchicha (f)	Wurst
reducir	reduzieren/kürzen/	salir	aufbrechen/losfahren,
	herabsetzen		wegfahren/rausgehen
reducido/a	klein/gering	salpicadero (m)	Armaturenbrett

270

saludo (m)	Gruß	suave	leicht
sartén (f)	Pfanne	suceder	geschehen
sazonar	würzen	sucio/a	schmutzig
se tratar de	sich handeln um	sucursal (f)	Zweigstelle
secador de		suegros	Schwiegereltern
pelo (m)	Föhn (Haar)	suelo (m)	Erde/Boden/Fußboden
secarse	sich föhnen/sich	suelto/a	lose
	abtrocknen	sugerir	vorschlagen
seco/a	trocken	suizo/a	Schweizer(in)/
secretaria (f)	Sekretärin		schweizerisch
seda (f)	Seide	sujeto (m)	Subjekt
segundo/a	zweite(r)	sur (m)	Süden
seguro/a	sicher, gewiß	tableta (f)	Tablette
seguro de viaje (m)	Reiseversicherung	talla (f)	Größe
seguro para la		talonario de	
vejez (m)	Altersversicherung	chequesc	Scheckheft
sello (m)	Briefmarke	tan pronto como	sobald/wie
semáforo (m)	Verkehrsampel	taquilla (f)	Kartenverkaufsstelle/
semana (f)	Woche		Kasse im Kino oder
semana pasada (f)	vorige Woche		Theater
semanal	wöchentlich	taquillera (f)	Kartenverkäuferin
semilla (f)	Samen, Saatgut	tardar (f)	dauern
señor (m)	Herr	tarde (f)	spät/Abend
señora (f)	Frau/Dame	tarjeta (f)	Karte
señorita (f)	Fräulein	tarjeta de	
sensible	empfindlich/	crédito (f)	Kreditkarte
	empfindsam	Tauro (m)	Stier
sentarse	sich hinsetzen	taza (f)	Tasse
sentido (m)	Sinn/Gefühl	té (m)	Tee
sentido de		té de menta (m)	Pfefferminztee
humor (m)	Sinn für Humor	teatro (m)	Theater
seres humanos (m)	Menschen	teja (f)	Dachziegel
seria (f)	Serie	tejado (m)	Dach
serio/a	ernst	tela (f)	Stoff
seto (m)	Hecke	télé (f)	Fernsehen
si quieres	wenn du willst	televisión (f)	Fernsehen
siéntese	setzen Sie sich	tema (m)	Thema
sierra (f)	Gebirge	temporalmente	zeitweilig
significado (m)	Bedeutung	tender	ausbreiten
signo (m)	(Stern-)Zeichen	tender la ropa	aufhängen
siguiente	folgender	tener cuidado	aufpassen
silencio (m)	Ruhe	tener ganas	Lust haben
silla (f)	Stuhl	tener hijos	Kinder haben
simpático/a	sympathisch	tener hora	einen Termin haben
simulacros de		teñir	färben
batallas (m)	Schaukämpfe	ternera (f)	Kalbfleisch
sin embargo	jedoch	terrible	furchtbar
sintético	synthetisch	tiempo (m)	Wetter/Zeit
sirena (f)	Meerjungfer	tiempo	
sitio (m)	Platz	estupendo (m)	herrliches Wetter
sobre (m)	Umschlag	tienda (f)	Geschäft/Laden
sobre	ungefähr/gegen/über	tierra (f)	Land
sobrepaga (f)	Extragewinn	tijera (f)	Schere
sobrina (f)	Nichte	tímido/a	schüchtern
sobrino (m)	Neffe	tío (m)	Onkel
socio (m)	Mitglied	tirar	werfen
sol (m)	Sonne	tisana diurética (f)	Nieren- und Blasentee
solamente	nur	titular	betiteln, benennen
solicitud (f)	Bewerbungsschreiben	toalla (f)	Handtuch
solo/a	allein	tobillo (m)	Fußgelenk
solomillo de cerdo	Schweinekotelett	toca madera	Holz klopfen
soltero (m)	Junggeselle	tocar	spielen
sonar	klingeln	tomar	nehmen
sopa de mariscos (f)	Muschelsuppe	tomate (m)	Tomate
sopa de pescado (f)	Fischsuppe	tonelada (f)	Tonne
sorprendido/a	überrascht	tonterías (f)	Dummheit
sorpresa (f)	Überraschung	tono (m)	Ton

torcerse	sich verstauchen
torcido/a	verrenkt
torero (f)	Stierkämpfer (ein Mann)
tormenta (f)	Sturm
toro (m)	Stier
torre (f)	Turm
tortilla española (f)	Spanisches Omelette
tos (f)	Husten
tostada (f)	Toast
trabajar	arbeiten
trabajo (m)	Arbeit
traducir	übersetzen
traer	bringen
traje (m)	Anzug
traje de baño (m)	Badeanzug
transbordar/hacer transbordo	umsteigen
transportar	transportieren
trasladar	umziehen
trastorno de estómago (m)	Magenverstimmung
tratar	behandeln
tren (m)	Zug
trepar	klettern
triste	traurig
trucha (f)	Forelle
truchas a la navarra	Forelle mit Schinken
tubo de escape (m)	Auspuff
turno (m)	Schicht
tuyo/a	dein
último/a	letzte(r)
ungüento (m)	Salbe
usar	verwenden
vacaciones (f)	Ferien/Urlaub
vaciar	leermachen
vacio/a	leer
vacunación (f)	Impfung
válido/a	gültig
vecino/a	Nachbar(in)
vegetariano/a	Vegetarier
velocidad (f)	Geschwindigkeit
venda (f)	Umschlag
venga	Los!
venir	kommen
ventana (f)	Fenster
ventanilla (f)	Schalter
ventilador (m)	Ventilator
ver	sehen
verano (m)	Sommer
verdad	in der Tat
verdaderamente	offen gesagt/in der Tat
verdadero/a	wirklich
verde	grün
verdura (f)	Gemüse
vestido (m)	Kleid
vestigios (m)	Reste/Ruinen
viajar	reisen
viaje tripulado (m)	bemannter Flug
vida (f)	Leben
viejo/a	alt
vino (m)	Wein
vino rosado (m)	Roséwein
Virgo	Jungfrau
visado (m)	Visum
visitar	besuchen
vista (f)	Aussicht
vivir	leben
volante (m)	Lenkrad
volver	zurückkommen
voy a	ich will gleich
voz (f)	Stimme
vuelo (m)	Flug
vuelta	Rückfahrschein
zanahorias (f)	Karotten
zapato (m)	Schuh
zapatillas (f)	Hausschuhe
zumo de naranja (m)	Orangensaft